Sicherheitskonzepte im WWW

Springer
*Berlin
Heidelberg
New York
Barcelona
Budapest
Hongkong
London
Mailand
Paris
Santa Clara
Singapur
Tokio*

Stefan Nusser

Sicherheitskonzepte im WWW

Mit 58 Abbildungen und 8 Tabellen

Stefan Nusser

nusser@wu-wien.ac.at

ISBN-13: 978-3-540-63391-4   e-ISBN-13: 978-3-642-80474-8
DOI: 10.1007/978-3-642-80474-8

Die Deutsche Bibliothek – CIP-Einheitsaufnahme
Nusser, Stefan: Sicherheitskonzepte im WWW / Stefan Nusser.
Berlin; Heidelberg; New York; Barcelona; Budapest; Hongkong;
London; Mailand; Paris; Santa Clara; Singapur; Tokio: Springer, 1998

Umschlaggestaltung: Künkel + Lopka Werbeagentur, Ilvesheim
Satz: Reproduktionsfertige Vorlage vom Autor
SPIN: 10639178   33/3142 – 5 4 3 2 1 0 – Gedruckt auf säurefreiem Papier

Vorwort

Dieses Buch entstand im Rahmen eines Forschungsprojektes an der Abteilung für Wirtschaftsinformatik der Wirtschaftsuniversität Wien (das Projekt wird in Abschnitt 8.3.1.2 kurz vorgestellt). Im Zuge der damit verbundenen Implementierungstätigkeit konnte ich praktische Erfahrungen mit den neuesten Verfahren zur Bewältigung der Sicherheitsproblematik im kommerziellen Internet-Einsatz sammeln und gewann auch Einblick in die aktuellen Forschungs- und Entwicklungstendenzen. Das vorliegende Buch ist das Resultat dieses Lernprozesses und soll dem Leser einen möglichst umfassenden Überblick über den faszinierenden und dynamischen Bereich der Internet-Sicherheit geben.

Der Grundlagenteil des Buches profitierte darüber hinaus ganz wesentlich von meiner Vortragstätigkeit und damit indirekt von unseren Studierenden, die alle nur denkbar möglichen Fragen zu stellen pflegen.

Mein Dank gilt Professor Hans Robert Hansen für die Einräumung der notwendigen zeitlichen Freiräume und für den sanften Druck, diese auch produktiv zu nutzen. Professor Gustaf Neumann danke ich für zahlreiche Anregungen bei der Implementierung des Prototypen sowie für die kritische Durchsicht des Manuskriptes.

Als Beta-Tester des Buches fungierte auf bewährte Weise mein Kollege Oliver Kump. Aus dem Kreis meiner Kollegen möchte ich ganz besonders auch Martin Bichler erwähnen, der mir über die letzten beiden Jahre hinweg nicht nur als geistiger Sparing-Partner eine große Unterstützung war.

Mein aufrichtiger Dank gebührt schließlich auch meiner Lebensgefährtin Sabine Fridolin Pirker, die einerseits mein katastrophales Zeitmanagement mit viel Geduld ertragen und andererseits mit ihrer zielstrebigen Art das Ihrige zum zeitgerechten Abschluß dieses Buches beigetragen hat.

Stefan Nusser
Wien, August 1997

Inhaltsverzeichnis

1 Einleitung

Mit dem zunehmenden Einsatz von WWW-Informationssystemen als Intranet im unternehmensinternen Bereich und der steigenden Bedeutung von kommerziellen Transaktionen über das globale Internet rückt die Frage nach der Sicherheit der eingesetzten Verfahren in den Vordergrund. Eine beachtliche Menge innovativer Techniken zielt auf die Absicherung der Datenübertragung über die Internet-Protokolle ab und das Angebot an „sicheren" Internet-Produkten wächst genauso schnell wie die Zahl der Internet-Benutzer.

Das betriebliche Informationsmanagement steht mittlerweile vor der Situation, daß auf die Informationsressourcen des Unternehmens sowohl von den eigenen Mitarbeitern als auch von den Konsumenten über Internet-Technik zugegriffen werden soll. Konfrontiert mit einer beeindruckenden Menge von Softwarepaketen, Lösungen und Produktankündigungen soll eine Sicherheitsarchitektur gestaltet werden, die den Ansprüchen eines kommerziellen Umfelds gerecht werden muß.

Dieses Buch soll helfen, die notwendigen Komponenten für eine Sicherheitsarchitektur zu bestimmen und die Produkte und Verfahren zu deren Realisierung voneinander abzugrenzen. Es soll gleichzeitig auch einen Überblick über die Forschungs- und Entwicklungstendenzen in den einzelnen Bereichen vermitteln und dadurch Verständnis für die nächste Generation an abgesicherter Internet-Software schaffen.

Ziel dieses Buches

1.1 Rahmenbedingungen

Die technische Entwicklung der Internet-Protokolle in den letzten zwanzig Jahren war geprägt von einer Ausgangsbasis des gegenseitigen Vertrauens und der wohlwollenden Kooperation der einzelnen Teilnehmer des weltweiten Datennetzes. Diese Voraussetzungen haben sich mit dem in den letzten Jahren eingetretenen Wachstum des globalen Netzwerkverbundes, der nunmehr im Zentrum kom-

Ausgangsbasis

merzieller Interessen steht, grundlegend geändert. Eine Folge davon
war das Aufkommen zahlreicher Konzepte zur Überwindung der mit
dem betrieblichen Internet-Einsatz einhergehenden Sicherheitsprobleme.

Die eben beschriebene Situation bestimmt auch die Rahmenbedingungen dieser Arbeit. Zahlreiche Neuentwicklungen zur Beseitigung des Sicherheitsdefizits im betrieblichen Internet-Einsatz bieten
heute eine adäquate Ausgangsbasis für die Implementierung eines
unternehmensweiten Sicherheitskonzeptes. Im einzelnen können
folgende Tendenzen identifiziert werden, die für die Sicherheit von
WWW-Informationssystemen von Bedeutung sind.

- Die Anwendung von Internet-Technik im unternehmensinternen
  Bereich als kostengünstige Alternative zu proprietären Groupwa-
  reprodukten und als einheitliche Benutzerschnittstelle zu den betrieblichen Informationsressourcen führt zu steigendem Einsatz
  der Internet-Protokolle als Grundlage der betrieblichen Kommunikationsinfrastruktur.

- Der Einsatz kryptographischer Techniken, die auf unterschiedliche Weise in die Internet-Protokolle integriert werden können,
  ermöglicht den Kommunikationsparteien den abhörsicheren und
  unverfälschbaren Informationsaustausch sowie die verläßliche gegenseitige Authentifizierung. Aufbauend auf dieser Technik ent-
  steht eine neue Generation abgesicherter Internet-Dienste, die bereits zunehmende Verbreitung findet.

- Der Identitätsnachweis wird von sogenannten Zertifizierungsstellen durchgeführt – Institutionen, deren Aufgabe in der elektronischen Beglaubigung der Identität eines Dienstes oder einer Person
  liegt. Diese Technik ist die Grundlage von globalen und lokalen
  Zertifizierungsinfrastrukturen, die von einem Unternehmen eingesetzt werden können, um Mitarbeiter und Konsumenten zu authentifizieren.

- Im unternehmensinternen Bereich ist es jedoch nicht die Authentifizierung der Benutzer, sondern die Durchführung der Zugriffskontrolle, die im Vordergrund steht. Der Einsatz eines Intranets
  als Schnittstelle zwischen den Benutzern und den Informationsressourcen des Unternehmens setzt die Verwaltung der Zugriffsrechte einzelner Mitarbeiter voraus.

Das Informationsmanagement eines Unternehmens sieht sich folglich mit der Aufgabe konfrontiert, aus Komponenten, die allesamt
auf innovativen, wenig standardisierten Verfahren beruhen, eine
Sicherheitsarchitektur schaffen zu müssen. Dieses Vorhaben bildet
auch die dem Buch zugrundeliegende Aufgabenstellung.

1.2
Aufbau des Buches

Das vorliegende Buch läßt sich in zwei Hauptteile gliedern: Ziel des ersten Hauptteils ist es, das notwendige Grundlagenwissen zu vermitteln. In Kapitel 2 werden auf leicht faßliche Weise die wichtigsten Charakteristika der Datenübertragung über das Internet und einiger exemplarischer Internet-Dienste beschrieben. Der Sicherheitsaspekt spielt in diesen Ausführungen stets eine zentrale Rolle. Nachfolgend wird in Kapitel 3 ein kurzer Überblick über kryptographische Verfahren geboten, soweit diese zur Überwindung der Sicherheitsproblematik von Bedeutung sind.

Grundlagenwissen: TCP/IP und Kryptographie

Mit Kapitel 4 beginnt der zweite Hauptteil, welcher sich aufbauend auf den vermittelten Grundlagen der eigentlichen Problemstellung widmet. Es wird ein Modell einer Sicherheitsarchitektur vorgestellt, das die Grundlage für den weiteren Verlauf des Buches bildet. Die einzelnen Komponenten werden beschrieben und voneinander abgegrenzt. In den nachfolgenden Kapiteln wird gezeigt, in welcher Form die vorgestellten Bestandteile einer Sicherheitsarchitektur realisiert werden können.

Sicherheitsarchitektur

Kapitel 5 behandelt die mit dem Einsatz von Zertifikaten und Zertifizierungsinfrastrukturen einhergehenden Fragestellungen. Der Aufbau und der Einsatz von X.509-Zertifikaten wird beschrieben, die Dienste von Zertifizierungsstellen werden vorgestellt und einige Projekte, die den Aufbau nationaler und internationaler Public-Key-Infrastrukturen zum Gegenstand haben, präsentiert. Auch aktuelle Entwicklungstendenzen, wie beispielsweise die Distribution von Zertifikaten mit Hilfe des DNS-Dienstes, werden kurz umrissen.

Zertifikate und Vertrauensmanagement

Der Gegenstand von Kapitel 6 ist die Implementierung von Verzeichnisdiensten. Die dem globalen X.500-Verzeichnis zugrundeliegenden Verfahren werden dargestellt und in Relation zum Internet-Protokoll LDAP gesetzt.

Directory und LDAP

Der Inhalt von Kapitel 7 betrifft die abgesicherte Übertragung von Daten über das Internet. Es wird gezeigt, wie eine Absicherung der Internet-Protokolle auf unterschiedlichen Ebenen erfolgen kann. Besonderes Augenmerk wird auf die Absicherung auf der Transportebene mit Hilfe von SSL gelegt.

Absicherung der Internet-Protokolle

Das abschließende Kapitel 8 hat schließlich die Durchführung der Zugriffskontrolle zum Inhalt. Nach einer Erklärung der theoretischen Grundlagen werden bestehende Zugriffskontrollmechanismen für WWW-basierte Informationssysteme beschrieben. Den Abschluß dieses Kapitels bildet eine ausführliche Abgrenzung von Forschungs- und Entwicklungsbemühungen in diesem Bereich.

Zugriffskontrolle

2 Internet-Protokolle im kommerziellen Einsatz

In diesem Kapitel werden die prinzipiellen Mechanismen des Internet erklärt. Das Ziel dieser Einführung ist es, einerseits die notwendigen technischen Grundlagen für die Folgekapitel zu vermitteln, andererseits auch ein Verständnis für die der Internet-Technik inhärente Sicherheitsproblematik zu schaffen.

Um eine Abgrenzung der im Internet eingesetzten Datenübertragungsprotokolle durchführen zu können, werden überblicksartig die Ebenen des OSI-Referenzmodells beschrieben und dem Schichtenmodell der Internet-Protokolle gegenübergestellt. Daraufhin werden die Funktionsweise und der Aufbau des Internet-Protokolls IP vorgestellt. Anschließend wird die Betrachtungsebene sowohl nach unten zur Netzwerkzugangsschicht als auch nach oben zur Transportschicht ausgedehnt. Abschließend erfolgt eine Beschreibung der typischen Eigenschaften von Internet-Diensten am Beispiel von E-Mail und dem WWW.

Das Hauptaugenmerk liegt in jedem Abschnitt auf den Schwachstellen dieser Konzepte, die sich aus den im kommerziellen Einsatz entstehenden Sicherheitsbedürfnissen ergeben. Den Abschluß dieses Kapitels bildet folglich eine Zusammenfassung der aufgezeigten Unzulänglichkeiten, woraus die grundlegenden Anforderungen an die Sicherheitsarchitektur eines WWW-basierten Informationssystems abgeleitet werden.

2.1 Datenübertragung im Internet

Eine genauere Betrachtung der Bezeichnung *Internet* stellt einen guten Einstieg zum Verständnis der technischen Hintergründe des weltweiten Netzwerkverbundes dar. Der Begriff weist bereits darauf hin, daß das Internet nicht mit einem bestimmten Datenübertragungsverfahren oder einer bestimmten Netzwerkarchitektur gleichzusetzen ist. Ziel des Internet ist vielmehr, die Basis für den weltweiten Zugriff auf Dienste und für den Austausch von Information aufbauend auf bestehenden Telekommunikationsinfrastrukturen zu bieten. In diesem Sinne ist auch die Bezeichnung zu verstehen: Inter-Net, das Netz der Netzwerke. Diese grundlegende Idee der Internet-Technik wird durch einen beispielhaften Ausschnitt aus einer Netzwerk-Infrastruktur in Abbildung 1 illustriert.

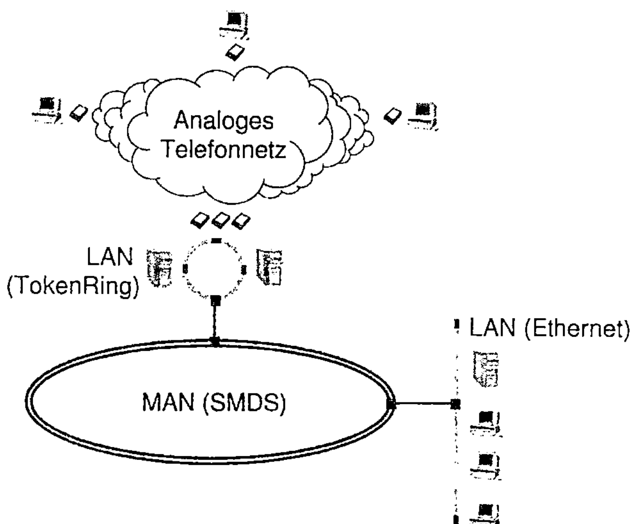

Abbildung 1 zeigt, in welcher Form die diversen Datenübertragungsverfahren in unterschiedlichen Anwendungsgebieten zum Einsatz kommen. Der hier dargestellte Ausschnitt umfaßt zwei lokale Netze, die durch ein öffentliches Netzwerk, in diesem Fall ein Stadtnetz, miteinander verbunden sind. Dabei kommen unterschiedliche Verfahren zum Einsatz: Im lokalen Bereich werden die LAN-Protokolle Ethernet und Tokenring verwendet, im Weitverkehrsbereich bedient man sich eines öffentlichen Telekommunikationsnetzes auf Basis des Standards SMDS (von engl.: Switched Multimegabit Data Service). Solche Netze werden typischerweise von großen Telekommunikationsfirmen betrieben, welche unterschiedliche Zugänge zur Netzwerkinfrastruktur als Dienstleistung an ihre Kunden verkaufen.

Eines der beiden in Abbildung 1 skizzierten lokalen Netze bietet außerdem einen Zugang über das öffentliche Fernsprechnetz an. Der Einsatz von Modems auf beiden Seiten ermöglicht die Übertragung von digitaler Information auch über das analoge Telefonnetz. Diese Technik wird in der beschriebenen Form auch von allen Internet-Zugangsanbietern der Welt eingesetzt, um privaten Haushalten sowie Klein- und Mittelbetrieben einen Zugang zum Internet zu ermöglichen.

Alle diese Übertragungstechniken weisen unterschiedliche Charakteristika auf: Sie unterscheiden sich in Parametern wie der maximal überbrückbaren Distanz, der erzielbaren Übertragungsgeschwindigkeit, der Auswirkung von hohem Verkehrsaufkommen im Gesamtnetz auf die Transferrate einer einzelnen Verbindung oder der Geschwindigkeit des Verbindungsaufbaus.

Eine gute Gegenüberstellung der einzelnen Datenübertragungsverfahren präsentieren Hansen für den europäischen Raum und Fitzgerald, der eher die Dienste amerikanischer Telekommunikationsgesellschaften in den Mittelpunkt stellt [vgl. Hans96, Fitz95]. Washburn und Evans nehmen in ihrer Einführung besonderen Bezug auf den Einsatz der Internet-Protokolle in der Umgebung eines lokalen Netzwerks, während Dowd ausführlich die Charakteristika der gängigen Datenübertragungsdienste im Weitverkehrsbereich auf deren Internet-Tauglichkeit untersucht [vgl. WaEv94 und Dowd96].

Eine genaue Beschreibung der Eigenschaften der verbreiteten Telekommunikationsdienste und LAN-Protokolle würde den Rahmen dieses Buches sprengen, ist aber zum Verständnis der Internet-Technik auch nicht unbedingt notwendig. Die erwähnten Übertragungsverfahren stellen lediglich ein *Transportmittel* für die Internet-Protokolle dar; diese können losgelöst vom zugrundeliegenden Übertragungsmechnismus betrachtet werden.

Dieses mehrschichtige Protokoll-Konzept ist auch mit ein Grund für die im Bereich der Netzwerktechnik vorherrschende komplexe Terminologie. Aus diesem Grund werden im nächsten Abschnitt einige grundlegende Definitionen erarbeitet und Abgrenzungen durchgeführt.

2.2
Datenübertragung und das OSI-Referenzmodell

Der Bereich der elektronischen Datenübertragung verfügt – wie jedes andere spezialisierte Fachgebiet auch – über eine Vielzahl von Begriffen, die in diesem Kontext eine spezielle Bedeutung haben. Erschwert wird die Situation ferner dadurch, daß die einzelnen Termini von unterschiedlichen Autoren nicht konsistent verwendet werden, beziehungsweise, daß die Bedeutung durch Übersetzung weiter verzerrt wird. Um eine nachvollziehbare Abgrenzung der in dieser Arbeit verwendeten Begriffe zu ermöglichen, wird das OSI-Referenzmodell zum Vergleich herangezogen.

Das von der *International Standardization Organization* (ISO) 1977 in Zusammenarbeit mit nationalen Normungsgremien entwikkelte Modell zur Rechnerkommunikation war als Basis für zukünftige Implementierungen gedacht. Obwohl es heute einige Protokolle gibt, die sich strikt am Aufbau des *Open Systems Interconnection* (OSI) Referenzmodells orientieren, fand das Konzept keine weitläufige Verbreitung. Insbesondere lassen sich auch die bereits vor der Veröffentlichung des OSI-Modells entstandenen Internet-Protokolle nicht reibungslos in das Schema einordnen. Grund für die mangelhafte Akzeptanz der OSI-Standards war wohl die hohe Komplexität der einzelnen Spezifikationen und der langsame Standardisierungsprozeß.

Ein unbestrittener Vorteil des OSI-Modells ist jedoch die Schaffung einer international klar abgegrenzten Terminologie und eines Rahmens, der eine eindeutige Diskussion über die Architektur unterschiedlicher Netzwerkprotokolle ermöglicht. Aus diesem Grund wird auch in der vorliegenden Arbeit die Funktionalität der Internet-Protokolle und deren abgesicherter Erweiterungen anhand des OSI-Referenzmodells beschrieben.

2.2.1
Grundlagen von Netzwerkprotokollen

Schon vor der Veröffentlichung des OSI-Referenzmodells sprach man im Zusammenhang mit der Architektur von Netzwerkprotokollen oft von *Schichten* (engl.: Layer). So ist es einsichtig, daß gewisse Teile der zur Datenübertragung notwendigen Software Bestandteil des Betriebssystems sind, während andere, anwendungsspezifische Teile, in die einzelnen Netzwerkapplikationen integriert sind. Eine E-Mail-Software beinhaltet beispielsweise zwar die notwendige Funktionalität, um eine Nachricht nach den am Internet gültigen Konventionen aufzubauen, die Fragmentierung der Nachricht in Pakete übernimmt jedoch die Netzwerksoftware.

Zur Übertragung dieser in Pakete zerstückelten Nachricht bedarf es ferner eines *Kommunikationspartners*. Bei diesem findet der im letzten Absatz beschriebene Vorgang in umgekehrter Reihenfolge statt: Die einzelnen Pakete werden von der Netzwerksoftware defragmentiert, in der ursprünglichen Reihenfolge wieder zusammengesetzt und dann der E-Mail-Software übergeben. Diese wiederum ist in der Lage, die empfangene Nachricht in ihre Bestandteile zu zerlegen und diese Information – Absender, Empfänger, Datum und Nachricht – auf benutzerfreundliche Art und Weise zu präsentieren.

Man kann erkennen, daß sich die Funktionalität der Datenübertragung in Schichten einteilen läßt. An oberster Stelle befindet sich die Anwendung mit ihren konkreten Kommunikationsanforderungen, an unterster Stelle befindet sich das Übertragungsmedium, das physische Netzwerk. Beim Sendevorgang bedient sich jede Schicht der Funktionalität der darunterliegenden Ebene. Beim Empfangsvorgang werden die empfangenen Daten durch die Schichten nach oben weitergereicht.

Ein *Netzwerkprotokoll* legt die Regeln für die Kommunikation zwischen den Teilnehmern fest. Solche Standards beinhalten typischerweise das Format der übertragenen Daten und die exakte Beschreibung des Auf- und Abbaus der Verbindung.

Diese Definitionen gelten jeweils für eine bestimmte Schicht. Betrachtet man wiederum das Beispiel der E-Mail-Software, so sind zur Übertragung einer Nachricht mehrere Protokolle erforderlich: Auf Anwendungsebene wird das Format der Nachricht definiert, auf der Ebene der Netzwerksoftware werden der Aufbau und die Länge der Pakete standardisiert und auf der untersten Schicht beispielsweise die konkreten Spannungsunterschiede des Übertragungsmediums festgelegt. Bedenkt man, daß auf all diesen Ebenen Hard- und Software unterschiedlicher Hersteller zum Einsatz kommen können sollen, so wird die Bedeutung von Netzwerkprotokollen klar. Der große Vorteil der konsequenten Trennung der Netzwerkfunktionalität in unterschiedliche Ebenen liegt in der Unabhängigkeit der anwendungsnahen Software von Änderungen in der Übertragungstechnik. Wann immer also von einem Netzwerkprotokoll die Rede ist, dann ist es unumgänglich, auch die entsprechende Ebene anzugeben, auf der dieses Protokoll das Zusammenspiel der Kommunikationspartner standardisiert.

Das Beispiel der E-Mail-Applikation zeigt bereits drei mögliche Ebenen. Im Zusammenhang mit den Internet-Protokollen spricht man üblicherweise von vier Schichten, während das im folgenden Abschnitt kurz vorgestellte OSI-Referenzmodell sieben Schichten umfaßt.

2.2.2
OSI-Referenzarchitektur

Das OSI-Modell unterteilt die zur Datenübertragung notwendige Funktionalität in sieben Schichten. In diesem Abschnitt folgt eine theoretische Beschreibung der den einzelnen Ebenen zugeordneten Aufgabenbereiche. Beispiele aus der Welt der Internet-Protokolle werden die Konzepte dann im Folgeabschnitt verdeutlichen. Abbildung 2 zeigt den Aufbau der OSI-Referenzarchitektur.

Nach den Vorstellungen der ISO teilt sich die Netzwerkfunktionalität in das Anwendungssystem, welches aus den drei oberen Schichten besteht und in das Transportsystem, das die vier unteren Schichten umfaßt.

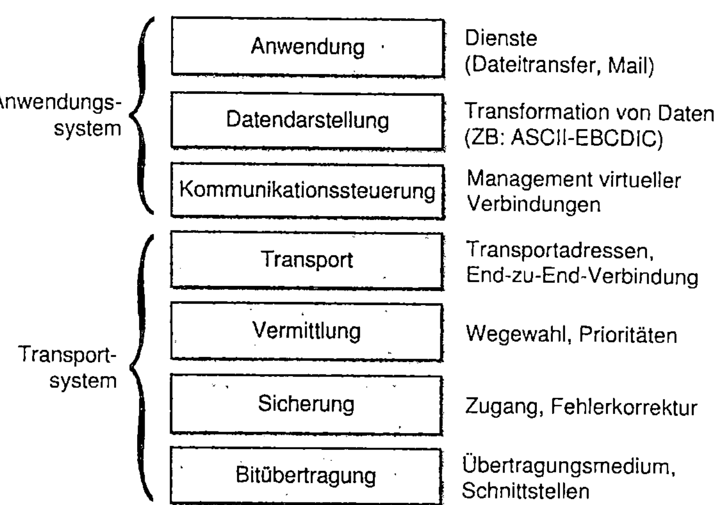

Abbildung 2
Das OSI-Referenzmodell

Das OSI-Anwendungssystem

Die *Anwendungsschicht* (engl.: Application Layer) umfaßt anwendungsspezifische Funktionen und beinhaltet typischerweise den Teil der Netzwerkfunktionalität, mit dem der Benutzer direkt konfrontiert ist.

Die *Datendarstellungsschicht* (engl.: Presentation Layer) standardisiert das Format der auszutauschenden Daten auf oberster Ebene. Auf dieser Ebene sollen nach Vorstellung der ISO Konventionen wie die Verschlüsselung von Daten oder eine international gültige Repräsentation von nationalen Zeichensätzen angesiedelt sein.

Die *Kommunikationssteuerungsschicht* (engl.: Session Layer) betrifft die Verwaltung von virtuellen Verbindungen zwischen zwei Anwendungen. Die in diesem Bereich angesiedelten Standards betreffen den Aufbau und Abbau solcher Verbindungen, den automatischen Abbau einer Verbindung nach längerer Inaktivität oder die Wiederherstellung von Verbindungen nach einer Unterbrechung auf einer der unteren Ebenen.

Das OSI-Transportsystem

Die *Transportschicht* (engl.: Transport Layer) beinhaltet in erster Linie die Korrektur von Übertragungsfehlern auf den unteren Schichten und die korrekte Defragmentierung der empfangenen Datagramme (engl.: Paket, Datagram). Eine weitere Aufgabe dieser Schicht ist auch die Festlegung von Adressen auf Transportebene.

Somit stellt die Transportschicht als oberste Ebene des Transportsystems den darüberliegenden Schichten eine verläßliche Verbindung zur Verfügung.

Die *Vermittlungsschicht* (engl.: Network Layer) standardisiert in erster Linie die Adressierung und die automatische Weiterleitung der Datagramme über unterschiedliche physische Teilnetze hinweg, den sogenannten Routingvorgang.

Die *Sicherungsschicht* (engl.: Data Link Layer) beinhaltet alle Standards, welche die Übertragung von Daten über ein bestimmtes physisches Teilnetz ermöglichen. Darunter fallen die Gestaltung und Vergabe von Hardware-Adressen, welche die beteiligten Rechner und Kopplungseinheiten eindeutig identifizieren, sowie die Erkennung von fehlerhaft übertragenen Rahmen mit Hilfe von Prüfsummen. Im Zusammenhang mit der Sicherungsschicht spricht man üblicherweise von Rahmen (engl.: Frames) und nicht von Paketen, um Verwechslungen mit den Transporteinheiten der darüberliegenden Schichten zu vermeiden.

Ein wichtiger Bestandteil der Sicherungsschicht ist auch die Regelung des konkurrierenden Zugriffs der beteiligten Netzwerkkomponenten auf das gemeinsame Medium. Auch wenn an einem physischen Netzwerksegment oft zahlreiche Stationen angeschlossen sind, so kann jeweils nur eine davon Daten übertragen. Beispiele für Standards in diesem Bereich sind die LAN-Protokolle Ethernet oder Tokenring.

Die *Bitübertragungsschicht* (engl.: Physical Layer) legt schließlich die Eigenschaften des physischen Übertragungsmediums und der benötigten Steckverbindungen fest. Der auf dieser Ebene anzusiedelnde RS232-Standard legt beispielsweise die Gestalt und Belegung von seriellen Steckverbindungen fest, während als Beispiel für einen häufig eingesetzten Kabeltyp für lokale Netze das RG58-Koaxialkabel angeführt werden kann.

2.3
Protokollfamilie TCP/IP

Wie bereits erwähnt werden mit dem Begriff *Internet* all diejenigen Rechner bezeichnet, die in der Lage sind, mit Hilfe der Netzwerkprotokolle TCP/IP zu kommunizieren. Die Bezeichnung weist bereits auf die zentrale Rolle des *Internet Protocol (IP)* und des *Transmission Control Protocol (TCP)* hin. Der Großteil der Internet-Dienste bedient sich dieser beiden Netzwerkprotokolle als Grundlage, weswegen die darauf aufbauenden Protokolle der Anwendungsebene auch oft als *Protokollfamilie TCP/IP* oder *TCP/IP-*

Protokollsuite bezeichnet werden. Im weiteren Verlauf dieser Arbeit ist mit dem Begriff Internet-Protokolle stets die gesamte Protokollfamilie gemeint, während sich der Singular oder die Abkürzung IP auf den zentralen Standard auf Transportebene beziehen.

Um den konzeptionellen Aufbau der Internet-Protokolle zu verstehen, ist es wichtig, sich die Zielsetzungen beim Entwurf dieser Technik vor Augen zu halten: Der Zweck, den die Entwickler der Internet-Protokolle verfolgten, war die Verbindung von Rechnern unterschiedlicher, paketorientierter Netzwerke. Daraus ergeben sich bereits die wichtigsten Charakteristika der Protokollfamilie TCP/IP.

- *Unabhängigkeit vom physischen Übertragungsmedium und dem eingesetzten Protokoll auf Sicherungsebene.* Die Internet-Protokolle können über Kupferkabel oder Glasfaserkabel genauso betrieben werden wie über Satellitenfunk oder Mikrowelle. Wie in der Einführung gezeigt, läßt sich TCP/IP sowohl über die LAN-Protokolle Ethernet und Token-Ring als auch über zahlreiche WAN-Protokolle einsetzen [vgl. Abschnitt 2.1]. Diese Eigenschaft hat es den Internet-Protokollen erlaubt, von der Vielzahl von Neuentwicklungen im Bereich der Datenübertragung profitieren zu können.

- Grundlage der Internet-Protokolle sind *offene Standards*, die unabhängig von spezieller Hardware oder einem bestimmten Betriebssystem entwickelt wurden. Auch wenn mittlerweile kommerzielle Internet-Dienste diesem Trend nicht mehr unbedingt Folge leisten, so kann doch der Kern der Internet-Protokolle ohne Lizenzgebühren von jedem Hersteller implementiert werden. Folglich gibt es mittlerweile TCP/IP-Software für nahezu alle Betriebssysteme, größtenteils gehört diese Funktionalität auch schon zum Lieferumfang und muß nicht zugekauft werden. Gleiches gilt auch für die zugrundeliegende Hardware: Vom Netzwerkdrucker über den Arbeitsplatzrechner bis hin zur Multiprozessor-Workstation finden heute die Internet-Protokolle ihren Einsatz bei allen Komponenten, die in ein Netzwerk integrierbar sind. Folglich ist die Protokollfamilie TCP/IP eine gute Ausgangsbasis zur Verbindung von heterogenen Systemen.

- Teil des Internet-Protokolls ist ein *weltweit einheitlicher Adressierungsmechanismus.* Dieser erlaubt es jedem Rechner mit Internet-Anschluß mit jedem anderen Rechner des Netzwerkes kommunizieren zu können.

- Schließlich beinhaltet die Protokollfamilie TCP/IP bereits zahlreiche *Protokollstandards der Anwendungsebene.* Diese bilden eine konsistente Grundlage für die gängigsten Internet-Dienste. Die meisten Implementierungen der Internet-Protokolle enthalten daher auch Programme zur Abwicklung von E-Mail oder elektronischem Dateitransfer, die durch die frühzeitige Standardisierung der Protokolle weltweite Interoperabilität bieten.

Die im kommerziellen Einsatz auftretenden Ansprüche an die Übertragungssicherheit waren bei der Entwicklung der Internet-Technik kein vorrangiger Aspekt. Zwar wurde auf die Ausfallssicherheit der Technik großes Augenmerk gelegt, verschlüsselte Übertragung oder verläßliche gegenseitige Identifizierung war bei der Entwicklung der Internet-Protokolle jedoch kein Thema von Bedeutung.

Bevor wir uns in den nächsten Abschnitten mit der Funktionsweise der Protokollfamilie TCP/IP auseinandersetzen, noch ein Wort zum Standardisierungsprozeß der Internet-Protokolle. Die Weiterentwicklung der Internet-Technik wird von einem zentralen Gremium, dem *Internet Architecture Board (IAB),* koordiniert.

Die Hauptrolle bei der Entwicklung und Standardisierung neuer Internet-Techniken übernimmt die *Internet Engineering Task Force (IETF).* Der Standardisierungsprozeß selbst findet in Form von *Arbeitsgruppen* (engl.: Working Groups, WG) statt, von denen derzeit bereits über 70 existieren. Der Zugang zu diesen Arbeitsgruppen ist unbeschränkt, Teilnehmer sind zumeist Vertreter von Unternehmen oder Universitäten. Die Koordination der Aktivitäten einer Arbeitsgruppe erfolgt üblicherweise über E-Mail und mit Hilfe sogenannter Internet-Drafts.

Diese *Internet-Drafts* sind formlose schriftliche Entwürfe, die den entsprechenden Arbeitsgruppen als Diskussionsgrundlage dienen. Infolgedessen sind Internet-Drafts häufigen Änderungen unterworfen und das Spektrum möglicher Inhalte reicht von zukünftigen Standards bis zu Ideen, die kurz später wieder verworfen werden. Aktuelle Internet-Drafts sind in zahlreichen Archiven weltweit erhältlich, die unterschiedlichen Versionen der Dokumente werden jedoch nicht archiviert.

Das IAB übernimmt weiters auch die Wartung und Herausgabe der zentralen Standarddokumente des Internet: Die *Requests For Comments (RFC).* Diese Dokumente definieren Protokolle, Verfahren oder auch Leitfäden für bestimmte Problembereiche. Ein RFC kommt erst zustande, nachdem ein entsprechender Entwurf eine Begutachtungsperiode überdauert hat. Der Status eines RFC reicht von einem *Proposed-Standard* über einen *Draft-Standard* (setzt einen getesteten Prototypen voraus) bis hin zum *Internet-Standard* (Beschluß des IAB). Nahezu alle Schlüsseltechniken des Internet sind in der Form von RFCs definiert — als Beispiel möge das Internet-Protokoll selbst dienen (RFC-791).

2.3.1
Aufbau der Internet-Protokolle

Während das im Abschnitt 2.2.2 beschriebene OSI-Referenzmodell einen siebenschichtigen Aufbau hat, werden die Internet-Protokolle üblicherweise anhand von drei bis fünf Schichten dargestellt. In dieser Arbeit wird das vierschichtige Modell von Hunt eingesetzt, um den Aufbau der Protokolle zu illustrieren [vgl. Hunt92].

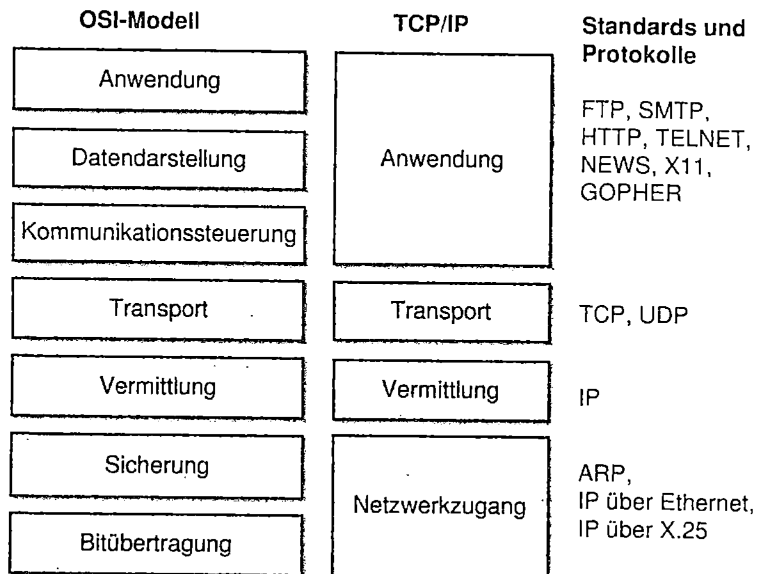

Eine Gegenüberstellung zu den sieben Schichten des im vorigen Abschnitt beschriebenen OSI-Referenzmodells zeigt Abbildung 3. Man erkennt, daß die Internet-Protokolle in den zwei Randbereichen des Schichtenmodells weniger ausführlich sind als das OSI-Modell.

Dies entspricht durchaus der Realität: Im Bereich der Bitübertragungsschicht gibt es keine Standards der Protokollfamilie TCP/IP, da eben diese Unabhängigkeit von der eingesetzten Übertragungstechnik ein wesentliches Ziel bei der Entwicklung der Internet-Protokolle war. Die Verbindung von unterschiedlichen Netzen ist, wie bereits erwähnt, der zentrale Gegenstand der Protokolle.

Im oberen Bereich des OSI-Schichtenmodells wäre auch für die Internet-Protokolle die einige Jahre später von der ISO vorgeschlagene Schichtenaufteilung von Vorteil gewesen. Der vorgesehene Funktionsumfang muß im Fall der Internet-Dienste von den Anwendungen selbst übernommen werden. Beispielsweise definieren sowohl die Terminalemulation TELNET als auch FTP, der Dienst zur

Dateiübertragung, ein eigenes Sitzungsmanagement und müssen
somit die Funktionalität der OSI-Ebene fünf als Bestandteil der Ap-
plikationssoftware implementieren. Noch schmerzhafter trifft den
nicht-anglophonen Benutzer das Fehlen der klar definierten Dar-
stellungsschicht: SMTP, das Internet-Protokoll zur Übertragung von
E-Mail, beschränkt sich auf den Transfer eines strikt englischen
Zeichensatzes. All diese Mängel lassen sich auf Anwendungsebene
relativ problemlos vermeiden – nur verliert man auf diese Weise
sowohl die Interoperabilität zwischen Anwendungen unterschiedlicher Hersteller als auch die separate Erweiterbarkeit der integrierten
Komponenten.

Es läßt sich in diesem Zusammenhang leicht erkennen, daß die
Internet-Protokolle über ihren ursprünglichen Zweck weit hinausge-
wachsen sind – keiner der Entwickler dieser Technik im Jahre 1974
legte die Anforderungen an ein weltumspannendes Netz zur Abwicklung elektronischer Geschäfte zugrunde. Andererseits war es
sicherlich auch die minimalistische Gestaltung der Standards, deren
unkomplizierter Aufbau für Hersteller einfach und kostengünstig zu
implementieren ist, welche die Durchsetzung dieser Protokolle be-
günstigt hatte. Nicht zuletzt der aufreibende Standardisierungsprozeß, geprägt von zahlreichen Kompromissen zwischen Einzelinter-
essen großer Hersteller, hat die OSI-Spezifikationen zu ihrer gegenwärtigen Komplexität anwachsen lassen.

In weiterer Folge werden die Funktionalität des Transportsystems
der Internet-Protokolle, also der drei unteren Schichten, beschrieben
und die inhärenten Sicherheitsrisiken aufgezeigt. Im nächsten Abschnitt geht es um das Internet-Protokoll selbst, den Kernbestandteil
der Protokollsuite TCP/IP; anschließend wird die Betrachtung sowohl zur Bitübertragungsebene als auch hin zur Anwendungsebene
ausgedehnt.

Ursprung von TCP/IP

2.3.2
Internet-Protokoll (IP)

Das Internet-Protokoll ist die unterste einheitliche Schicht jeder
Kommunikation über das Internet. Abbildung 3 zeigt die zentrale
Stellung von IP als Protokoll auf der Vermittlungsebene. In dem
entsprechenden Standard werden mehrere bedeutsame Aspekte des
Internet in seiner heutigen Form festgelegt.

- Die Gestalt der Internet-Adresse (IP-Adresse) und damit die Größe des verfügbaren Adreßraumes wird durch die Struktur des IP-
  Datagrammes determiniert.

Charakteristika von IP: RFC-791

- Die Integration der Netzwerk-Adresse in die IP-Adresse ist die Grundlage der Routenwahl des Internet-Protokolls, die der zentrale Gegenstand der Vermittlungsschicht ist.

- Es ist Aufgabe des Internet-Protokolls, Datagramme, deren Größe das maximale Ausmaß eines Rahmens des darunterliegenden Protokolls der Datensicherungsschicht überschreiten, in kleinere Einheiten zu fragmentieren. Auf diese Weise werden die Eigenschaften der darunterliegenden Ebene möglichst gut vor den darüberliegenden Schichten verborgen.

- Die verbindungslose Natur des Internet-Protokolls wird durch das Fehlen jeglicher Spezifikationen zum Verbindungsaufbau (engl. Handshake) oder zur Fehlerkontrolle unterstrichen. Diese oft benötigte Funktionalität wird jedoch von TCP, dem darüberliegenden Protokoll der Transportschicht, zur Verfügung gestellt. Aus dieser häufigen Kombination resultiert auch der Name der Protokollfamilie: TCP/IP.

Aus dem Blickwinkel der Sicherheit sind vor allem zwei Aspekte von herausragender Bedeutung: Der Aufbau eines IP-Datagrammes sowie der Vorgang der Routenwahl.

2.3.2.1
IP-Datagramm

Da das Internet-Protokoll kein verbindungsorientiertes Netzwerkprotokoll ist, müssen in jedem Datagramm die gesamten Adreßinformationen enthalten sein, die notwendig sind, um den Zielrechner zu erreichen.

Abbildung 4 zeigt den Aufbau eines IP-Datagrammes, wobei einige Felder besonders hervorgehoben sind. Jedes Datagramm beginnt mit Protokollinformation, die als Protokollkopf (engl.: Header) bezeichnet werden. Dieser besteht typischerweise aus sechs Wörtern zu je vier Byte. Aus den Feldern eines Datagrammes kann man die Version des Internet-Protokolls ebenso ersehen wie die Gesamtgröße des Datagrammes. Letztere ist wegen des dafür vorgesehenen Platzes auf etwa 64 KB beschränkt.

Time-To-Live-Feld
Ein weiterer Bestandteil des in Abbildung 4 dargestellten IP-Protokollkopfes ist das TTL-Feld (Abkürzung von engl.: Time-To-Live). Der in diesem Feld enthaltene Wert wird von jedem Router, der an der Weriterleitung des Datagrammes beteiligt ist, dekrementiert. Wird der Wert Null erreicht, so kommt es zur automatischen Vernichtung des Datagrammes. Auf diese Weise kann verhindert werden, daß Datagramme aufgrund von Konfigurationsfehlern ewig im Internet kreisen.

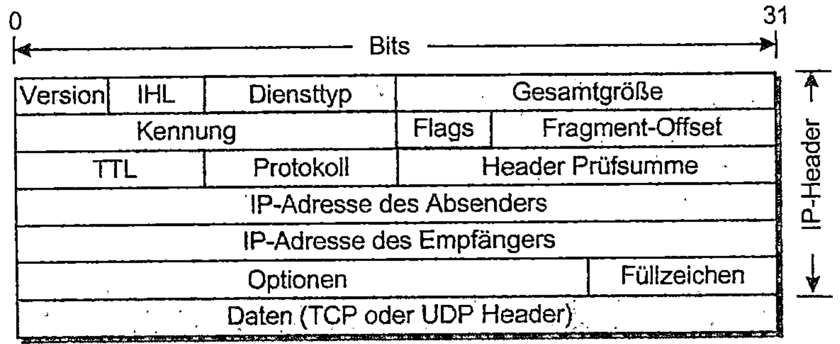

Abbildung 4
IP-Datagramm
[nach Hunt92, 14]

Das Protokoll-Feld legt schließlich fest, wie die im Datagramm enthaltenen Daten interpretiert werden, also welchem Protokoll der Transport-Ebene das Datagramm angehört – in den meisten Fällen handelt es sich dabei um die Protokolle TCP oder UDP, die im Abschnitt 2.3.4 besprochen werden.

Protokoll-Feld

Abschließend folgen die IP-Adressen des Absenders und des Empfängers, die zur korrekten Zustellung des Paketes notwendig sind. Die hier nicht näher beschriebenen Felder bestehen aus einigen Flags, einer zur Refragmentierung notwendigen Kennung, einer Prüfsumme über den Header sowie einem Feld mit der Header-Länge, die unter gewissen Umständen von dem in Abbildung 4 dargestellten Umfang abweichen kann.

2.3.2.2
Internet-Adresse

Die Gestalt der Internet-Adresse oder IP-Adresse geht bereits aus Abbildung 4 hervor: Im Header jedes Datagrammes sind jeweils vier Byte für die Adressen des Absenders und Empfängers vorgesehen, eine IP-Adresse entspricht somit vier Zahlen in der Größenordnung zwischen 0 und 255. Diese Adresse läßt sich in drei Komponenten unterteilen.

Die *Netznummer* gibt während des Routing-Vorganges Aufschluß darüber, wo sich das gesuchte Zielnetz befindet. Die Netznummer wird von der zuständigen Vergabestelle auf Antrag zugewiesen, was im kommerziellen Einsatz zumeist einer Zuteilung durch den Internet-Zugangsanbieter gleichkommt. Netznummern gibt es in drei verschiedenen Klassen, die sich in der maximalen Anzahl von Rechnern unterscheiden, an die eine gültige IP-Adresse vergeben werden kann.

Netznummer und Host-ID

■ Adressen der *Klasse A* (erstes Byte liegt im Bereich zwischen 1 und 127) ermöglichen den Anschluß von über 16 Millionen

IP-Adressen der Klasse A, B und C

Rechnern. Weltweit gibt es 126 derartige Adressen, die bereits alle vergeben sind.

- Adressen der *Klasse B* (erstes Byte liegt im Bereich zwischen 129 und 191) unterstützen etwa 65.000 Rechner mit gültigen IP-Adressen. Solche Adressen sind mittlerweile auch nicht mehr verfügbar, weltweit gibt es nur 16.382 derartige Netznummern.

- Adressen der *Klasse C* (erstes Byte liegt im Bereich zwischen 192 und 223) erlauben die Bildung von maximal 254 gültigen Internet-Adressen. Weltweit gibt es über zwei Millionen derartige Netznummern, die auch noch erhältlich sind.

Der verbleibende Adreßbestandteil — ein, zwei oder drei Byte der gesamten Internet-Adresse — steht dem Antragstellenden zur Verfügung, der nach eigenem Ermessen bis zur maximalen Anzahl gültige IP-Adressen vergeben kann.

Dies ist jedoch für den Antragsteller nicht immer befriedigend, da die solchermaßen adressierten Rechner innerhalb eines physischen Netzes liegen müssen. Die Netznummer muß im Internet stets den Weg bis zum Zielnetz weisen. Erst bei Ankunft im Zielnetz wird die Host-ID ausgewertet und auf eine Adresse der Sicherungsschicht übersetzt. Größere Unternehmen verfügen oftmals über eine Netzwerk-Infrastruktur, die aus mehreren Netzen im Sinne der OSI-Ebene zwei bestehen. Zwar ist es möglich, derartige Segmente sowohl auf der Sicherungsebene als auch auf der Vermittlungsebene miteinander zu verbinden, oft wird jedoch davon Abstand genommen und eine Verbindung auf der Transportebene mit Hilfe eines sogenannten Routers hergestellt. Derartige Entscheidungen werden üblicherweise nach Gesichtspunkten wie Lastentrennung in den einzelnen Teilnetzen, Einsatz unterschiedlicher Übertragungsmedien und Protokolle der Sicherungsschicht oder Leistungserhöhung getroffen. Folglich ist es durchaus wahrscheinlich, daß das LAN eines Unternehmens aus mehreren getrennten physischen Netzen im Sinne der OSI-Ebenen eins bis drei besteht.

 Um diesem Umstand Rechnung zu tragen, kann ein zugewiesener IP-Adreßraum, gleichgültig welcher Klasse, in sogenannte *Subnetze* unterteilt werden. Somit hat der Inhaber einer IP-Adresse der Klasse B oder C die Möglichkeit, Rechner, die durch ein physisches Netzwerk verbunden sind, autonom zu Subnetzen gruppieren zu können. Abbildung 5 zeigt zusammenfassend die Struktur einer Internet-Adresse anhand eines Beispiels aus dem Adreßraum der Wirtschaftsuniversität Wien.

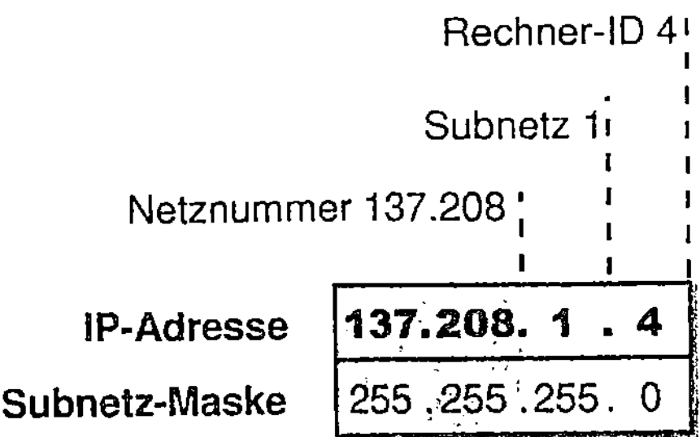

Die Wirtschaftsuniversität Wien ist – wie aus dem ersten Byte der Adresse ersichtlich – glücklicher Besitzer einer Netzadresse der Klasse B (137.208) und kann folglich etwa 65.000 Rechner mit einer gültigen IP-Adresse ausstatten. Die komplexe Topologie der Netzwerk-Infrastruktur, die den gesamten Campus umfaßt und den unterschiedlichen Ansprüchen des wissenschaftlichen Forschungsbetriebes sowie der Adminsitration der universitären Lehre genügen soll, besteht aus zahlreichen Teilnetzen auf den OSI-Ebenen eins bis drei. An der Wirtschaftsuniversität kommt daher auf Ebene der Internet-Protokolle eine Struktur von Subnetzen zum Einsatz, die der Gestalt der physischen Netzwerke Rechnung trägt. Die Subnetz-Maske gibt nun Aufschluß darüber, in welchem Maße die zur Verfügung stehenden Adressen auf Subnetz- und Rechner-Komponenten aufgeteilt werden sollen. Sie ist eine Maske im Sinne der binären Logik: Die gesetzten Bits zeigen die Zugehörigkeit zum Netz- und Subnetzteil der IP-Adresse an. In dem in Abbildung 5 dargestellten Beispiel sind die ersten drei Bytes vollständig maskiert. Die ersten zwei Stellen (137.208) bilden die Netznummer, das gesamte dritte Byte ist folglich die Subnetzadresse. Bei der abgebildenten IP-Adresse handelt es sich somit um den Rechner mit der Adresse 4 im Subnetz 1 des Adreßbereiches der Wirtschaftsuniversität Wien.

Kommt es nun innerhalb des lokalen Netzes der WU zu Änderungen in der Netzwerktopologie, so können die entsprechenden Konfigurationen auf der Ebene der Internet-Protokolle eigenständig durchgeführt werden. Der Einsatz von Subnetzen bietet dem Inhaber einer qualifizierten IP-Adresse folglich die Freiheit, die Struktur der physischen Teilnetze autonom ändern zu können.

Die in diesem Abschnitt beschriebene Adreßstruktur ist auch Grundlage der IP-Routenwahl, die für die Zustellung eines Datagrammes zwischen zwei unterschiedlichen Netzen verantwortlich ist.

2.3.2.3
Routenwahl

Unter *Routenwahl* (engl.: Routing) versteht man den Vorgang, durch den zwei Rechner den optimalen Weg zur Kommunikation in einem verteilten Netz finden.

Jede Implementierung des Internet-Protokolls besitzt die notwendige Funktionalität, um auf Basis der Adreßinformation entscheiden zu können, ob eine gewünschte Zieladresse im eigenen Subnetz liegt. Liegt dieser Fall vor, so wird das Datagramm mit Hilfe des entsprechenden Netzwerkprotokolls der Sicherungsschicht direkt an den Zielrechner gesandt. Wird beispielsweise innerhalb einer Arbeitsgruppe, die durch ein Netzwerk auf Ethernet-Basis verbunden ist, eine E-Mail-Nachricht verschickt, so erzeugt die Netzwerksoftware des Senders einen Ethernet-Rahmen, der das IP-Datagramm zum gewünschten Empfänger überträgt.

Geht aus den Netz- und Subnetzkomponenten der Zieladresse jedoch hervor, daß der Empfänger des Datagrammes nicht im selben Netz zu finden ist, so muß das Datagramm an einen Router weitergeleitet werden.

Ein *Router* (in der älteren TCP/IP-Literatur auch als Gateway bezeichnet), ist eine auf OSI-Ebene drei operierende Netzwerkkomponente, die auf Basis der Transportadressen die Routenwahl durchführt.

Als Router kommt folglich jeder Rechner mit mehr als einer Netzwerkschnittstelle und geeigneter Software in Frage. Heutzutage sind Router in den meisten Fällen speziell für diesen Zweck geschaffene Netzwerkkomponenten, deren Software auf den Vorgang der Routenwahl hin optimiert ist. Sie sind typischerweise modular aufgebaut und können mit Netzwerkschnittstellen der unterschiedlichsten Protokolle der Sicherungsschicht ausgestattet werden. Router unterstützen daher die gängigen Protokolle der Transportschicht sowie die gewählten Netzwerkprotokolle der Sicherungsschicht.

Unabhängig von der internen Struktur eines LAN werden Router nahezu immer als Schnittstelle zum Internet-Zugangsanbieter eingesetzt. Ein unter diesen Bedingungen eingesetzter Router kann beispielsweise mit vier Ethernet-Schnittstellen sowie einer ISDN-Einschubkarte ausgestattet sein. Auf diese Weise kann im unternehmensinternen Bereich ein lokales Netz mit bis zu vier getrennten Teilnetzen betrieben und über eine ISDN-Stand- oder Wählleitung die Verbindung zum Internet-Zugangsanbieter realisiert werden. Für ein mittelgroßes Unternehmen mit vollem Internet-Anschluß ist diese in Abbildung 6 dargestellte Konfiguration ein typisches Beispiel.

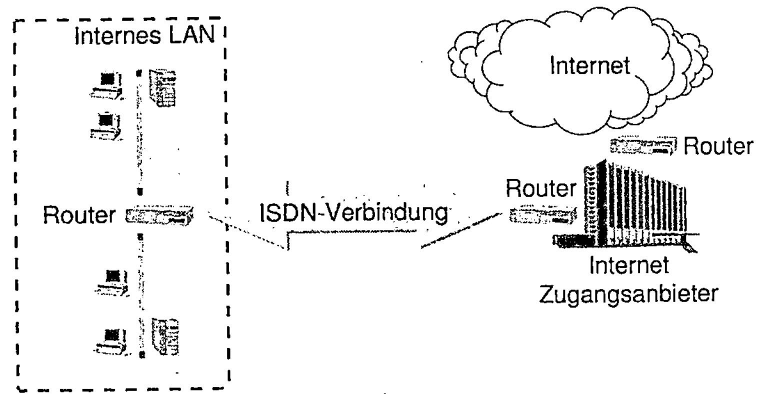

Abbildung 6 zeigt symbolisch zwei getrennte Netze im unternehmensinternen Bereich, die durch einen IP-Router verbunden sind. Beide bedienen sich des LAN-Protokolls Ethernet, das in der Abbildung durch die charakteristische Bus-Topologie dargestellt ist.

Jedes Datagramm, dessen Zieladresse nicht im lokalen Netz liegt, wird von den angeschlossenen Rechnern zum Router weitergeleitet. Dieser determiniert ausgehend von der Zieladresse, über welchen seiner Netzwerkanschlüsse das Zielnetz zu erreichen ist. Anschließend wird das entsprechende Protokoll der Sicherungsschicht eingesetzt, um das Datagramm zu übertragen. Vermittelt der Router lediglich zwischen den beiden Teilnetzen des unternehmensinternen LAN, so wird das Datagramm in der Form eines Ethernet-Rahmens zum Zielrechner gesandt.

Anders verhält es sich, wenn ein IP-Datagramm an einen Rechner im globalen Internet adressiert ist. Der Router verfügt über keine globale Adreßtabelle aller Netze im weltweiten Internet, vielmehr leitet er alle Pakete mit ihm unbekannten Zielnetzen in das Netz des Internet-Zugangsanbieters weiter. Wiederum bedient er sich dazu des erforderlichen Protokolls der Sicherungsebene um den Transfer des Datagrammes durchzuführen. Über ISDN-Verbindungen kann beispielsweise das Protokoll *PPP* (Abkürzung von engl.: Point-to-Point Protocol) zum Einsatz kommen.

Im Netz des Zugangsanbieters wiederholt sich der gleiche Vorgang unter Einsatz eines größer dimensionierten Routers. Dieser verwaltet eine Adreßtabelle, in der alle über diesen Zugangsanbieter direkt erreichbaren Netzadressen enthalten sind. Ist die gesuchte Zieladresse auch in dieser Liste nicht zu finden, so wird das Datagramm über die Infrastruktur des Zugangsanbieters weitergeleitet.

Neben diesen Grundlagen der Routenwahl sind es im wesentlichen zwei Mechanismen, die den Ausbau des Internet zum weltumspannenden Netzwerk ermöglicht und die Integration der stark steigenden Anzahl von Rechnern erlaubt haben:

- Die von den Routern verwaltete Adreßtabelle kann dynamisch aufgebaut werden. Durch den Einsatz von sogenannten *Routingprotokollen* tauschen Router auf standardisierte Art die ihnen bekannten Netzadressen aus. Dieser Mechanismus ist vor allem an den stark belasteten Knotenpunkten der globalen Infrastruktur von großer Bedeutung. Ein Beispiel für solch einen zentralen Knoten wäre ein Router, der die Netze zweier Internet-Zugangsanbieter miteinander verbindet.

- Ein großes Problem war jedoch das starke Anwachsen der auf diese Art propagierten Routing-Information. Dies steht in Zusammenhang mit der Erschöpfung des IP-Adreßraums. Mit der zunehmenden Vergabe von mehreren Adressen der Klasse C anstelle von einer Adresse der nicht mehr verfügbaren Klasse B stieg die von den Routern zu propagierende Adreßinformation sprunghaft an. Ein unter dem Namen CIDR (Abkürzung von engl.: Classless Internet Domain Routing) bekanntes Verfahren ermöglicht die Aggregation unterschiedlicher Netzwerkadressen zu einem *Supernetz* (engl.: Supranetting). Auf diese Weise können beispielsweise alle über den gleichen Internet-Zugangsanbieter angeschlossenen Netze mit einer einzigen Adresse von den Routingprotokollen nach außen propagiert werden. Erst innerhalb der eigenen Infrastruktur ist schließlich der Einsatz der Netzwerkadresse erforderlich. Das hier angewandte Prinzip ist das gleiche wie im Fall der Subnetzbildung.

2.3.2.4
Sicherheitsüberlegungen zum Internet-Protokoll

Bei der Entwicklung der Internet-Protokolle stand der kommerzielle Einsatz dieser Architektur nicht im Vordergrund: Überlegungen wie Ausfallssicherheit oder flexible Einsetzbarkeit bestimmten den Aufbau des Internet-Protokolls wie er im vorangegangenen Abschnitt beschrieben wurde.

Dezentrale Administration Der Vorgang der Übertragung von Datagrammen über mehrere autonome Netze verdient unter dem Blickwinkel des kommerziellen Einsatzes dieser Protokoll-Architektur besondere Beachtung, denn darin liegt ein wesentlicher Unterschied zwischen dem Internet und alternativen Telekommunikationsdiensten begründet: Das Internet wird in hohem Ausmaß *dezentral administriert.* Daraus ergeben sich einige im kommerziellen Einsatz bedeutsame Aspekte:

- Ein Unternehmen, das sich des Internet als Infrastruktur bedient, hat *keinerlei Gewährleistungsansprüche,* wenn ein IP-Paket nicht vollständig oder überhaupt nicht beim Adressaten ankommt. In der Regel hört die Einflußsphäre beim eigenen Zugangsanbieter auf, dessen Infrastruktur in manchen Fällen jedoch nur in geringem Ausmaß die Grundlage der tatsächlichen Datenübertragung ist. Wird das Internet als Marketingmedium eingesetzt, so ist der Kundenkreis naturgemäß offen und dementsprechend schwer abschätzbar sind auch die an einer Datenübertragung beteiligten Netzanbieter.

- Aufgrund der dynamischen Routenwahl ist die von einem IP-Paket verwendete *Route nicht vorhersehbar.* Die Überlastung einer Strecke oder der Ausfall einer Leitung kann zur Übertragung von Paketen auf alternativen Routen führen. Die Absicherung der Datenübertragung kann daher nicht darauf beruhen, daß die beteiligten Netzbetreiber sorgfältig ausgewählt werden.

- Nicht nur die fehlende Übertragungsgarantie, auch die Qualität der benutzten Infrastruktur ist für den kommerziellen Einsatz von großer Bedeutung. Darunter ist im Zusammenhang mit der Übertragungssicherheit in erster Linie die *Qualität der Systemadministration* zu verstehen. Von der Konfiguration und Wartung der komplexen Routerprodukte bis zur Durchsetzung von Sicherheitsmaßnahmen im Bereich der Netzwerkknoten ist der Internet-Benutzer den Betreibern der Netze ausgeliefert. Bei jedem Netzbetreiber können die übertragenen Pakete eingesehen, abgefangen oder modifiziert werden. Wie in Abschnitt 3.3.2.1 beschrieben gehört die Modifikation des im IP-Paket enthaltenen Protokollkopfes zu den Aufgaben eines Internet-Routers. Diese Möglichkeit des Zugriffs kann jedoch auch eingesetzt werden, um Pakete nach bestimmten Kriterien zu filtern. Das Vertrauen eines Internet-Benutzers in die Netzbetreiber ist folglich zwangsweise grenzenlos.

Die IP-Adresse scheint bei oberflächlicher Betrachtung als Mittel zur weltweit eindeutigen Identifikation der beiden Kommunikationsparteien naheliegend. Dieser Eindruck ist jedoch bei näherer Betrachtung trügerisch – mehrere Angriffe auf geschützte Netze nutzen die Tatsache aus, daß die Verbindung zwischen der IP-Adresse im Protokollkopf und einem physischen Rechner keine zuverlässige ist.

Mit geeigneter Software besteht die Möglichkeit, daß IP-Datagramme gezielt mit falscher Absender-Adresse verschickt werden können. Dieses, als *„Internet Address Spoofing"* bezeichnete Verfahren, wird häufig dazu benutzt, um Firewall-Systeme zu umgehen, die mit Paketfiltern arbeiten. Die Grundidee dieser Attacke besteht darin, daß ein Rechner im öffentlichen Internet sich als ein Rechner im geschützten Bereich ausgibt und somit alle am Firewall implementierten Abschottungsmaßnahmen umgehen kann [vgl. etwa Bell89].

Darüber hinaus können mit Hilfe dieser Technik auch alle Zugriffskontrollmechanismen umgangen werden, die auf der IP-Adresse des Absenders aufbauen. Viele Sicherheitsmängel, die den Internet-Protokollen in ihrer derzeitigen Form nachgesagt werden, haben ihre Wurzeln im Einsatz der Internet-Adresse als Grundlage der Autorisierung für einzelne Internet-Dienste. Die Natur dieses Adressierungsmechanismus wird jedoch auch im nächsten Abschnitt behandelt, weshalb die Diskussion der daraus resultierenden Sicherheitsbedenken in Abschnitt 2.3.3.4 zu finden ist.

Sicherheitsprobleme im Zusammenhang mit der Routenwahl

Die Routenwahl, insbesondere der dynamische Austausch von Routing-Information zwischen den Routern im Internet, bietet jedoch auch Angriffspunkte für einen möglichen Einbruch [vgl. auch Kyas96]. Die beiden hier angeführten Beispiele sollen zeigen, daß nicht nur die mit der dezentralen Organisation einhergehenden organisatorischen Aspekte, sondern auch einige, den Internet-Protokollen inhärente, technische Unzulänglichkeiten den kommerziellen Einsatz dieser Protokolle erschweren.

Source-Routing-Angriff

Der *Source-Routing-Angriff* benutzt eine Option im Protokollfeld des IP-Datagramms (ein Bestandteil der in Abbildung 4 gezeigten *Flags*), die unter gewissen Umständen eine Festlegung der gewünschten Route durch den Absender erlaubt [vgl. Bell89]. Gemeinsam mit dem eben beschriebenen *IP-Address Spoofing* kann ein Angreifer im Internet auf diese Weise effektiv die Rolle eines anderen Rechners übernehmen, indem er die abgeschickten Pakete mit dessen Adresse ausstattet und mit Hilfe der Source-Routing-Option dafür sorgt, daß die Antworten tatsächlich auch an die eigene IP-Adresse zurückgeschickt werden.

RIP-Angriff

Der *RIP-Angriff* verfolgt ein ähnliches Ziel, bedient sich aber nicht der Source-Routing-Option im IP-Datagramm, sondern eines Protokolls zum dynamischen Austausch von Routinginformation, genannt RIP (von engl.: Routing Information Protocol). Wiederum versucht der Angreifer auf diese Art und Weise, sich gezielt an eine bestimmte Stelle in die standardmäßige Route zwischen zwei Rechnern zu plazieren und so unbefugt den Netzwerkverkehr abhören zu können. Diese Art von Angriff auf den Routingmechanismus der Internet-Protokolle ist dann möglich, wenn im angegriffenen Subnetz auch Routinginformation mit RIP ausgetausch wird. Während RIP zwar in vielen UNIX-Systemen Bestandteil des Betriebssystems ist, kann dieses Protokoll nur in kleineren Netzen problemlos eingesetzt werden. Die großen Routerhersteller bieten mittlerweile mächtigere und auch besser abgesicherte Alternativen an (beispielsweise IGRP, ein proprietäres Routingprotokoll des Routerherstellers Cisco).

2.3.3
Die Netzwerkzugangsebene

Die Netzwerkzugangsebene, als unterste Ebene der Internet-Protokolle, beinhaltet im wesentlichen Spezifikationen, die sich einem von zwei Aufgabenbereichen zuordnen lassen:

- Standardisierung der Übertragung (Kapselung) von Internet-Paketen über unterschiedliche Netzwerkprotokolle der OSI-Sicherungsebene.

- Zuweisungsverfahren zwischen den Internet-Adressen der Transportschicht und den Hardware-Adressen der zugrundeliegenden Netzwerk-Infrastruktur.

Die Standards der Netzwerkzugangsschicht bilden somit die Spielregeln für die Abwicklung der Internet-Protokolle über Netzwerke unterschiedlicher Technik. Es gibt solche Spezifikationen für nahezu alle Übertragungsverfahren. Beispiele dafür sind die Kapselung von IP-Datagrammen in Ethernet-Rahmen (RFC-894) oder deren Übertragung über Telefon- oder ISDN-Verbindungen mit Hilfe der Protokolle SLIP (RFC-1055) oder PPP (RFC-1661).

Eine detaillierte Beschreibung der im Zusammenhang mit der Übertragung der Internet-Protokolle über diverse Netze entwickelten Techniken ist nicht Gegenstand dieses Buches; einen guten Überblick bietet beispielsweise die Einführung von Washburn und Evans [vgl. WaEv94].

Vom Aspekt der Übertragungssicherheit und des kommerziellen Einsatzes der Internet-Protokolle sind jedoch drei Aspekte von besonderer Bedeutung, die in weiterer Folge erklärt werden sollen. Dies sind zum einen die Eigenschaften des verbreiteten LAN-Standards Ethernet und die Auflösung von Internet-Adressen bei Zustellung eines IP-Datagrammes in einem Ethernet sowie die dynamische Adreßvergabe beim Einsatz der Internet-Protokolle über analoge oder digitale Wählnetze.

2.3.3.1
Gängige LAN-Standards: Beispiel Ethernet

Ethernet ist ein weit verbreiteter LAN-Standard, der den teilnehmenden Rechnern Übertragungsraten von bis zu 10 Mbit/s und im Fall des sogenannten *FastEthernet* bis zu 100 Mbit/s ermöglicht. Die zugrundeliegenden Normen (ISO 8802.3, die der IEEE 802.3 Spezifikation entspricht) sehen unterschiedliche Übertragungsmedien vor, wobei heute in erster Linie zwei Typen anzutreffen sind:

- Mit Hilfe eines Koaxialkabels lassen sich bis zu 30 Rechner in der Form eines maximal 180 Meter langen Stranges, auch als Bustopologie bezeichnet, miteinander verbinden. Diese, auch mit *10Base2*-Ethernet bezeichnete Variante, ist gegenwärtig die billigste Form des lokalen Netzes: Eine Ethernet-Netzwerkkarte für einen Personalcomputer ist derzeit bereits für unter DM 50 erhältlich. Ein 10Base2-Ethernet kann mit einer Geschwindigkeit von maximal 10 Mbit/s betrieben werden.

- Über verdrillte Kupferkabel lassen sich Rechner in Form einer sternförmigen Topologie zu einem Ethernet zusammenschließen. In diesem Fall benötigt man als Mittelpunkt einen aktiven Ethernet-Repeater, ein Signalverstärker auf Bitebene. Der aufwendigeren Verkabelung und den Kosten des Repeaters stehen eine wesentlich höhere Betriebssicherheit gegenüber, die diese Variante des Ethernet derzeit zum populärsten LAN-Standard macht. Je nach der maximalen Transferrate spricht man von *10BaseT*- (10 Mbit/s) beziehungsweise *100BaseT-Ethernet* (100 Mbit/s).

Ethernet ist stets ein Protokoll der Sicherungsschicht. Erst die darauf aufbauende Software legt fest, welche Protokolle auf Vermittlungsebene über ein Ethernet ablaufen. Alternativ zu IP bauen auch LAN-Standards wie beispielsweise IPX von Novell auf der Sicherungsschicht auf und können über Ethernet eingesetzt werden. Jedes Datagramm, das von der Software der Vermittlungsschicht an die Ethernet-Ebene weitergeht, wird in der Form eines Ethernet-Rahmens zum Empfänger übertragen.

Von großer Bedeutung ist die Art und Weise, wie diese Übertragung eines Ethernet-Rahmens vor sich geht: Jede Netzwerkkarte in einem Ethernet besitzt eine weltweit eindeutige Hardware-Adresse, die vom Hersteller bereits im Werk vergeben wurde. Wird nun ein Rahmen übertragen, so ist er für alle Rechner im gleichen physikalischen Netz sichtbar, eine Tatsache, die Ethernet-Netzen auch die Bezeichnung *Broadcast-Netz* eingetragen hat. Die in die Netzwerkkarten integrierte Logik verhindert jedoch normalerweise, daß ein Rechner Rahmen entgegennimmt, die nicht explizit an ihn oder an alle Teilnehmer des Netzes (sogenannte Broadcast-Rahmen) adressiert sind. Dieser Mechanismus hat prinzipiell den Sinn, den Prozessor der beteiligten Rechner von der Verarbeitung zahlreicher irrelevanter Rahmen zu entlasten, er kann aber jederzeit durch die Netzwerksoftware deaktiviert werden.

Folglich kann jeder Rechner in einem Ethernet mit geeigneter Software alle Rahmen entgegennehmen und auswerten. Werden die Internet-Protokolle in einem Ethernet eingesetzt, so ist der Inhalt aller IP-Datagramme von jedem Rechner im gleichen Netz mit simplen Mitteln einsehbar.

2.3.3.2
IP-Adreßauflösung in Ethernet-Netzen

Eine weitere Besonderheit des Einsatzes der Internet-Protokolle über Ethernet liegt in der Natur der Adreßauflösung. Diese findet dann statt, wenn ein IP-Paket in einem Ethernet-basierten Zielnetz angelangt ist und dem Rechner mit der in der IP-Adresse enthaltenen Host-ID zugestellt werden soll. Der hier beschriebene Mechanismus ist unter dem Namen ARP (von engl.: Adress Resolution Protocol) bekannt.

Um herauszufinden, welcher Rechner einer bestimmten IP-Adresse zugeordnet ist, benutzt der Sender — entweder der ursprüngliche Absender oder der Router — einen sogenannten Ethernet-Broadcast. Darunter versteht man einen an eine spezielle Broadcast-Adresse gerichteten Rahmen, den alle Rechner des Netzes empfangen. Der wesentlichste Bestandteil dieses Rahmens ist die IP-Adresse, zu der die zugehörige Ethernet-Adresse gesucht wird. Die IP-Software des betroffenen Rechners antwortet unmittelbar darauf mit einer kurzen Bestätigung direkt an den Absender des ARP-Broadcasts, worauf dieser die somit erhaltene Adreßzuordnung in einer internen Tabelle speichert. Letzteres geschieht in erster Linie aus Leistungsüberlegungen: Für alle nachfolgenden Datagramme wird die Ethernet-Adresse des Zielrechners direkt der Tabelle entnommen und nicht nochmals auf die eben beschriebene Weise ermittelt. Abbildung 7 faßt den Vorgang der Adreßauflösung mit dem ARP-Protokoll nochmals zusammen.

RFC-826:
Adress Resolution
Protocol (ARP)

Die in Abbildung 7 skizzierte Situation tritt dann auf, wenn einem Rechner des lokalen Ethernet-Netzes erstmalig ein IP-Datagramm zugestellt werden soll. Sowohl der ARP-Broadcast des Routers als auch die Antwort des gesuchten Rechners sind schematisch dargestellt. Aus der Antwort ersieht der Router die gesuchte Ethernet-Adresse und kann das IP-Datagramm innerhalb eines Ethernet-Rahmens zustellen.

Man erkennt, daß die Verbindung von der IP-Adresse zum physischen Rechner sehr flexibel ist. Um eine IP-Adresse in einem Ethernet in Betrieb zu nehmen, bedarf es nur der Voraussetzungen, daß zum gegebenen Zeitpunkt kein anderer Rechner unter dieser Adresse im gleichen Subnetz ARP-Anfragen beantwortet und daß die Netz- und Subnetzteile der Adresse gültig sind.

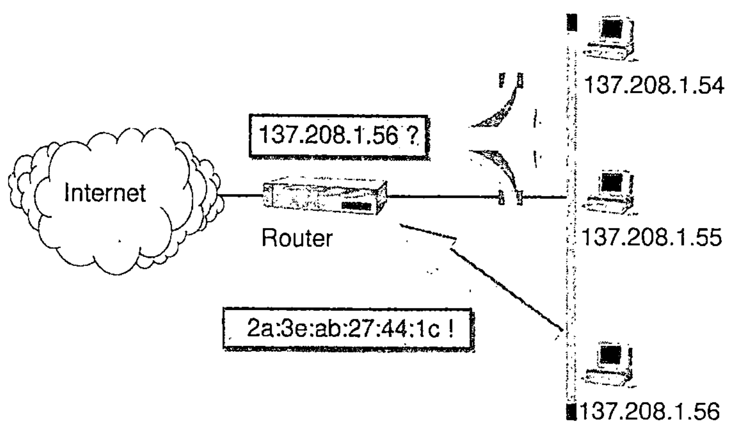

2.3.3.3
Dynamische Adreßvergabe mit SLIP und PPP

Zwei Protokolle der Protokollfamilie TCP/IP, die beide auf OSI-Ebene zwei angesiedelt sind, haben die Abwicklung der Internet-Protokolle über Verbindungen mit End-zu-End-Signifikanz zum Gegenstand. Darunter versteht man serielle Leitungen, die der Datenübertragung zwischen zwei Endpunkten dienen. Typische Beispiele dafür sind Verbindungen über Wählleitungen oder WAN-Verbindungen wie beispielsweise eine digitale Mietleitung, die ein Unternehmen mit seinem Internet-Zugangsanbieter verbindet.

RFC-1055:
Serial Line
Internet Protocol

- SLIP (von engl.: Serial Line Internet Protocol) ist ein Standard, der primär auf die Abwicklung von IP mittels Modem über analoge Wählleitungen abzielt. Dieses Verfahren kann guten Gewissens als rudimentär bezeichnet werden. SLIP verfügt über keinerlei Mechanismen zur Übergabe der für die Verbindung notwendigen Parameter, die typischerweise manuell konfiguriert werden müssen.

RFC-1661:
Point-to-Point
Protocol

- PPP (von engl.: Point-to-Point Protocol) ist ein etwas aufwendigeres Verfahren zur Abwicklung beliebiger Protokolle der Vermittlungsschicht über Punkt-zu-Punkt-Verbindungen (engl.: Point-To-Point-Link). Es beinhaltet Verfahren zur Authentifizierung der Kommunikationspartner sowie zur Übergabe protokollspezifischer Parameter.

Beide Verfahren finden gegenwärtig ihr Haupteinsatzgebiet bei Internet-Zugangsanbietern, die mit Hilfe dieser Protokolle die Anbindung privater Haushalte ermöglichen. Während der Einsatz von SLIP tendenziell abnimmt und in den meisten Fällen auf die Anwendung über analoge Wählleitungen beschränkt ist, wird PPP wegen seiner Multiprotokollfähigkeit sowie der problemlosen Übergabe protokollspezifischer Parameter auch oft über digitale Mietleitungen eingesetzt.

Die in den letzten Absätzen bereits angesprochene Übergabe der protokollspezifischen Parameter betrifft im Fall von IP in erster Linie die Internet-Adresse. Internet-Zugangsanbieter differenzieren typischerweise ihre Dienstleistungen nach Firmenkunden und Privatkunden. Letztere verfügen in der Regel nicht über permanente Verbindungen zum Zugangsanbieter, sondern bedienen sich der öffentlichen Fernsprechnetze: Entweder mit Hilfe eines Modems über das analoge Telefonnetz oder über das dienstintegrierende Digitalnetz ISDN. Der Internet-Zugangsanbieter kann natürlich nicht jedem dieser Kunden eine eigene Internet-Adresse fix zuweisen; dies erfolgt dynamisch bei Verbindungsaufbau. Sobald eine derartige Verbindung zustandekommt verfügt der Kunde vorübergehend über eine Internet-Adresse im Adreßbereich des Zugangsanbieters. Ferner kann der anrufende Kunde im vorhinein nicht wissen und auch nicht beeinflussen, welche IP-Adresse ihm im Zuge des Verbindungsaufbaus zugewiesen wird und ob es bei wiederholtem Anruf dieselbe ist.

Ebenso wie im vorigen Abschnitt ist erkenntlich, daß eine IP-Adresse nicht unbedingt mit einem Rechner assoziert sein muß. Im Fall von Wählleitungsverbindungen können durch die dynamische Adreßvergabe unter ein und derselben IP-Adresse hintereinander unterschiedliche Rechner auftreten.

2.3.3.4
Sicherheitsüberlegungen zu den Verfahren der Netzwerkzugangsschicht

Die Mängel der in diesem Abschnitt vorgestellten Verfahren als Grundlage kommerzieller Informations- und Kommunikationsdienste lassen sich in zwei Aussagen zusammenfassen:

1. Die Internet-Protokolle bieten nur in dem Ausmaß abhörsichere Datenübertragung, wie diese vom zugrundeliegende Übertragungsverfahren bereitgestellt wird.

2. Die IP-Adresse und damit die verbreiteten Rechnernamen sind zur Identifikation von Teilnehmern und Diensten im Internet weitgehend ungeeignet.

Zu Punkt eins ist zu erwähnen, daß zum Abhören der WAN-Verbindungen zwischen den Knotenpunkten der Netz-Betreiber ein wesentlich höherer technischer Aufwand notwendig ist als im Fall eines lokalen Netzes. Die von den Telekom-Gesellschaften auf größere Distanzen eingesetzte Infrastruktur besteht aus Lichtwellenleitern oder Satellitenverbindungen, die nur mit großem Aufwand abgehört werden können. In den meisten Fällen einer Datenübertragung über das Internet kommt jedoch entweder beim Absender oder beim Empfänger eines der beiden in diesem Abschnitt skizzierten LAN-Verfahren zum Einsatz, wo alle übertragenen Pakete mit geeigneter Software eingesehen werden können.

Die in Punkt zwei angeführte mangelhafte Eignung der Internet-Adresse als identifizierendes Merkmal eines Rechners im Internet resultiert aus mehreren im Laufe der letzten beiden Abschnitte beschriebenen Eigenschaften der Internet-Protokolle:

■ Innerhalb des durch die Netzadresse vorgegebenen Spielraumes kann die IP-Adresse frei gewählt und verändert werden. Somit kann sie im Intranet nicht zur Identifikation von Clients und Servern eingesetzt werden, da dort die Adressen unter Berücksichtigung der Subnetzstruktur frei gewählt werden können.

■ Im Fall des Internet-Zuganges über Wählleitungsverbindungen zum Zugangsanbieter wird die IP-Adresse dynamisch vergeben und kann folglich nicht zur Identifikation eines Rechners herangezogen werden. Da diese Art von Zugriff typisch für private Haushalte ist, fällt somit für ein Unternehmen die Möglichkeit der Identifikation von Kunden anhand von IP-Adressen weg.

Die in Abschnitt 2.4 gezeigten Protokolle der Anwendungsschicht werden zeigen, daß die hier angeführten Argumente in der Praxis von großer Relevanz sind: Die gängigsten Internet-Dienste unternehmen entweder gar keine Versuche, eine Identifikation durchzuführen oder sie bedienen sich eines in Klartext übertragenen Kennwortes. Beide Verfahren sind im kommerziellen Einsatz unbrauchbar.

2.3.4
Die Protokolle der Transportschicht

Während sich die Betrachtungen im letzten Abschnitt auf Verfahren der Netzwerkzugangsschicht erstreckt haben, ist nun die *Transportschicht* Gegenstand der Untersuchungen. Die Internet-Protokolle der Transportschicht erfüllen zwei bedeutsame Aufgaben. Zum einen sind sie für die Weiterleitung von IP-Datagrammen zur zuständigen Anwendung verantwortlich, zum anderen bieten sie den darüberliegenden Anwendungsprotokollen bei Bedarf einen verbindungsorientierten Kommunikationssteuerungsdienst.

2.3.4.1
Dienste im Internet: Ports und Sockets

Da auf einem Rechner gleichzeitig mehrere Kommunikationsvor-
gänge über das Internet-Protokoll ablaufen können, bedarf es eines
Mechanismus, der ankommende IP-Datagramme der zuständigen
Anwendung zuordnen kann. Diese Aufgabe erfüllt die *Port-Nummer*
oder *Dienstnummer* (engl.: Port). Jedem Internet-Dienst ist eine
Dienstnummer zugeordnet, anhand derer die entsprechende Anwen-
dung eindeutig identifiziert werden kann. Somit wird ein Dienst im
Internet weltweit eindeutig identifizierbar: Diese Kombination aus
IP-Adresse und Dienstnummer ist ein sogenannter *Socket*, der End-
punkt einer Datenübertragung im Internet.

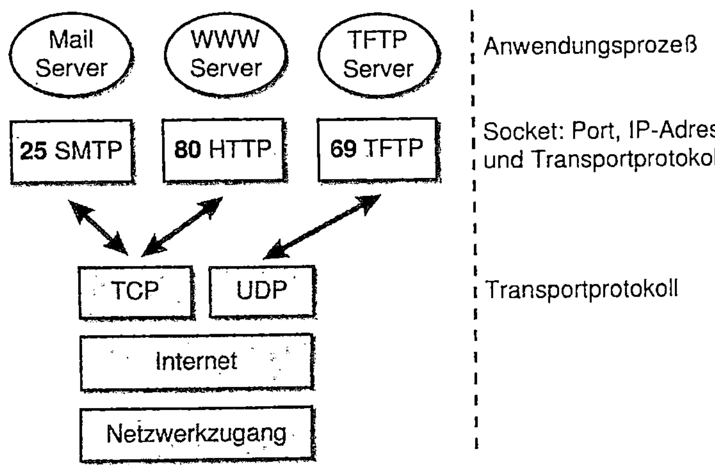

Abbildung 8
Prozeßkommunika-
tion mit Sockets
und Ports

Abbildung 8 zeigt beispielhaft drei Server-Dienste sowie die ihnen
zugeordneten Dienstnummern. Jedes ankommende Datagramm wird
von der TCP/IP-Software auf Basis der Port-Nummer zur zuständigen Anwendung weitergeleitet. Während die Dienstnummern im
niedrigen Bereich standardisiert sind und so die öffentlich bekannten
Dienste zugänglich machen, steht der Großteil der Port-Nummern
zur freien Verfügung. Die standardisierten Port-Nummern bieten den
Vorteil, daß beispielsweise der WWW-Server *wwwi.wu-wien.ac.at*
von jedem Rechner im Internet aus kontaktiert werden kann. Aus
dem Namen ergibt sich die Internet-Adresse 137.208.1.9; aus der
Tatsache, daß es sich um einen WWW-Server handelt, folgt die
Dienstnummer 80. Mit dieser Information ist der angesprochene
Dienst daher weltweit eindeutig identifiziert. Auch die Client-
Applikationen benötigen für die Dauer der Kommunikation eine

Server-Dienste und
standardisierte Port-
Nummern

Port-Nummer; diese wird jedoch von der Netzwerksoftware dynamisch zugewiesen.

2.3.4.2
Verbindungsorientierte und verbindungslose Internet-Dienste

Auf der Transportebene bietet die Protokollfamilie TCP/IP im wesentlichen zwei Verfahren an, die von den darüberliegenden Protokollen der Anwendungsebene alternativ eingesetzt werden können.

Das weniger häufig eingesetzte Protokoll *UDP* (von engl: User Datagram Protocol) stellt einen *verbindungsloses Kommunikationssteuerungsdienst* zur Verfügung, der im wesentlichen die Funktionalität des Internet-Protokolls mit Hilfe der im letzten Abschnitt beschriebenen Portnummern um die Weiterleitung der Daten an die zuständige Anwendung bereichert. Die Information im UDP-Header dient in erster Linie der Identifikation der beiden an der Kommunikation beteiligten Sockets.

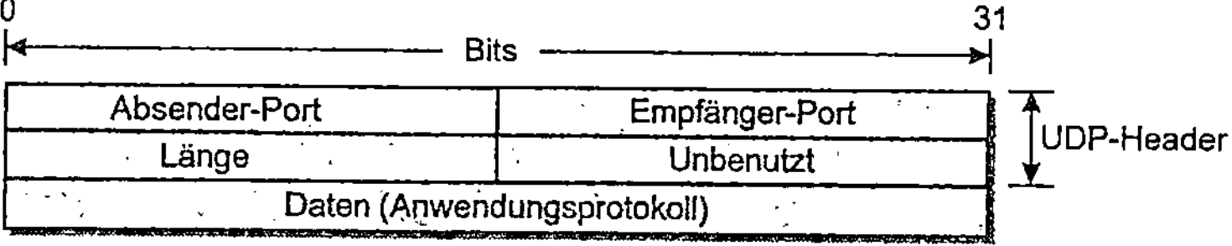

Abbildung 9 zeigt die vom UDP hinzugefügte Information zu den Feldern des IP-Headers (wie in Abbildung 4 auf Seite 17 bereits dargestellt): Die beiden Portnummern ergänzen die im IP-Header enthaltenen Internet-Adressen zu Sockets.

Wesentlich bedeutsamer ist das Protokoll *TCP* (von engl.: Transmission Control Protocol), das die Grundlage der meisten bekannten Internet-Dienste ist. TCP übernimmt zum einen genauso wie UDP die Zuordnung von Datagrammen zu Anwendungen mit Hilfe von Portnummern, zum anderen ermöglicht es eine zuverlässige *verbindungsorientierte* Datenübertragung über IP. Letzteres wird durch folgende Eigenschaften erreicht:

- Eine dreistufige Synchronisationsphase geht einer Kommunikation über TCP voran. Dieser Vorgang dient der Initialisierung der Mechanismen zur Sequenzierung der übertragenen Datagramme und der Flußkontrolle. Ein ordnungsgemäßer Verbindungsabbau besteht ebenfalls aus einem dreistufigen Prozeß.

- Die vom Kommunikationspartner versandten Datagramme werden von der TCP-Schicht in die richtige Reihenfolge gebracht

(Sequenzierung). Gegebenenfalls wird die Neuübertragung eines Datagrammes veranlaßt.

- Übertragungsfehler der unteren Schichten werden erkannt und automatisch korrigiert, indem eine Neuübertragung des entsprechenden Datagrammes veranlaßt wird.

- Ein als Flußkontrolle bezeichneter Mechanismus synchronisiert die vom Sender ausgehende Übertragungsrate mit der Verarbeitungsgeschwindigkeit des Empfängers, um einen Überlauf zu verhindern.

Auf Grund dieser Eigenschaften bezeichnet man eine Kommunikation über TCP auch als eine logische Verbindung, ein Begriff der auf das Übertragen von Datagrammen mittels UDP nicht anzuwenden ist. Die von TCP übertragenen Einheiten nennt man folglich *Segmente*, erst auf der Ebene des Internet-Protokolls spricht man wie bisher von Datagrammen.

TCP-Segmente

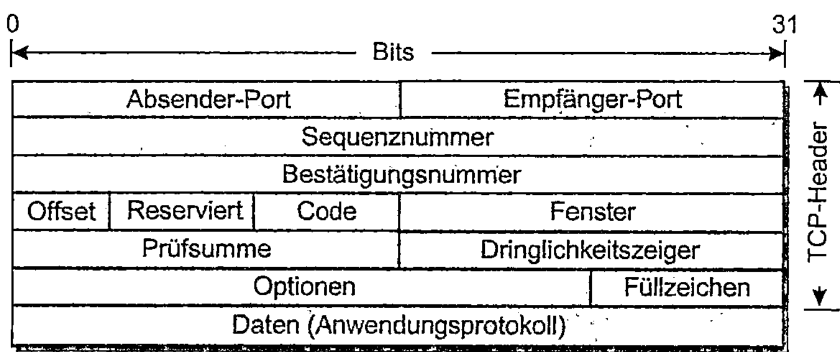

Abbildung 10
Felder des TCP-Headers
[nach Hunt92, 20]

Die in Abbildung 10 dargestellten Felder des TCP-Headers dienen der Realisierung der zusätzlichen Funktionalität dieses Kommunikationssteuerungsprotokolls. Aufgrund der Port-Nummern können die Segmente eindeutig einer Anwendung zugeordnet werden. Sequenz- und Bestätigungsnummer dienen der Sequenzierung, die Flußkontrolle wird mit Hilfe der Fenstergröße durchgeführt.

Die hier gezeigte Header-Information folgt im IP-Datagramm unmittelbar dem IP-Header (wie in Abbildung 4 auf Seite 17 gezeigt). Im Anschluß an diese beiden Gruppen von Steuerdaten findet man nun alle anwendungsspezifischen Daten, deren Bedeutung sich in den meisten Fällen aus dem Server-Port ergibt. Handelt es sich dabei um einen bekannten Dienst, der angesprochen wird, wie etwa einen WWW- oder einen E-Mail-Server, so kann jedes Segment eindeutig zugeordnet werden.

2.3.4.3
Sicherheitsdienste der Transportschicht

Die Transportschicht ist, wie im vorangegangenen Abschnitt gezeigt, der geeignete Platz, um Sicherheitsmaßnahmen, die auf der Vermittlungsschicht aufbauen, zu realisieren. Tatsächlich werden den höherliegenden Schichten durch TCP auch gewisse Sicherungsmaßnahmen geboten: Sequenzierung, Fehlerkorrektur und Flußkontrolle sorgen für eine *verläßliche* Übertragung. All dies vermag jedoch nicht, die – relativ neuen – Ansprüche des kommerziellen Internet-Einsatzes zu erfüllen.

Die Transportschicht ist jedoch ohne Zweifel eine geeignete Ebene, um die Voraussetzungen für sichere Anwendungsdienste zu schaffen. Zum einen steht mit der Vermittlungsschicht ein Transportmechanismus zur Verfügung, auf dem aufgebaut werden kann, zum anderen würden von einer Erweiterung der Protokollfamilie auf dieser Ebene alle darüberliegenden Anwendungen profitieren. In diese Richtung wird auch gegenwärtig die Internet-Technik weiterentwickelt. Die zuständige Arbeitsgruppe der IETF nennt sich *Transport Layer Security (TLS)*, was so viel wie „abgesicherte Transportschicht" bedeutet. Auf diesen Themenbereich wird in Kapitel 7 noch detailliert eingegangen.

2.4
Dienste der Anwendungsebene

In diesem Abschnitt werden die Eigenschaften der Internet-Protokolle der Anwendungsebene untersucht. Einer Gegenüberstellung der Dienste nach unterschiedlichen Kriterien folgt eine Beschreibung des DNS-Dienstes, der für die Inanspruchnahme nahezu aller Internet-Dienste von Bedeutung ist. In Folge werden beispielhaft zwei Internet-Dienste ausführlicher beschrieben, um die typische Struktur von Protokollen der Anwendungsebene zu demonstrieren. Im Abschnitt 2.4.3 wird die Übertragung von elektronischer Post mit Hilfe der Internet-Protokolle SMTP und POP3 behandelt und im Folgeabschnitt der Dienst HTTP, der die Grundlage des World Wide Web darstellt. Den Abschluß bildet wiederum eine Beschreibung der Problembereiche, die im Zuge des kommerziellen Einsatzes dieser Dienste auftreten können.

2.4.1
Charakteristika von Internet-Diensten

Internet-Dienste lassen sich nach unterschiedlichen Kriterien schematisieren. Für den weiteren Verlauf dieser Arbeit sind die in Abbildung 11 getroffenen Einteilungen von Bedeutung.

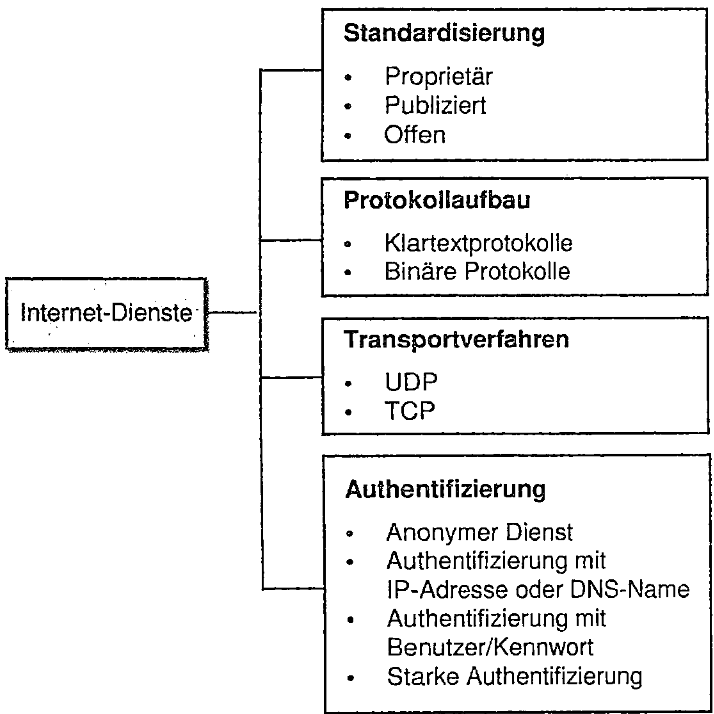

Abbildung 11
Schematisierung von Internet-Diensten

Als erstes Kriterium wird hier die Standardisierung des betroffenen Internet-Dienstes herangezogen. *Proprietäre Internet-Dienste* setzen auf Anwendungsebene ein Protokoll ein, das vom entwikkelnden Unternehmen nicht publiziert wurde. Ein Beispiel dafür ist das Netzwerkprotokoll für Datenbankabfragen von ORACLE SQL*Net, das auch in einer Internet-basierten Version vorliegt. Ein *publizierter Standard* hingegen ermöglicht Drittanbietern die Implementierung von Software, die sich des publizierten Protokolls bedient, nicht jedoch die Teilnahme an der Weiterentwicklung des Standards. Dies trifft beispielsweise auf die sichere Protokollerweiterung SSL zu [vgl. FrKa96]. Ein *offener Standard* wird schließlich von einem − prinzipiell unabhängigen − Gremium entwickelt. Auf

Standardisierung

alle in diesem Abschnitt in weiterer Folge beschriebenen Internet-Dienste trifft das zu.

Hinsichtlich des Protokollaufbaus sind Internet-Dienste in Klartextprotokolle (beispielsweise HTTP oder NEWS) und in *binäre Protokolle* zu untergliedern. Erstere übertragen die Protokollelemente in der Form von lesbaren englischsprachigen Anforderungen, letztere legen Protokollelemente in binärer Verkodierung fest.

Die Unterscheidung nach zugrundeliegenden Transportverfahren wurde im letzten Abschnitt bereits eingehend besprochen; dem Mail-Protokoll SMTP liegt beispielsweise eine *TCP*-Verbindung zugrunde, während der DNS -Dienst auf der Basis von UDP arbeitet.

Das unterste der in Abbildung 11 gezeigten Kriterien ist für die Themenstellung dieser Arbeit von besonderer Bedeutung. Internet-Dienste können auch nach der Art der Authentifizierung der zugreifenden Client-Anwendung unterschieden werden. Im Fall eines *anonymen Dienstes* wird dem Client ohne Identifikation die gewünschte Leistung bereitgestellt. Unter der *Authentifizierung mit IP-Adresse oder DNS-Name* ist die Ermittlung der IP-Adresse des Client, die aus den IP-Datagrammen entnommen werden kann, beziehungsweise darauf aufbauend die Rückwärtsauflösung dieser Adresse zu einem Rechnernamen zu verstehen. Im Gegensatz dazu stellt die Authentifizierung mit Benutzername und Kennwort auf die verläßliche Identifikation des zugreifenden Benutzers ab. Dieses Verfahren findet bei zahlreichen Internet-Diensten (beispielsweise FTP, POP3 oder TELNET) Einsatz. Unter der *starken Authentifizierung* ist schließlich der Einsatz kryptographischer Verfahren zur Ermittlung der Identität des zugreifenden Benutzers zu verstehen. Als Beispiel für starke Authentifizierungsmechanismen können die Kerberos-Variante von TELNET oder SSL angeführt werden.

2.4.2
DNS – Rechnernamen und IP-Adressen

Der DNS-Dienst (von engl.: Domain Name System) stellt einen der unscheinbarsten Internet-Dienste, gleichzeitig aber auch eine bedeutsamste Grundlage für das Funktionieren der anderen Anwendungen dar. Aufgabe des DNS ist die Zuordnung von Rechnernamen zu Internet-Adressen und umgekehrt.

Konzeptionell gesehen stellt der DNS-Dienst eine im gesamten Internet verteilte Datenbank dar, auf die mit Hilfe des DNS-Protokolls zugegriffen wird.

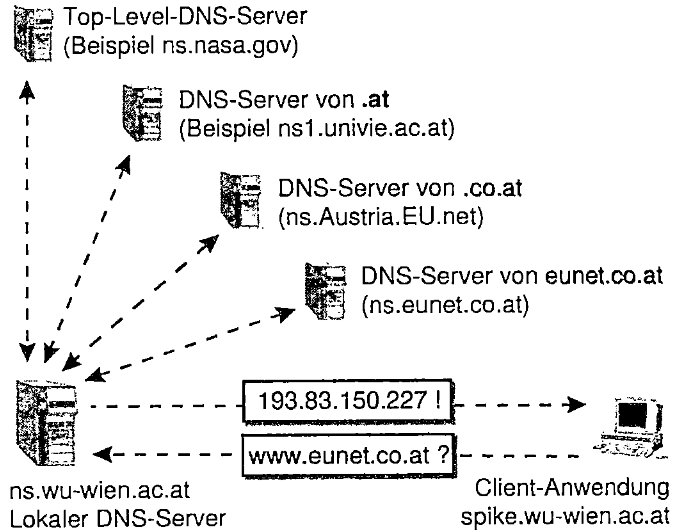

Der Vorgang bei der Auflösung eines Rechnernamens zu einer IP-Adresse, einer sogenannten Vorwärtsauflösung, ist in Abbildung 12 schematisch dargestellt. Der Client wendet sich mit dem aufzulösenden Netzwerknamen an den lokalen DNS-Server. Dieser kann für den lokalen Namensbereich (in diesem Beispiel *wu-wien.ac.at*) definitive Antworten geben, da dieser Teil der Namensdatenbank von ihm selbst verwaltet wird. Kann dieser die Anfrage nicht beantworten, so wird sie an einen der bekannten, höchstrangigen DNS-Server (im Beispiel ns.nasa.gov) weitergeleitet, der wiederum die IP-Adressen aller zuständigen DNS-Server für alle obersten Namensbereiche kennt. So wird die Bereichshierarchie dann, wie in Abbildung 12 gezeigt, von rechts nach links aufgelöst – bis schließlich der DNS-Server gefunden wurde, der den gesuchten Teil der Namensdatenbank verwaltet (im Beispiel *eunet.co.at*).

Um einen eigenen Namensbereich verwalten zu können, muß dieser vom übergeordneten DNS-Server delegiert werden. Organisatorisch gesehen ist dazu der neue Namensbereich beim Betreiber des übergeordneten Namensbereiches – im Fall eines Unternehmens mit vollem Internet-Anschluß wird dies in den meisten Fällen der Internet-Zugangsanbieter sein – zu registrieren.

Im Konzept des DNS-Dienstes ist jedoch auch eine Rückwärtsauflösung vorgesehen, die Ermittlung eines Rechnernamens ausgehend von der IP-Adresse. Diese funktioniert ähnlich wie die Vorwärtsauflösung dadurch, daß jeder der Betreiber eines Namensbereiches die auf seinen Bereich entfallenden Zuweisungen von IP-Adressen zu Rechnernamen wartet. Hier zeigt sich wiederum der im

DNS Vorwärts-
auflösung

DNS Rückwärts-
auflösung

Internet häufig zugrundegelegte kooperative Vertrauensansatz, der sich im kommerziellen Umfeld nicht bewährt.

2.4.3
Elektronische Post

E-Mail war seit dem Entstehen des Internet ein wichtiger Bestandteil der Protokollfamilie. Unverändert wird ein Großteil des Entwicklungsaufwandes der Internet-Protokolle über dieses Medium koordiniert. Auch im kommerziellen Einsatz von Internet-Technik im unternehmensinternen Bereich spielen elektronische Post und der Einsatz von Mail-Verteilern eine wichtige Rolle bei der Abbildung betrieblicher Kommunikationsstrukturen.

Grundlage dieses populären Kommunikationsdienstes ist ein sehr einfaches Netzwerkprotokoll auf Anwendungsebene – das SMTP (von engl.: Simple Mail Transfer Protocol). Das Verfahren zur Übertragung von elektronischer Mail zeigt einige für Internet-Protokolle typische Eigenschaften, die eine genauere Betrachtung dieses Dienstes rechtfertigen. Ergänzt wird dieser Standard durch das POP3-Protokoll (von engl.: Post Office Protocol), welches über das Internet eine einfache Zugangsmöglichkeit zu bereits zugestellten Mail-Nachrichten schafft. Abbildung 13 zeigt das Zusammenspiel dieser beiden Protokolle.

SMTP wird in erster Linie verwendet, um Nachrichten zu *verschicken*. Das Protokoll beinhaltet die nötigen Direktiven, um Sender, Empfänger sowie den Text der Nachricht festzulegen und erlaubt darüber hinaus auch die Bildung von Benutzergruppen, die dann in weiterer Folge als Adressat verwendet werden können.

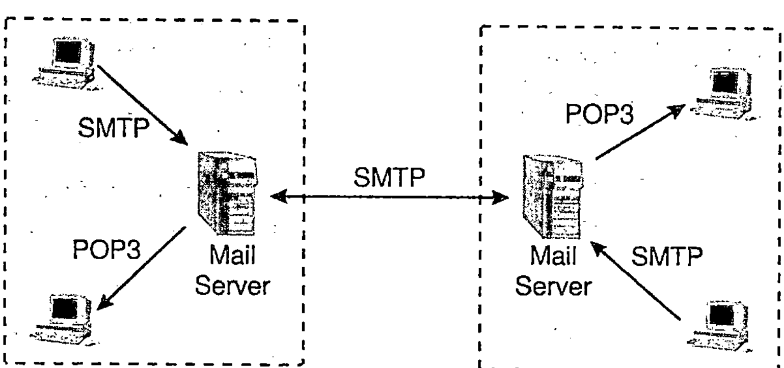

Handelt es sich um eine Nachricht für einen lokalen Benutzer, so stellt der Mail-Server die Nachricht zu. Ansonsten baut er eine TCP-Verbindung zum Zielrechner auf und übergibt dessen Mail-Server die Nachricht zur Zustellung. Kann der gewünschte Rechner nicht kontaktiert werden, so wird der Zustellungsversuch in regelmäßigen Intervallen wiederholt, bis schließlich die Nachricht – nach einem Zeitraum von üblicherweise einigen Tagen – als unzustellbar an den Absender retourniert wird.

Dieses Protokoll ist ausreichend, um elektronische Mail zwischen Systemen zu übertragen, die über eine mehr oder weniger volle Internet-Anbindung verfügen, was bis vor einigen Jahren noch auf den Großteil der Rechner mit Internet-Anschluß zutraf.

Die üblichen Konfigurationen im kommerziellen Internet-Einsatz bedienen sich jedoch meistens eines zentralen Mail-Servers, der von der Client-Anwendung benutzt wird, um Mail via SMTP zu verschicken oder mit POP3 abzuholen. Zwei typische Szenarien sollen dies erläutern:

- Im unternehmensinternen Bereich verfügt der Großteil der Arbeitsplatzrechner typischerweise nicht über die notwendige Funktionalität, um als SMTP-Server auftreten zu können. Die eingesetzten Betriebssysteme unterstützen zumeist keinen Mehrbenutzerbetrieb und die Rechner sind nicht permanent erreichbar. Jeder der Benutzer verfügt jedoch über eine Mailbox auf einem zentralen Mail-Server, wo an ihn adressierte Nachrichten mit SMTP zugestellt werden. Zum gewünschten Zeitpunkt werden die Nachrichten vom Benutzer mit Hilfe einer Mail-Anwendung abgeholt, wobei das POP3-Protokoll zum Einsatz kommt.

- Mit einer ähnlichen Situation sind auch Internet-Zugangsanbieter konfrontiert: Der Großteil der Privatkunden verwendet SLIP oder PPP über Wählleitungsverbindungen und ist folglich nicht permanent erreichbar. Daher ist eine in dieser Branche häufig angebotene Dienstleistung die Einrichtung einer Mailbox auf einem Mail-Server des Zugangsanbieters, wo die zugestellten Nachrichten für die Kunden nach Aufbau der Verbindung über ISDN oder Modem mittels POP3 verfügbar sind.

2.4.3.1
SMTP und POP3 – Zwei Protokolle im Detail

Verlegen wir nun die Betrachtungsebene auf die Vorgänge, die sich beim Versenden einer Nachricht mit SMTP abspielen. Gleichgültig, ob eine Nachricht zwischen zwei Mail-Servern übertragen wird oder durch eine Mail-Software zum weiteren Versand an einen Mail-Server übergeben wird, bedient sich SMTP in beiden Fällen der gleichen Funktionalität.

```
220 dec6.wu-wien.ac.at Sendmail 5.57/Ultrix3.0-C ready at Thu, 1
HELO whitehouse.gov
250 dec6.wu-wien.ac.at Hello whitehouse.gov, pleased to meet you
MAIL FROM: nusser@whitehouse.gov
250 nusser@whitehouse.gov... Sender ok
RCPT TO:<nusser@dec6.wu-wien.ac.at>
250 nusser@dec6.wu-wien.ac.at... Recipient ok
DATA
354 Enter mail, end with "." on a line by itself
Hi there,
Nice to meet you!
.
250 Ok
QUIT
221 dec6.wu-wien.ac.at closing connection
```


Abbildung 14 zeigt den Ablauf einer Transaktion mit dem Protokoll SMTP. Einige Aspekte verdienen besondere Aufmerksamkeit.

■ Dem in Abbildung 14 dargestellten Dialog geht der Aufbau einer TCP-Verbindung zum gewünschten Server voraus. Dem SMTP-Server ist eine öffentlich bekannte Dienstnummer zugewiesen (25), wodurch sichergestellt ist, daß tatsächlich die gewünschte Applikation kontaktiert wird. Nach Abschluß des in Abschnitt 2.3.4.2 beschriebenen Verbindungsaufbaus meldet sich der Mail-Server mit der Software-Version und dem aktuellen Datum.

■ Abbildung 14 zeigt, auf welche Weise der Absender, der oder die Adressaten sowie der Text der Nachricht festgelegt wird. Man kann ebenfalls erkennen, daß SMTP ein Klartext-Protokoll ist. Die Anweisungen an den Server sind in englischsprachigen Abkürzungen gehalten, die Bestätigungen erfolgen sowohl in der Form eines numerischen Codes als auch in verständlichen Status-Meldungen. Die zu übertragende Nachricht wird unverschlüsselt über das Internet an den Server übergeben.

■ Eine Identifikation oder gar Authentifizierung des Absenders ist im Protokoll nicht vorgesehen. Die einzige Voraussetzung für das Versenden einer Nachricht ist der Aufbau einer Verbindung zum Mail-Server. In Abbildung 14 ist deutlich zu erkennen, daß zwar der Absender der Nachricht angegeben werden kann, es ist aber klar ersichtlich, daß diese Angabe nicht überprüft wird. Von einer Autorisierung ist im Fall von SMTP überhaupt nicht die Rede; prinzipiell kann eine Nachricht von jedem Benutzer mit beliebigem Absender verschickt werden.

Der in Abbildung 14 gezeigte Dialog wird über eine TCP-Verbindung abgewickelt – der Übertragung der einzelnen Anweisungen und Antworten liegen die in den vorangegangenen Abschnitten beschriebenen Mechanismen zu Grunde: Der Absender übergibt jede Anweisung an die TCP/IP-Software, diese erzeugt daraus ein Segment, welches wiederum in ein IP-Datagramm gekapselt und der Sicherungsschicht zum Transfer übergeben wird. Beim Mail-Server spielt sich der gleiche Vorgang in der gegenläufigen Richtung ab, bis die Anforderung schließlich auf Grund der im TCP-Header enthaltenen Dienstnummer der Mail-Server-Software übergeben wird.

Nicht nur SMTP ist ein Klartext-Protokoll, auch der POP3-Standard bedient sich englischsprachiger Befehle, um die gewünschten Nachrichten von einem Mail-Server zur Mail-Anwendung zu übertragen. Drei Aspekte sollen in diesem Zusammenhang besonders hervorgehoben werden.

RFC-1939:
POP3-Dienst

- Während im Fall von SMTP nicht immer von einer Client-Server-Struktur der Kommunikation gesprochen werden kann, trifft diese Charakterisierung auf den POP3-Standard völlig zu. Dieses Verfahren ist ein treffliches Beispiel für eine Internet-basierte Client-Server-Anwendung. In Abbildung 15 wird gezeigt, wie ein POP3-Client den Mail-Server kontaktiert, um die im vorangegangenen Beispiel verschickte Nachricht abzuholen.

- Wie in Abbildung 15 dargestellt, ist der Zugriff im Fall von POP3 nicht anonym, der Benutzer muß sich identifizieren und ein gültiges Kennwort angeben. Als erste Anweisung an den POP3-Server wird USER sowie eine am Server gültige Kennung übertragen. Anschließend muß mit PASS das zugehörige Kennwort angegeben werden, ansonsten wird der Zugriff verweigert. Von einer Autorisierung kann man in diesem Fall nicht sprechen, da jeder Inhaber einer Kennung auch Zugriff auf seine Mailbox erhält.

- Auch POP3 überträgt die gewünschte Information im Klartext an den identifizierten Benutzer. In diesem Fall ist dies jedoch von größerer Tragweite als im letzten Beispiel, da sich unter den übertragenen Daten auch das Kennwort des Benutzers befindet. Ein bedeutungsvoller Aspekt in Abbildung 15 ist somit die unverschlüsselte Übertragung des Kennwortes. Eine verläßliche Authentifizierung ist auf diese Weise nicht möglich, da diese Information problemlos abgehört und mißbraucht werden kann.

Der in Abbildung 15 gezeigte Dialog wird bei jedem Zugriff der Mail-Anwendung auf den Mail-Server durchgeführt, sei es auch nur, um zu überprüfen, ob neue Nachrichten eingetroffen sind.

```
+OK UCB Pop server at dec6.wu-wien.ac.at starting.
USER nusser
+OK Password required for nusser.
PASS fridOlin
+OK nusser has 384 message(s) (2708477 octets).
RETR 384
+OK 189 octets
Date: Thu, 16 Jan 97 10:54:43 +0100
From: nusser@whitehouse.gov
Apparently-To: nusser@dec6.wu-wien.ac.at

Hi there,
Nice to meet you!

QUIT
+OK Pop server at dec6.wu-wien.ac.at signing off.
```

2.4.4
World Wide Web

Dem WWW liegen keine innovativen technischen Konzepte zugrunde. Es ist vielmehr die gelungene Integration bestehender Internet-Dienste zu einem leicht bedienbaren Ganzen, die dem WWW zur weitläufigen Akzeptanz verholfen hat. Diese Integration beruht auf vier Schlüsseltechniken:

- Ein einheitliches Adressierungsschema für Internet-Dienste wurde festgelegt: Der URL (von engl.: Uniform Resource Locator) erlaubt die Angabe eines beliebigen Server-Dienstes gemeinsam mit den für den Zugriff notwendigen Parametern.

- Der CGI-Standard (von engl.: Common Gateway Interface) spezifiziert die Integration bestehender Informationssysteme in das World Wide Web und ermöglicht es, mit Hilfe eines URL auch Zugriffe auf Informationsdienste zu realisieren, die nicht dem Internet zuzuordnen sind. Ein Beispiel dazu ist der Zugriff auf eine bestehende Datenbank.

- Die Formatierungssprache HTML (von engl.: HyperText Markup Language) erlaubt das Einbetten von URLs in optisch ansprechende, grafische Hypertext-Dokumente. Dadurch wird das WWW zur universellen Benutzerschnittstelle für Internet-Dienste und — über den CGI-Standard — auch für existierende Informationsdienste.

- Das Protokoll HTTP (von engl.: HyperText Transfer Protocol) erlaubt Benutzern den weltweiten Zugriff auf Datenobjekte, darunter besagte Hypertext-Dokumente. Es gelangt die bereits beschriebene Struktur eines Internet-basierten Client-Server-Dienstes zum Einsatz.

Abbildung 16 zeigt das Zusammenspiel der einzelnen Komponenten eines WWW-basierten Informationssystems. Wohlbemerkt können durch die Navigation im Hypertext-Dokument auch zahlreiche andere Internet-Dienste angesprochen werden, wodurch der WWW-Browser sich des entsprechenden Protokolls bedient, um den im URL angegebenen Server zu kontaktieren. Der Browser wird somit zur einheitlichen Schnittstelle zwischen dem Benutzer und den unterschiedlichen Netzwerkprotokollen.

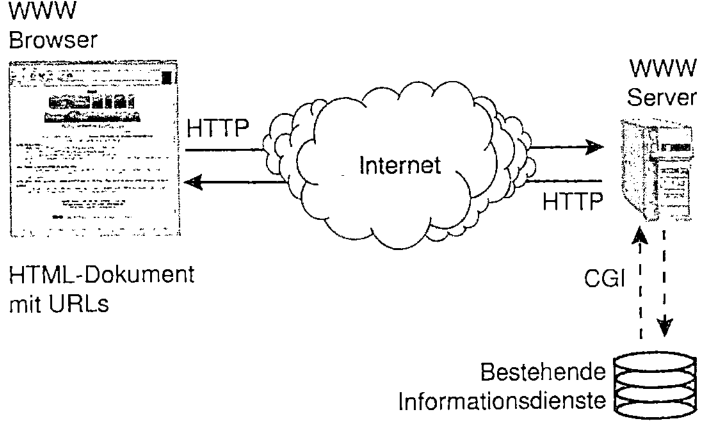

Um das Sicherheitsniveau eines WWW-basierten Informationssystems abschätzen zu können, bedarf es somit einer kritischen Betrachtung der einzelnen Internet-Protokolle, die durch URLs in das System integriert werden. In weiterer Folge wird daher der Zugriff auf Internet-Dienste mit URLs beschrieben und anschließend das Protokoll HTTP dargestellt, dessen Funktionsumfang einige bedeutsame Charakteristika des WWW begründet.

2.4.4.1
Zugriff auf Internet-Dienste mit dem Uniform Resource Locator (URL)

Der URL bietet ein einheitliches Format zur Spezifikation eines Serverdienstes sowie der zum Zugriff notwendigen Argumente. Die generelle Struktur eines URL besteht aus der Dienstbezeichnung sowie aus den dienstspezifischen Zugriffsmodalitäten. Tabelle 1 zeigt das konkrete Format des URL für gängige Dienste im Internet.

Protokoll	URL-Syntax
HTTP	http://<Rechner>:<Port>/<Pfad> http://wwwi.wu-wien.ac.at/telekomm.html
HTTP über SSL	https://<Rechner>:<Port>/<Pfad> https://www.eunet.co.at/
Mail	mailto://<User>@<Rechner> mailto://nusser@wi
File	file://<Rechner>/<Pfad> file://readme.html
FTP	ftp://<User>:<Kennwort>@<Rechner>:<Port>/<Pfad> ftp://nusser:frid0lin@spike:21/etc/motd
News	news:<Newsgroup> news:comp.infosystems.www
Telnet	telnet://<User>:<Kennwort>@<Rechner>:<Port> telnet://nusser@spike

HTTP

Die weiteste Verbreitung findet der URL sicherlich im Zusammenhang mit dem Protokoll HTTP. Auf diese Weise können HTML-Dokumente von HTTP-Servern weltweit angefordert und zum Benutzer übertragen werden. Entfällt die Spezifikation der Portnummer, so wird von der standardmäßigen Dienstnummer eines HTTP-Servers ausgegangen (80).

HTTP über SSL

HTTP über SSL, die abgesicherte Form von HTTP, unterscheidet sich im URL nicht von HTTP, abweichend ist lediglich die Dienstbezeichnung sowie die standardmäßig zugeordnete Portnummer (443). Es sei an dieser Stelle darauf hingewiesen, daß das Format des URL zum Zugriff auf einen sicheren HTTP-Server nicht Bestandteil der ursprünglichen Spezifikation des URL ist, sondern Teil des SSL-Standards [vgl. auch FrKa96].

SMTP

Wird mit Hilfe eines URL eine elektronische Nachricht versandt, so enthält der URL nicht den anzusprechenden Mail-Server, sondern lediglich den Zielserver, an den die Nachricht zuzustellen ist. Der zum Versenden der Nachricht anzusprechende Mail-Server ist üblicherweise Teil der globalen Konfiguration des Browsers.

File

Eine Ausnahme in Tabelle 1 stellt der URL für den Zugriff auf lokale Dateien dar, da er üblicherweise nicht einen Serverdienst anspricht. Der einzig gültige Wert für den optional spezifizierbaren Rechnernamen ist die Bezeichnung des lokalen Client.

Wird mittels eines URL auf das *File Transfer Protocol* zugegriffen, so können alle für den Transfer einer Datei erforderlichen Parameter direkt im URL angegeben werden. Werden Benutzername und Kennwort nicht spezifiziert, so versucht ein dem Standard entsprechender Browser den Zugriff als anonymer FTP-Benutzer (Benutzer *anonymous*, Kennwort *guest)*. Entfällt lediglich die Angabe des Kennworts, so wird der Benutzer gegebenenfalls zu dessen Eingabe aufgefordert.

Beim Zugriff auf Newsgruppen durch Angabe eines URL wird lediglich die gewünschte Gruppe spezifiziert. Der für die Abfrage der Artikel angesprochene News-Server ist ebenfalls ein typischer Bestandteil der globalen Konfiguration eines WWW-Browsers. Dieser URL bestimmt – im Gegensatz zu den anderen Diensten – nicht eine spezifische Resource, sondern bezieht sich auf die Liste aller am betroffenen News-Server in der angegebenen Gruppe gegenwärtig verfügbaren Artikel.

Wird eine Verbindung zu einem Server mit Hilfe der Terminalemulation *Telnet* als URL angegeben, so können Benutzername und Kennwort entweder als Parameter angegeben werden oder bei entsprechender Aufforderung nachträglich eingegeben werden. Entfällt die Spezifikation der Port-Nummer, so wird von der standardmäßigen Dienstnummer 23 ausgegangen.

Die Umsetzung eines URL zum Zugriff auf den gewünschten Internet-Dienst ist im World Wide Web im Client implementiert. Folglich muß der WWW-Browser über die zur Bereitstellung eines angesprochenen Dienstes notwendige Protokollfunktionalität auch tatsächlich verfügen.

2.4.4.2
Übertragung von MIME-Entitäten mit HTTP

Das *HyperText Transfer Protocol* ist ein Internet-Protokoll auf Anwendungsebene, daß die Übertragung von beliebigen Datenobjekten zwischen Client und Server standardisiert. Im World Wide Web wird HTTP in erster Linie eingesetzt, um HTML-Dokumente und darin enthaltene Grafiken vom Server zum Client zu übertragen.

Abbildung 17 zeigt den Vorgang des Zugriffes durch einen WWW-Browser auf einen HTTP-Server. Dieser Dienst wird üblicherweise in der Form eines URL in Anspruch genommen, der – wie im vorangegangenen Kapitel beschrieben – den Server sowie die Dienstnummer enthalten kann. Entfällt letztere, so kommt die standardmäßig dem HTTP-Server zugeordnete Portnummer 80 zum Einsatz. Lautet ein URL beispielsweise *http://wwwi.wu-wien.ac.at/tele.html,* so wird die TCP-Verbindung zum HTTP-Server am spezifizierten Rechnernamen und Port 80 aufgebaut. Anschließend wird das gewünschte Dokument vom Server angefordert.

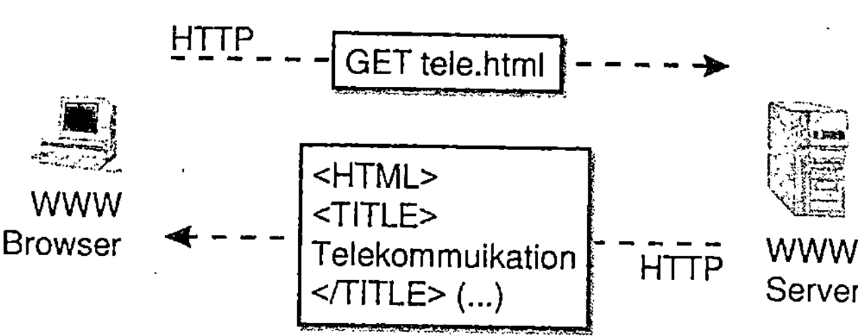

Das Protokoll HTTP ist ebenso wie die bereits eingehender beschriebenen Protokolle SMTP oder POP3 ein Klartextprotokoll. Ein wesentliches Charakteristikum von HTTP ist die Tatsache, daß im Laufe einer Verbindung nur eine einzelne Anfrage ausgeführt werden kann, danach wird die Verbindung vom Server wieder abgebaut. Somit ist der Aufbau des Protokolls von sehr einfacher Struktur: Der Browser fordert einen URL an, weiß zu diesem Zeitpunkt jedoch noch nicht, welcher Dokumenttyp mit diesem URL referenziert wird. Er erhält als Antwort vom Server die sogenannten Metadaten, welche Aufschluß über die Natur des Dokumentes geben, sowie das gewünschte Dokument selbst. Es liegt folglich im Aufgabenbereich des WWW-Servers, auf Grund des Dateinamens oder des Inhaltes zu ermitteln, welchen Dokumenttyp das von einem Client angeforderte Datenobjekt hat.

Um den Dokumenttyp des übertragenen Datenobjektes zu spezifizieren, kommt im Protokoll HTTP seit der Version 1.0 der MIME-Standard zur Anwendung. Das ursprüngliche Ziel von MIME (Abkürzung von engl.: Multipurpose Internet Mail Extensions) war die Spezifikation von unterschiedlichen Dokumenttypen und deren Verkodierungsverfahren für elektronische Mail .

Im Zusammenhang mit HTTP sind folgende Elemente der MIME-Spezifikation von besonderer Bedeutung, da sie Bestandteil der von einem WWW-Server übertragenen Metadaten sein können:

■ Das *Content-Type*-Feld gibt Aufschluß über den Dokumenttyp in der Form einer zweiteiligen Bezeichnung, die neben dem allgemeinen Typ des Dokuments auch noch den wesentlich konkreteren Subtyp enthält. In den MIME-Standards sind sieben derartige Dokumenttypen bereits definiert − darunter beispielsweise Text, Bilder, Audio oder Video. Auf Grund der allgemeinen Natur dieser Dokumenttypen ist zur Darstellung eines Dokuments die Kenntnis des Subtyps unumgänglich. Beispiele für Subtypen des

Dokumenttyps *Image* sind unter anderem die Grafikformate *GIF*
oder *JPEG*. Eine mögliche Beschreibung des Dokumenttyps einer
Grafik wäre daher *image/gif* oder *image/jpeg,* je nach dem verwendeten Format. Der häufig anzutreffende Dokumenttyp eines
Hypertext-Dokuments im HTML-Format ist daher *text/html.*

- Unter manchen Umständen werden Datenobjekte für die Dauer
  des Transportes in ein anderes Format konvertiert, beispielsweise
  um eine Kompression der Daten zu erzielen. Für diesen Fall sieht
  MIME die Spezifikation dieses Verkodierungsverfahrens im sogenannten *Content-Transfer-Encoding* Feld vor, eine Angabe, die
  auch im HTTP eingesetzt werden kann.

Kann der HTTP-Server einer Anforderung nicht nachkommen, so
wird ein entsprechender Fehlercode an den Browser geschickt – ein
weithin bekanntes Beispiel dafür ist die Fehlermeldung „*404 Not
Found*", die einem Zugriffsversuch auf ein nicht vorhandenes Dokument folgt.

Abbildung 18 zeigt den Ablauf einer HTTP-Sitzung auf Proto-
kollebene. Der Anforderung des Browsers folgen die Metadaten
sowie das gewünschte Dokument. Unter den Metadaten sind sowohl
der bereits erwähnte Dokumenttyp, als auch andere Information über
das angeforderte Datenobjekt (wie die Serversoftware, die Länge des
Datenobjekts sowie das Datum des Zugriffs und der letzten Modifikation des Dokuments) enthalten.

```
GET /tele.html HTTP/1.0              .
HTTP/1.0 200 Document follows
Date: Mon, 06 May 1996 17:45:49 GMT
Server: NCSA/1.4.2
Content-type: text/html
Last-modified: Mon, 06 May 1996 17:44:49 GMT
Content-length: 105

<HTML>
<TITLE>Telekommunikation</TITLE>
<BODY> (...)
```

Abbildung 18
Eine HTTP-Sitzung

Aus dem bisher Gesagten geht hervor, daß HTTP in der hier beschriebenen Form keine Vorkehrungen enthält, um den zugreifenden
Benutzer zu identifizieren oder zu authentifizieren. Tatsächlich war
ein solcher Mechanismus auch in den ersten Versionen dieser Technik nicht vorgesehen, die zugrundeliegende Idee war die Zugänglichkeit der Information für alle. Mit zunehmendem kommerziellen
Interesse wurde jedoch auch der Wunsch nach benutzerbezogenen

Zugriffskontrollmechanismen laut, um den differenzierteren Ansprüchen einer betrieblichen Umgebung Rechnung zu tragen.

Die sogenannte *Basic Authentication* erfüllt diesen Zweck, da sie einerseits ein Verfahren bietet, um den zugreifenden Benutzer mit einem Paßwort zu authentifizieren, andererseits aber nicht zu Inkompatibilitäten zu vorangegangenen Protokollversionen führte. Grundlage dieses Authentifizierungsverfahrens ist die Zusammenfassung von Datenobjekten zu Bereichen (engl.: Realm), für die unterschiedliche Zugriffsrechte vergeben werden können. Liegt ein durch einen URL angefordertes Datenobjekt nun in einem geschützten Bereich, so retourniert der WWW-Server an den Browser einen Zugriffsfehler mit dem Hinweis, daß für den Zugriff auf diesen Bereich eine Authentifizierung notwendig sei. Werden vom Benutzer nun eine Identifikation und ein Kennwort zur Verfügung gestellt, so kann die Anforderung mit dieser Information wiederholt werden. Man erkennt in diesem Zusammenhang bereits die Problematik der Zustandslosigkeit des Protokolls HTTP – um das hier beschriebene Authentifizierungsverfahren durchzuführen, muß die Verbindung zum Server wiederholt aufgebaut werden. Der gesamte Vorgang wird in Abbildung 19 schematisch dargestellt.

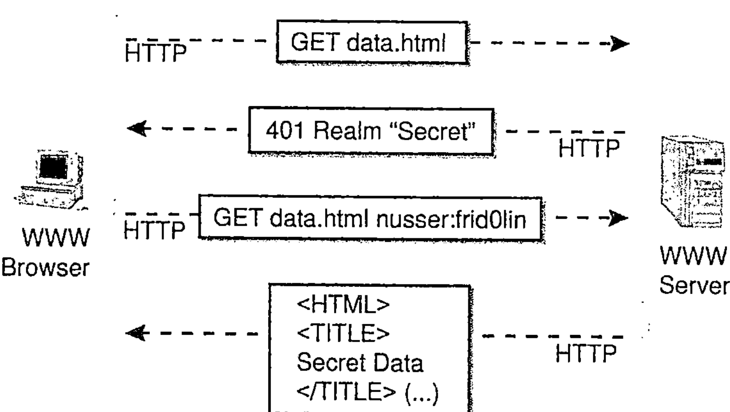

Der in Abbildung 19 dargestellte Ablauf ist lediglich eine schematische Darstellung; tatsächlich werden Benutzername und Kennwort nicht wie hier gezeigt im Klartext übertragen, sondern in ein Format konvertiert (genannt *Base64*-Verkodierung), das der sicheren Übertragung von Sonderzeichen über TCP/IP-Netzwerkverbindungen dient. Ein Nebeneffekt dieser Maßnahme ist, daß Benutzername und Kennwort unleserlich gemacht werden, da es bei dieser Verkodierung zu Verschiebungen im Zeichensatz kommt. Dies bedeutet jedoch nicht, daß dadurch die Übertragung von Kennwörtern im Klartext ein sicheres Verfahren wird, es führt lediglich dazu, daß Benutzername und Kennwort nicht auf den ersten Blick als solche erkennbar sind. Folglich können auch bei diesem Authentifizierungsverfahren problemlos die Pakete mit Hilfe eines Paketfilters abgehört und ausgewertet werden. Als ein sicheres Verfahren kann die HTTP Basic Authentication daher nicht bezeichnet werden.

2.4.5
Internet-Dienste im kommerziellen Einsatz

Neben den in den letzten Abschnitten beschriebenen Einschränkungen der Internet-Protokolle auf den untersten Ebenen gibt es einige charakteristische Schwachstellen der Internet-Dienste, die in diesem Abschnitt beschrieben werden sollen.

2.4.5.1
Sicherheitslücken im DNS

Der in Abschnitt 2.4.2 beschriebene DNS-Dienst verfügt über eine Reihe bekannter Schwachstellen [vgl. ScSp95, Bell89], die in erster Linie die Rückwärtsauflösung von Internet-Adressen, aber auch den Vorgang der Vorwärtsauflösung betreffen.

Die Problematik der Rückwärtsauflösung liegt in der Tatsache begründet, daß einige Internet-Dienste den DNS-Rechnernamen zur Authentifizierung oder auch als Grundlage für Zugriffskontrollmechanismen verwenden. Beispiele dafür sind das Protokoll HTTP, der RLOGIN-Dienst oder das verteilte Dateisystem NFS. Über entsprechende Konfiguration eines HTTP-Servers kann bestimmten, namentlich angeführten Rechnern der Zugriff gestattet oder verboten werden. Noch weitreichender sind die Auswirkungen im Fall des Netzwerkdateisystems NFS. Hier werden an bestimmte Rechnernamen Lese- und Schreibrechte über Teile des lokalen Datenbestandes vergeben. *Zugriffskontrolle mit DNS-Rechnernamen*

Es ist folglich nicht verwunderlich, daß DNS-Server häufig das Ziel von Angriffen sind. Wie in Abbildung 12 auf Seite 37 bereits gezeigt wurde, können an der Ermittlung einer Zuordnung zwischen Rechnernamen und IP-Adresse mehrere fremde Rechner beteiligt sein. An jeder dieser Stellen ist eine Modifikation der Zuordnung denkbar. Die Kommunikation mit diesen DNS-Servern ist offen für Source-Routing oder RIP-Angriffe, wodurch ein Angreifer in die Lage versetzt würde, unter beliebigen DNS-Namen auftreten zu können (auch DNS-Spoofing genannt). *DNS-Spoofing*

Ähnliches gilt sinngemäß für die Vorwärtsauflösung von Namen — ein Verbindungsaufbau zu einem mit DNS-Namen angegebenen Dienst impliziert zwangsweise, daß allen DNS-Servern, die an der

Vorwärtsauflösung beteiligt sind, volles Vertrauen geschenkt wird. Gelingt es einem Angreifer an dieser Stelle, die falsche IP-Adresse zu retournieren, so kann er in weiterer Folge großen Schaden anrichten.

2.4.5.2
Authentifizierung mit Benutzername und Kennwort

Als Authentifizierungsmechanismus wird von den Internet-Protokollen häufig die Übertragung eines Benutzernamens und eines Kennwortes eingesetzt. Dieses Verfahren findet sowohl in den hier beschriebenen Anwendungsdiensten HTTP und POP3, als auch in anderen verbreiteten Protokollen (beispielsweise TELNET oder FTP) Einsatz. Im Abschnitt 2.3.3 wurden die Charakteristika gängiger LAN-Verfahren bereits beschrieben. Am konkreten Beispiel des Anwendungsprotokolls POP3 sollen hier jedoch nochmals die Unzulänglichkeiten der Internet-Protokolle in einer Ethernet-Umgebung gezeigt werden.

Abbildung 20 stellt das – zwecks leichterer Lesbarkeit gekürzte und formatierte – Ergebnis eines Filterprogrammes dar, das auf nahezu allen UNIX-Workstations verfügbar ist. Diese Software (*TCPDump*) filtert und präsentiert nach einer Vielzahl von Gesichtspunkten die am lokalen Ethernet-Segment übertragenen Rahmen. Um zu dem in Abbildung 20 dargestellten Ergebnis zu gelangen, wurde die Betrachtung auf TCP/IP-Segmente mit dem Dienst POP-3 zwischen dem Mail-Server (in der Abbildung der Rechner `dec6.wu-wien.ac.at`) und dem Client reduziert. Der hier dargestellte Auszug stellt somit die abgehörte POP3-Sitzung dar, so wie sie bereits in Abbildung 15 auf Seite 42 präsentiert wurde.

Abbildung 20 zeigt zunächst den dreistufigen TCP-Verbindungsaufbau wie in Abschnitt 2.3.4.2 beschrieben. In dieser Grafik sind auch die an der Kommunikation beteiligten Sockets erkennbar: Der Client bedient sich einer vorübergehend zugewiesenen Portnummer (1260 im dargestellten Beispiel), während dem POP3-Serverdienst als Internet-Standard eine fixe Dienstnummer zugeordnet ist. Daher ist das eingesetzte Filterprogramm in der Lage, den Serverdienst zu erkennen und namentlich anzuführen, während auf der Seite des Client lediglich die Portnummer gezeigt werden kann.

Nach den für den Verbindungsaufbau notwendigen drei TCP-Segmenten sendet der POP3-Server, wie bereits in Abbildung 15 dargestellt, automatisch die Softwareversion. Nach der Bestätigung durch die TCP-Software des Empfängers ist somit die Initialisierung abgeschlossen und der Server wartet auf Anfragen des Client. In Folge sieht man den Ablauf der POP3-Abfrage wie durch das Filterprogramm festgehalten; sind in den einzelnen TCP-Segmenten Daten enthalten, so werden die ersten 14 Bytes ausgegeben. Man erkennt deutlich, daß sowohl der Benutzername, als auch das Kennwort im Klartext übertragen werden.

Diese Beschreibung soll die Unzulänglichkeiten der Authentifizierung mit Benutzername und Kennwort verdeutlichen. POP3 ist insofern ein gutes Beispiel, da gängige Mail-Anwendungen die in Abbildung 20 dargestellte Abfrage periodisch durchführen, um festzustellen, ob neue Nachrichten eingelangt sind. Daher können auf diese Art und Weise mit Hilfe eines Filterprogrammes schon innerhalb kurzer Zeit die Kennwörter von Benutzern mit aktiven Mail-Clients ermittelt werden.

```
14:16:01 spike.wu-wien.ac.at.1260 > dec6.wu-wien.ac.at.pop-3
14:16:01 dec6.wu-wien.ac.at.pop-3 > spike.wu-wien.ac.at.1260
14:16:01 spike.wu-wien.ac.at.1260 > dec6.wu-wien.ac.at.pop-3

14:16:01 dec6.wu-wien.ac.at.pop-3 > spike.wu-wien.ac.at.1260
         2b 4f 4b 20 55 43 42 20 50 6f 70 20 73 65
          +  O  K     U  C  B     P  o  p     s  e

14:16:01 spike.wu-wien.ac.at.1260 > dec6.wu-wien.ac.at.pop-3

14:16:06 spike.wu-wien.ac.at.1260 > dec6.wu-wien.ac.at.pop-3
         75 73 65 72 20 6e 75 73 73 65 72 0d 0a
          u  s  e  r     n  u  s  s  e  r

14:16:06 dec6.wu-wien.ac.at.pop-3 > spike.wu-wien.ac.at.1260
         2b 4f 4b 20 50 61 73 73 77 6f 72 64 20 72
          +  O  K     P  a  s  s  w  o  r  d     r

14:16:06 spike.wu-wien.ac.at.1260 > dec6.wu-wien.ac.at.pop-3

14:16:10 spike.wu-wien.ac.at.1260 > dec6.wu-wien.ac.at.pop-3
         70 61 73 73 20 66 72 69 64 30 6c 69 6e 0d
          p  a  s  s     f  r  i  d  0  l  i  n
```


Abschließend läßt sich somit wiederholend festhalten, daß der Einsatz von Benutzernamen und Kennwort zur Authentifizerung gegenüber Netzwerkdiensten in einem kommerziellen Umfeld aus Sicherheitsgründen nicht in Frage kommt.

2.5
Schwachstellen von TCP/IP im kommerziellen Einsatz

Zusammenfassend ergeben sich aus den in diesem Kapitel aufgezeigten Problembereichen folgende Schwachstellen der Internet-Protokolle im kommerziellen Einsatz:

- Die Übertragung der Daten erfolgt bei allen gängigen Internet-Diensten unverschlüsselt. Abhängig vom zugrundeliegenden Verfahren der Transportschicht können die Inhalte der IP-Datagramme mehr oder weniger einfach eingesehen werden. Von besonders schwerwiegender Bedeutung ist dieses Problem in einer LAN-Umgebung, wo ein Broadcast-Verfahren wie Ethernet zum Einsatz kommt, das Datagramme für alle Stationen innerhalb eines physischen Netzes lesbar macht. Dieses Problem betrifft auch die in vielen Anwendungsdiensten zur Authentifizierung eingesetzte Übertragung von Benutzername und Kennwort.

- Die IP-Adresse ist kein geeignetes Werkzeug zur eindeutigen Authentifizierung des Absenders oder des Empfängers. Zum einen besteht, wie gezeigt, keine unauflöslich fixe Verbindung zwischen einem Rechner und seiner IP-Adresse, zum anderen können Datagramme gezielt mit falscher Absenderadresse auf den Weg geschickt werden.

- Auch der DNS-Dienst, der zur Umsetzung der Rechnernamen auf IP-Adressen und umgekehrt dient, ist ein Internet-Protokoll und wurde in der Vergangenheit bereits mehrmals erfolgreich angegriffen. Folglich kann ein Rechnername im kommerziellen Umfeld nicht zur Authentifizierung des Absenders oder des Empfängers verwendet werden.

- IP-Datagramme können im Laufe der Übertragung von jedem weiterleitenden Knoten modifiziert oder abgefangen werden. Für eine unveränderte Übertragung des ursprünglichen Inhaltes gibt es keinerlei Garantie. Der vom Routingvorgang ermittelte Weg des Paketes vom Absender zum Empfänger kann nur sehr eingeschränkt beeinflußt werden.

Bei Betrachtung dieser Umstände wird erkennbar, daß das Internet keine optimale Plattform für die Durchführung kommerzieller Transaktionen darstellt. Dies ist, wenn man die Entstehung des Netzwerkverbundes im universitären Bereich in Betracht zieht, auch nicht weiter verwunderlich. Erst seit einigen Jahren ist die Art der am Internet übertragenen Daten ein Motiv für kriminelle Interventionen. Die Möglichkeit der Durchführung kommerzieller Transaktionen bildet mittlerweile jedoch für Betrüger einen genügend starken Anreiz, die in diesem Kapitel beschriebenen konzeptionellen Schwächen des Internet auszunutzen.

Lösungsansätze für viele der hier aufgeworfenen Fragestellungen ergeben sich aus dem Bereich der Kryptographie. Durch Verschlüsselung von Daten kann — wie im nächsten Kapitel gezeigt wird — nicht nur die Vertraulichkeit der übertragenen Nachricht gewährleistet werden.

3 Relevante kryptographische Verfahren

Viele der im letzten Kapitel identifizierten Schwachstellen der Internet-Protokolle im kommerziellen Einsatz lassen sich mit Hilfe von kryptographischen Verfahren lösen. Tatsächlich bedienen sich alle Produkte, die im Bereich der Transaktionsabwicklung über das Internet in den letzten Jahren auf den Markt kamen, der in diesem Kapitel beschriebenen Konzepte. Eine besondere Rolle spielen dabei die im Abschnitt 3.4 vorgestellten asymmetrischen Verschlüsselungsverfahren, welche die Grundlage für das Vertrauens-Management mit Zertifikaten darstellen.

Aus diesen Überlegungen heraus wird in Folge eine kurze Einführung in einige kryptographische Verfahren geboten – im Vordergrund stehen dabei nicht die zugrundeliegenden Algorithmen, sondern die Stärken und insbesondere Grenzen der präsentierten Konzepte.

3.1 Grundbegriffe

Die *Kryptographie* ist jenes Teilgebiet der *Kryptologie*, das sich mit dem Ver- und Entschlüsseln von Nachrichten befaßt. Für alle der in diesem Kapitel vorgestellten kryptographischen Verfahren gilt, daß deren Sicherheit sich nicht aus der Verschleierung des Verfahrens, sondern aus der Qualität des eingesetzten Algorithmus ergibt.

Alle in diesem Kapitel beschriebenen Verschlüsselungsverfahren sind bekannt und wurden von der Scientific Community ausgiebig getestet – ein Prozeß, der auch weiterhin andauert. Diesen Vorgang, den Versuch, eine konzeptionelle Schwachstelle in einem Verschlüsselungsverfahren zu finden, nennt man *Kryptoanalyse* (engl.: Crypto-analysis). Ziel der Kryptoanalyse ist es, den gesuchten Schlüssel schneller zu finden, als dies durch ein konsequentes Testen aller

Kryptographie

Kryptoanalyse, Brute-Force-Angriff

möglichen Schlüssel der Fall ist, ein sogenannter Brute-Force-Angriff (engl.: Exhaustive Search oder Brute Force Attack).

3.2
Symmetrische Verschlüsselung

Die Gruppe der symmetrischen Algorithmen zeichnet sich dadurch aus, daß zur Entschlüsselung der gleiche Schlüssel verwendet wird wie zur Verschlüsselung. Symmetrische Verschlüsselungsverfahren (engl.: Single-Key Cryptography oder Secret-Key Cryptography) teilen alle denselben Problembereich – die Übergabe des geheimen Schlüssels von Absender zu Empfänger. Vor allen bei einer großen Anzahl von Teilnehmern, die alle verschlüsselt miteinander zu kommunzieren wünschen, ist die sichere Übertragung des geheimen Schlüssels das bedeutsamste Problem aller symmetrischen Verfahren. Dieser Vorgang – das Erzeugen, Übertragen und die Speicherung von Schlüsseln – wird in weiterer Folge auch als Schlüsselverwaltung (engl.: Key Management) bezeichnet.

Data Encryption Standard (DES)

Eines der bekanntesten symmetrischen Verfahren ist der amerikanische Verschlüsselungsstandard DES (von engl.: Data Encryption Standard), der bereits seit 1976 als Regierungsstandard für nichtklassifizierte Kommunikation dient [vgl. Schn94, 219]. DES verwendet in seiner ursprünglichen Form einen 56 Bit langen Schlüssel, der Suchraum für einen reinen Brute-Force-Angriff beträgt in diesem Fall folglich 2^{56} Möglichkeiten. Die Funktionsweise des DES-Algorithmus besteht in der wiederholten Anwendung einer Reihe von logischen Operationen auf 64-Bit-Daten-Blöcke. Aus diesem Grund kann man DES auch den sogenannten Block-Algorithmen zuordnen (engl.: Block Ciphers).

Die Sicherheit von DES ist in den letzten Jahrzehnten wiederholt diskutiert worden, auch einige für die Praxis bedeutungslose analytische Angriffspunkte wurden entdeckt. Ein interessanter Aspekt ist in diesem Zusammenhang die maximale Dauer eines Brute-Force-Angriffs. Tabelle 2 zeigt Werte für diese Zeitspanne bei unterschiedlichen Schlüssellängen [Star97].

Tabelle 2
Zeit für Brute-Force-Angriff auf DES

Schlüssellänge	Maximale Zeit für Brute-Force-Angriff
40 Bit	0,4 Sekunden
56 Bit	7 Stunden
64 Bit	74 Stunden, 40 Minuten
128 Bit	157.129.203.952.300.000 Jahre

DES unterliegt in vollem Ausmaß den gegenwärtig geltenden amerikanischen Exportbeschränkungen, die den Export von krypto-graphischen Produkten genehmigungspflichtig machen. Exportge-nehmigungen für DES wurden nahezu nie erteilt [vgl. RSA96, 66].

RC2 und RC4 sind symmetrische Verschlüsselungsverfahren, die beide von dem amerikanischen Wissenschaftler Ron Rivest für die Gesellschaft RSA Data Security entwickelt wurden. Die Details der Algorithmen wurden von der Gesellschaft nie veröffentlicht. Die zugrundeliegenden Verschlüsselungsverfahren wurden jedoch im September 1994 (RC4) und im Januar 1996 (RC2) vermutlich durch Reverse-Engineering lizenzierter Software bekannt und von anony-men Autoren veröffentlicht.

Beide Verfahren sind – im Gegensatz zu DES – unabhängig von einer bestimmten Schlüssellänge und können daher unterschiedli-chen Sicherheitsanforderungen angepaßt werden. Sie sind schneller in der Durchführung der Ver- und Entschlüsselungsoperationen als DES [vgl. RSA96, 75], gegenüber einem Brute-Force-Angriff je-doch widerstandsfähiger. Tabelle 3 zeigt Werte für die maximale Dauer eines solchen Angriffes bei unterschiedlichen Schlüssellängen [Star97].

Schlüssellänge	Maximale Zeit für Brute-Force-Angriff
40 Bit	15 Tage
56 Bit	2.691,49 Jahre
64 Bit	689.021,57 Jahre
128 Bit	12.710.204.652.610.000.000.000.000 Jahre

Man erkennt durch den Vergleich zwischen Tabelle 2 und Tabelle 3, daß RC4 auch bei einer Schlüssellänge von 40 Bit bereits wesentlich sicherer als der DES ist. Als Nachteil kann RC2 und RC4 angelastet werden, daß sie aufgrund ihrer Neuheit und des lange Zeit unveröf-fentlichten Algorithmus noch nicht mit einer dem DES vergleichba-ren Gründlichkeit untersucht wurden.

Die Bedeutung dieser Verfahren für Softwarehersteller liegt je-doch in einer anderen Tatsache begründet: Beide Algorithmen sind einem beschleunigten Verfahren zur Erlangung der Exportgenehmi-gung aus den USA unterworfen, bei einer Schlüssellänge bis zu inklusive 40 Bit werden RC2 und RC4 üblicherweise genehmigt.

Neben den eben beschriebenen symmetrischen Verschlüsselungs-verfahren soll noch der 1995 von Ron Rivest entworfene Algorith-mus RC5 genannt werden, der ebenfalls für die RSA Data Security entwickelt wurde. Er ist ebenso wie RC2 und RC4 unabhängig von einer bestimmten Schlüssellänge.

Andere häufig genannte Verfahren sind der von Bruce Schneier entwickelte Block-Algorithmus *Blowfish* sowie das von Xuejia Lai und James Massey entworfene Verschlüsselungsverfahren IDEA (von engl.: International Data Encryption Algorithm). Beide Verfahren sind relativ neu; insbesonders IDEA hat mit einer Schlüssellänge von 128 Bit, publiziertem Algorithmus und hoher Durchführungsgeschwindigkeit gute Aussichten, in Zukunft eine bedeutende Rolle zu spielen

3.3
Hash-Verfahren

Eine Hash-Funktion erzeugt aus binären Daten unterschiedlicher Länge eine Zeichenkette fixer Länge, die auch als digitaler Fingerabdruck bezeichnet wird (engl.: Digital Fingerprint). Das Hash-Verfahren muß eine Einweg-Funktion darstellen, der Vorgang darf also nicht umkehrbar sein. Darüber hinaus gilt noch die Anforderung, daß bei gegebenem digitalen Fingerabdruck die Ermittlung einer zweiten Nachricht, welche den gleichen Fingerabdruck aufweist, hinreichend schwer ist.

Beispiele für Hash-Funktionen sind die von Ron Rivest entwikkelten Algorithmen *MD2, MD4* und *MD5*. MD2 wurde speziell für 8-Bit-Rechnerarchitekturen entwickelt und als Standard publiziert. MD4 wurde einige Jahre nach seiner Pubikation erfolgreich attakiert und wurde daher durch den 1991 entwickelten Nachfolger MD5 ersetzt.

Ein wichtiges Anwendungsgebiet des digitalen Fingerabdrucks liegt, wie im übernächsten Abschnitt gezeigt wird, in der Möglichkeit der Erzeugung von digitalen Unterschriften.

3.4
Asymmetrische Verschlüsselung

Ein Paradigma der symmetrischen Kryptographie änderte sich im Jahr 1976 auf grundlegende Art und Weise: Whitfield Diffie und Martin Hellman beschrieben erstmals ein kryptographisches Verfahren, das auf den Einsatz von zwei einander zugeordneten Schlüsseln beruhte. Zwei Jahre später wurde ein – auf dem gleichen Prinzip basierendes – komplettes Verfahren publiziert, das nach den Initialen der drei Entwickler Ron Rivest, Adi Shamir und Leonard Adleman *RSA-Verfahren* genannt wurde. Nach deren bedeutsamster Eigenschaft, dem Einsatz von zwei unterschiedlichen Schlüsseln zur Ver-

und Entschlüsselung, bezeichnet man diese Verfahren auch als *asymmetrische* oder *Public-Key-Verfahren.*

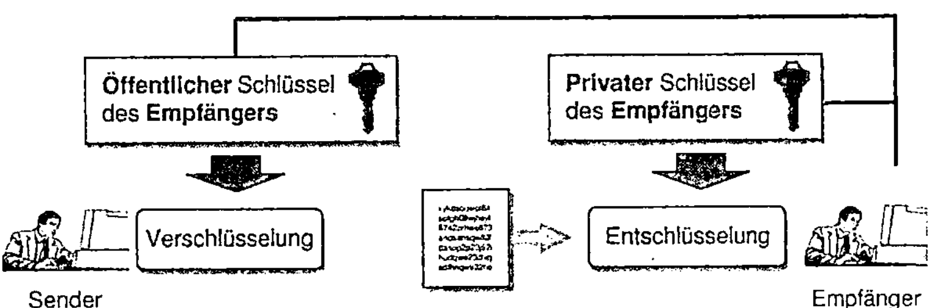

Abbildung 21 zeigt den Einsatz eines asymmetrischen Verfahrens zur Übertragung einer verschlüsselten Nachricht. Um den Klartext zu verkodieren wird der öffentliche Schlüssel des Empfängers eingesetzt, dieser wiederum kann die Nachricht mit dem zugehörigen privaten Schlüssel entschlüsseln. Ein wesentliches Charakteristikum vollständiger Public-Key-Verfahren ist die Tatsache, daß beide Schlüssel gleichartige Eigenschaften aufweisen. Die mit dem einen Schlüssel verschlüsselte Nachricht kann nur mit dem zugehörigen zweiten Schlüssel entschlüsselt werden. Während einer der Schlüssel an möglichst alle potentiellen Sender einer Nachricht verteilt und dadurch zum öffentlichen Schlüssel wird, muß der andere unter allen Umständen geheimgehalten werden.

Ver- und Entschlüsselung

Wird zur Kommunikation zwischen mehreren Teilnehmern ein asymmetrisches Verfahren eingesetzt, so ändern sich auch die Anforderungen an das Schlüsselmanagement. Die Übertragung des öffentlichen Schlüssels ist nicht mehr der zentrale Problembereich, da dieser nicht zum Lesen der verschlüsselten Nachrichten ermächtigt. Von herausragender Bedeutung ist aber die Frage, ob tatsächlich der gewünschte Empfänger der Nachricht im Besitz des zugehörigen privaten Schlüssels ist. Der kritische Aspekt beim Einsatz von Public-Key-Kryptographie ist es, eine zuverlässige Zuordnung zwischen der Identität des Empfängers der Nachricht und dessen öffentlichen Schlüssel zu erhalten.

Schlüsselübergabe

Es wurde bereits erwähnt, daß konzeptionell kein Unterschied zwischen den beiden Schlüsseln besteht; folglich ist auch der umgekehrte Vorgang möglich: Eine mit dem privaten Schlüssel verkodierte Nachricht kann von allen Personen entschlüsselt werden, die sich im Besitz des zugehörigen öffentlichen Schlüssels befinden. Dieser Vorgang wird auch als die Erstellung einer *digitalen Unterschrift* bezeichnet. Nur der Besitzer des privaten Schlüssels kann ein Dokument auf diese Weise unterschreiben, die digitale Unterschrift

Digitale Unterschrift

kann aber von allen Inhabern des öffentlichen Schlüssels verifiziert werden.

Der RSA-Algorithmus ist heute eines der am meisten eingesetzten Public-Key-Verfahren, das sowohl zur Verschlüsselung als auch zur Erzeugung von digitalen Unterschriften verwendet werden kann.

Allen asymmetrischen Verfahren liegt das Konzept der Einweg-Funktion zugrunde, die ohne eine zusätzliche Information nicht oder nur sehr schwer reversiert werden kann. Im Fall des RSA-Algorithmus handelt es sich bei dieser Einweg-Funktion um das Produkt zweier großer Primzahlen. Zur Umkehrung dieser Funktion ist es folglich notwendig, dieses Produkt – den sogenannten Modulus – zu faktorisieren. Die Komplexität dieses Vorganges ist die Grundlage der Sicherheit des RSA-Algorithmus. Ein Angreifer, der in der Lage wäre, die Faktorisierung schnell genug durchzuführen, um den gesamten Suchraum in vertretbarer Zeit abdecken zu können, wäre in der Lage, aus dem öffentlichen den privaten Schlüssel abzuleiten [vgl. Schn96, 281].

Da eine größere Zahl schwieriger zu faktorisieren ist, hängt die Sicherheit von RSA von der Größe des Modulus ab. Nach eigenen Angaben der RSA Data Security [siehe RSA96, 22] dauert die vollständige Faktorisierung eines 512-Bit-Schlüssels gegenwärtig acht Monate bei einem Aufwand von unter einer Million US-Dollar. Die von RSA emfohlenen Schlüssellängen liegen bei 768 Bit für den persönlichen Gebrauch, 1024 Bit im kommerziellen Einsatz und 2048 Bit für extrem sensitive Situationen.

Hinsichtlich der benötigten Rechenleistung besteht ein großer Unterschied zwischen Verschlüsselungsoperationen mit symmetrischen und asymmetrischen Verfahren – letztere sind etwa um einen Faktor 100 langsamer als erstere.

RSA unterliegt den gleichen Exportbeschränkungen wie andere kryptographische Produkte. Wird das Verfahren nur eingesetzt, um digitale Unterschriften zu erzeugen, so wird der Export üblicherweise unabhängig von der Schlüssellänge genehmigt. Wird RSA zur Verschlüsselung eingesetzt, so liegt die Obergrenze meistens bei einer Schlüssellänge von 512 Bit. Diese Richtlinien sind jedoch gegenwärtig in Änderung, um eine Benachteiligung amerikanischer Firmen im internationalen Wettbewerb zu verhindern.

Abschließend soll hier noch der amerikanische Standard für digitale Unterschriften DSS (von engl.: Digital Signature Standard) Erwähnung finden, der sich des DSA-Algorithmus bedient. Letzterer wurde im Jahre 1990 publiziert und ist daher weniger gründlich von der Scientific Community untersucht worden als das RSA-Verfahren. Die im DSS vorgesehenen Schlüssellängen gehen bis zu einer maximalen Länge von 1024 Bit. Der im Mai 1994 erlassene

DSS-Standard ist für viele amerikanische Unternehmen problematisch, da sich neben RSA ein zweiter Standard zu etablieren droht, was die Interoperabilität elektronisch unterschriebener Daten reduziert.

3.5
Anwendung kryptographischer Verfahren

In diesem Abschnitt soll als Abschluß dieses Überblickes über kryptographische Verfahren gezeigt werden, wie die in diesem Kapitel vorgestellten Konzepte eingesetzt werden können, um die in Kapitel 2 beschriebenen Unzulänglichkeiten der Internet-Protokolle im kommerziellen Einsatz zu beheben.

Abbildung 22 zeigt schematisch die Übertragung einer Nachricht über ein unsicheres öffentliches Netz. Es wird sowohl eine asymmetrische Verschlüsselung des Inhaltes als auch eine digitale Unterschrift zur Überprüfung der unveränderten Übertragung eingesetzt.

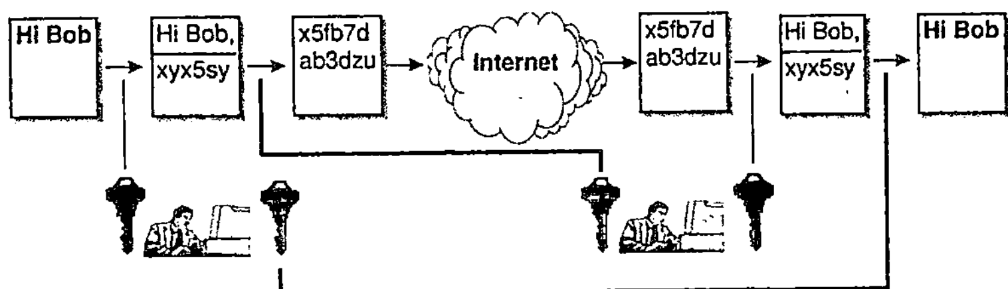

Abbildung 22
Einsatz kryptographischer Verfahren zur sicheren Datenübertragung

Die zu versendende Nachricht wird vor dem Verschicken mit dem privaten Schlüssel des Absenders unterschrieben und anschließend mit dem öffentlichen Schlüssel des Empfängers verkodiert. Anschließend kann die Nachricht ungefährdet über ein öffentliches Netz, wie das Internet, übertragen werden. Beim Empfänger wiederholt sich der Vorgang in der umgekehrten Reihenfolge: Mit Hilfe des eigenen privaten Schlüssels wird die Nachricht dekodiert und anschließend mit dem öffentlichen Schlüssel des Absenders die digitale Unterschrift überprüft.

Auf diese Weise können folgende Vorteile gegenüber der unverschlüsselten Übertragung erzielt werden:

- Die *Authentizität* des Absenders wird durch die digitale Unterschrift, die des Empfängers durch Verschlüsselung mit dessen öffentlichen Schlüssel garantiert.

- Die *unveränderte Übertragung* der Nachricht wird mit Hilfe der digitalen Unterschrift sichergestellt.

- Die *Uneinsehbarkeit des Inhalts* ist auf Grund der (asymmetrischen) Verschlüsselung des Inhaltes gewährleistet.

- Die *Nichtabstreitbarkeit des Absendevorganges* der Nachricht wird ebenfalls mit Hilfe der elektronischen Unterschrift erreicht.

Eine der im letzten Kapitel beschriebenen Anforderungen kann mit den hier vorgestellten Verfahren nicht erfüllt werden: Die *Nichtabstreitbarkeit des Empfangsvorganges* kann nur durch eine digital unterschriebene Bestätigung des Empfangsvorganges seitens des Empfängers realisiert werden.

Diesen Vorteilen einer Absicherung auf der Basis von rein asymmetrischen Verschlüsselungsverfahren stehen die hohen Anforderungen an die Rechenleistung gegenüber. Aus diesem Grund bedienen sich gegenwärtig die meisten Verfahren folgender Lösungen:

- Digitale Unterschriften werden üblicherweise nicht über das volle Dokument erzeugt, sondern lediglich über einen digitalen Fingerabdruck der Daten. Dazu werden zuerst die in Abschnitt 3.3 beschriebenen Hash-Funktionen eingesetzt, um die Daten auf eine fixe Länge zu verdichten, anschließend wird diese Zeichenkette mit dem privaten Schlüssel des Autors verschlüsselt. Dieses Verfahren bietet den Vorteil, daß Dokumente erstellt werden können, die unverschlüsselt sind, jedoch vom Autor digital unterschrieben wurden. Nur Besitzer des öffentlichen Schlüssels können die Unterschrift überprüfen, das Dokument ist jedoch für jedermann lesbar.

- Bei einigen Verfahren kommen asymmetrische Verschlüsselungsverfahren nur beim erstmaligen Herstellen einer Verbindung zum Einsatz, um einen zufällig generierten Sitzungsschlüssel (engl.: Session Key) auszutauschen. Für die nachfolgende Verschlüsselung der zu übertragenden Daten kann dann dieser Sitzungsschlüssel als Basis für ein symmetrisches Verfahren wie DES eingesetzt werden. Diese Art der Absicherung wird beispielsweise im Sicherheitsprotokoll SSL eingesetzt, das im Kapitel 6 besprochen wird.

Wie bereits erwähnt gibt es jedoch für die sichere Durchführung dieser Operationen eine entscheidende Voraussetzung: Jeder der beiden Kommunikationspartner ist darauf angewiesen, im Besitz des öffentlichen Schlüssels seines Gesprächspartners zu sein. Die Distribution der öffentlichen Schlüssel ist in einem Kommunikationssystem, das sich der asymmetrischen Kryptographie bedient, die zentrale Problemstellung.

Man erkennt, daß mit Hilfe von asymmetrischen kryptographischen Verfahren die Rahmenbedingungen für die Abwicklung kommerzieller Transaktionen über ein öffentliches Netz entscheidend verbessert werden können. Auch für die Internet-Protokolle gibt es unterschiedliche Versuche, diese Konzepte zur Beseitigung der in Kapitel 3 beschriebenen Schwächen einzusetzen. Im Kapitel 5 wird erklärt, wie die Verteilung von öffentlichen Schlüsseln im Internet mit Hilfe von sogenanannten Zertifikaten bewerkstelligt werden kann. In weiterer Folge werden in Kapitel 7 die gegenwärtig stattfindenden Forschungs- und Standardisierungsbemühungen einer kryptographisch abgesicherten Datenübertragung skizziert.

4 Sicherheitsarchitektur für WWW-Informationssysteme

In den vorangegangenen Kapiteln wurden die technischen Rahmenbedingungen des kommerziellen Internet-Einsatzes beschrieben: Zum einen wurde gezeigt, mit welchen Schwachstellen die Internet-Technik in ihrer derzeitigen Form behaftet ist, zum anderen wurden kryptographische Verfahren als mögliche Abhilfe für diese Probleme beschrieben. Die in Kapitel 2 präsentierte Materie stellt folglich die Ausgangsbasis dar, mit der Unternehmen konfrontiert sind, die das Internet kommerziell nutzen wollen: Sei es als unternehmensinterne Kommunikationsinfrastruktur, sei es zur Durchführung kommerzieller Transaktionen mit Kunden über das globale Internet.

In diesem Kapitel werden die Bestandteile der Sicherheitsarchitektur eines WWW-basierten Informationssystems vorgestellt und voneinander abgegrenzt. Teilweise können die in diesem Rahmenkonzept vorgesehenen Komponenten bereits mit bestehenden Produkten realisiert werden, zum Teil sind sie noch Gegenstand kommerzieller und akademischer Forschungsbemühungen. Die hier vorgestellte Architektur bestimmt auch den weiteren Aufbau dieses Buches. Es werden die unterschiedlichen Möglichkeiten zur Realisierung der einzelnen Komponenten beschrieben und die in diesem Bereich stattfindenden Entwicklungstendenzen aufgezeigt.

4.1 Ziele der Sicherheitsarchitektur

Betrachtet man die Aktivitäten der Organisationen, welche die Internet-Protokolle kommerziell einsetzen, so können gegenwärtig zwei Szenarien unterschieden werden:

- Durch den Zugang zum globalen *Internet* soll ein großer Kreis potentieller Kunden erschlossen werden. Der Einsatz von Internet-Technik erfolgt mit dem Ziel, Marketing- oder Vertriebsaktivitäten über das Medium Internet abzuwickeln. Diese Entwicklung

Kommerzielle Transaktionen

läßt sich seit etwa dem Jahr 1993 beobachten, wobei die Bedeutung der Sicherheitsproblematik mit dem Einsatz des Internet als Grundlage von kommerziellen Transaktionen zunehmend in den Vordergrund rückt. Unter *kommerzieller Transaktion* sei hier die Übermittlung einer für eine Kommunikationspartei verbindlichen Äußerung (etwa eine Offerte oder eine Bestellung) oder auch der Transfer von Geld (eine Überweisung oder eine Kreditkartentransaktion) verstanden.

- Internet-Technik wird jedoch auch in der Form von *Intranets* im unternehmensinternen Bereich als kostengünstige Alternative zu kommerziellen Groupware-Produkten eingesetzt. Dabei werden sowohl die in Kapitel 2 beschriebenen Anwendungsdienste (SMTP, FTP, HTTP oder POP3) als auch proprietäre Internet-Protokolle der Anwendungsschicht eingesetzt.

In beiden Fällen spielt die Sicherheitsproblematik eine herausragende Rolle; die Anforderungen aus der Sicht des Betreibers der eingesetzten Internet-Dienste sind jedoch zum Teil unterschiedlicher Natur.

4.1.1
Transaktionssicherheit

Betrachten wir vorerst die Situation eines Unternehmens, das mit Hilfe von Internet-Technik seine Leistungen an Kunden vertreiben will. Um die daraus resultierenden Anforderungen an die Übertragungssicherheit abzuleiten, kann direkt an die in Kapitel 2 aufgezählten Problembereiche angeknüpft werden. Die in weiterer Folge beschriebenen Rahmenbedingungen werden auch als *Transaktionssicherheit* bezeichnet.

- Die Kommunikationsparteien müssen einander gegenseitig *authentifizieren* können. Darunter ist zum einen der Nachweis der Identität bei der Herstellung einer Kommunikationsverbindung zu verstehen. Es muß darüber hinaus jedoch auch für die gesamte Dauer des Bestehens einer Verbindung verhindert werden, daß ein Betrüger den Platz einer der beiden Kommunikationsparteien einnehmen kann.

- Die *Integrität* der übertragenen Daten muß gewährleistet sein und dadurch eine Veränderung der Nachricht während der Übertragung von vornherein ausgeschaltet werden.

- Die *Uneinsehbarkeit des Inhaltes* während der Übertragung soll verhindern, daß unbefugte Personen beispielsweise mit Hilfe von Paketfiltern Einsicht in die Daten nehmen können.

- Eine Anforderung, die im Fall von kommerziellen Transaktionen eine besondere Rolle spielt, ist die *Nicht-Abstreitbarkeit des Absende- oder Empfangsvorganges* einer Nachricht.

Die bestehenden Anwendungsprotokolle der Familie TCP/IP können durch entsprechende kryptographische Absicherung der Kommunikationskanäle um Authentizität, Integrität und Uneinsehbarkeit des Inhaltes ergänzt werden. Durch Integration in die Schichten der Internet-Protokolle kann diese Absicherung auch nahezu transparent für die betroffene Anwendungssoftware erfolgen.

Die Gewährleistung der Nicht-Abstreitbarkeit des Absende- oder Empfangsvorganges wird jedoch sinnvollerweise als Bestandteil des *Anwendungsprotokolls* realisiert: Mit einer Authentifizierung auf der Basis kryptographischer Verfahren und der Möglichkeit der Erstellung digitaler Signaturen steht das Instrumentarium für die Bewältigung der Problematik der Nicht-Abstreitbarkeit zur Verfügung. Es fällt jedoch in den Aufgabenbereich der Anwendungsschicht, durch Protokollelemente festzulegen, wann eine derartige Absicherung notwendig ist.

Nicht-Abstreitbarkeit
des Sende- oder
Empfangsvorganges

Zahlreiche Protokollentwürfe auf Anwendungsebene haben auch genau dieses Thema zum Gegenstand – ganz besonders im Bereich digitaler Zahlungsmittel. Natürlich besteht im Fall einer Überweisung ganz besonders die Anforderung, daß weder der Absende- noch der Empfangsvorgang in Frage gestellt werden kann.

Beispielsweise bietet S-HTTP, eine Erweiterung von HTTP [siehe Kapitel 7], die Möglichkeit, durch digitale Unterschriften die Nicht-Abstreitbarkeit durch den Sender oder Empfänger zu gewährleisten. Auf diese Weise können – so die rechtlichen Rahmenbedingungen dafür geschaffen werden – verbindliche Angebote über S-HTTP vom Web-Server des Verkäufers zum Kunden übertragen werden. Wichtig ist jedoch, daß dies durch eine Änderung des Anwendungsprotokolls erreicht wurde – S-HTTP ist eine *Weiterentwicklung* von HTTP.

Ein anderes Beispiel sind die im SET-Standard zur Abwicklung sicherer Kreditkartentransaktionen genormten Nachrichten zwischen Käufer, Verkäufer und Clearing-Stelle: Auch hier muß natürlich die Nicht-Abstreitbarkeit der Transaktion gewährleistet sein, die Realisierung erfolgt jedoch auf der Anwendungsebene. Diese Mechanismen bauen jedoch auf der Authentifzierung der Kommunikationsparteien auf; die Authentifizierungsverfahren von SET werden daher in Abschnitt 5.3.5 ausführlicher besprochen.

Aus diesen Überlegungen heraus ist die Nicht-Abstreitbarkeit des Sende- oder Empfangsvorganges nicht als Aufgabe einer Komponente in der im nächsten Abschnitt beschriebenen Sicherheitsarchitektur zu finden. Dies bedeutet, daß für kommerzielle Transaktionen im Internet zusätzlich zu den in diesem Buch beschriebenen Sicherheitsmechanismen *neue Anwendungsprotokolle* zum Einsatz kommen müssen, um Aufgaben wie beispielsweise die Durchführung finanzieller Transaktionen erfüllen zu können. Dies ist jedoch konzeptuell von einer generellen Absicherung der Internet-Protokolle durch die hier beschriebene Sicherheitsarchitektur zu trennen.

4.1.2
Sicherheitsaspekte im Intranet

Zugriffskontrolle Die grundlegenden Anforderungen der Authentizität, Integrität und Uneinsehbarkeit des Inhaltes gelten auch für den unternehmensinternen Einsatz der Internet-Protokolle. Im Fall eines Zugriffs auf ein Dokument ist jedoch weniger die Authentifizierung des Benutzers, sondern vielmehr dessen Zugriffsberechtigung ausschlaggebend. Werden die Internet-Protokolle im unternehmensinternen Bereich eingesetzt, so wird die Durchführung der *Zugriffskontrolle* zum zentralen Aspekt.

Der Begriff der Zugriffskontrolle ist in den Computerwissenschaften aus den Forschungsgebieten der Betriebssystem- oder Datenbank-Sicherheit gebräuchlich. Im einzelnen versteht man darunter die Bewältigung der folgenden Aufgaben [vgl. Long91]:

■ Anlegen, Administration, Überwachung und Widerruf der einzelnen Zugriffsrechte (Privilegien)

■ Identifikation und Authentifizierung der Benutzer

■ Überwachung der Zugriffe

■ Einschränkung bestimmter Arten von Zugriffen

■ Verhindern von unerlaubten Zugriffen.

Diese Anforderungen gelten auch für ein WWW-Informationssystem: Nicht jeder Benutzer verfügt a priori über Zugriff auf alle Web-Server, alle Mail-Server und das Recht, in jeder der vorhandenen News-Gruppen Beiträge schreiben zu dürfen. Vielmehr sollen auch in einem Intranet die Zugriffsrechte auf einzelne Ressourcen in Übereinstimmung mit einem unternehmensweiten Sicherheitskonzept vergeben werden.

Im sogenannten *Orange Book*, dem Kriterienkatalog des amerikanischen Verteidigungsministeriums für die C2-Zertifizierung von Softwareprodukten, wird der Begriff *Security Policy* folgendermaßen definiert [siehe NCSC85]:

> *„There must be an explicit and well defined security policy enforced by the system. Given identified subjects and objects, there must be a set of rules that are used by the system in order to determine whether a given subject can be permitted acces to a specific object.“*

In dieser Definition sind einige wichtige Elemente enthalten: Zum einen wird hier der Begriff *Subjekt* für die zugreifende Person und die Bezeichnung *Objekt* für die gewünschte Ressource geprägt. Diese Terminologie zieht sich durch die gesamte Literatur zu betrieblichen Sicherheitskonzepten und wird vor allem in Zusammenhang mit Zugriffskontrollmechanismen häufig eingesetzt.

Zum anderen ist von *Zugriffsregeln* die Rede, welche die Zugriffsrechte eines Subjektes auf ein Objekt festlegen. Die Verwaltung dieser Zugriffsregeln ist eine zentrale Aufgabe des betrieblichen Sicherheitsmanagements, da auf diese Weise die Zugriffsrechte einzelner Mitarbeiter festgelegt werden. Die Struktur solcher Zugriffsregeln ergibt sich aus dem gewählten *Sicherheitsmodell* (engl.: Security Model), das die grundlegenden Eigenschaften eines Zugriffskontrollmechanismus festlegt. Unterschiedliche Sicherheitsmodelle werden in Kapitel 8.1 ausführlicher beschrieben.

Eine wesentliche Voraussetzung für die Durchführung der Zugriffskontrolle in einem WWW-Informationssystem ist offensichtlich die Möglichkeit der *eindeutigen Identifikation der Subjekte und Objekte*. Die Objekte können mit dem in Abschnitt 2.4.4.1 beschriebenen URL eindeutig identifiziert werden: Dieser beinhaltet sowohl das Objekt eines Zugriffes als auch den gewünschten Server.

Die Identifikation der Subjekte ist beispielsweise mit Hilfe des sogenannten *„Distinguished Name“* möglich, der in Abschnitt 6.2 beschrieben wird. Der gesamte Problembereich der Authentifizierung von Benutzern wird in Kapitel 5 ausführlich behandelt. Es kann aber vorweggenommen werden, daß die notwendige Technik in der Form sogenannter *digitaler Zertifikate* mittlerweile zur Verfügung steht.

Eine zusätzliche Anforderung an einen Zugriffskontrollmechanismus für WWW-Informationssysteme ergibt sich auch daraus, daß die Möglichkeit der Erweiterung des Systems über das Internet in Betracht gezogen werden muß. Der Zugriffskontrollmechanismus eines Intranets muß folglich neben der Verwaltung der unternehmensinternen Benutzer auch die Möglichkeit offen lassen, verschiedenen Kundengruppen unterschiedliche Zugriffsmöglichkeiten auf die Informationsressourcen des Unternehmens zu schaffen.

4.2
Sicherheitsarchitektur

Die hier präsentierte Sicherheitsarchitektur orientiert sich am abstrakten Begriff eines „Dienstes", um die für den Betrieb eines abgesicherten WWW-Informationssystems notwendigen Komponenten und deren Aufgaben darzustellen. Solche Dienste können tatsächlich als Netzwerkdienst realisiert sein oder auch in anderer Form implementiert werden. An dieser Stelle ist lediglich von Bedeutung, welche Funktionalität von den einzelnen Komponenten bereitgestellt wird. Die unterschiedlichen Möglichkeiten, diese Dienste zu realisieren, werden in den Folgekapiteln vorgestellt. Das hier präsentierte Rahmenkonzept soll sowohl den notwendigen Überblick über die einzelnen Problembereiche schaffen als auch einen Eindruck von den mit heute verfügbaren Mitteln realisierbaren Möglichkeiten vermitteln.

Abbildung 23 zeigt die Komponenten der Sicherheitsarchitektur für WWW-basierte Informationssysteme.

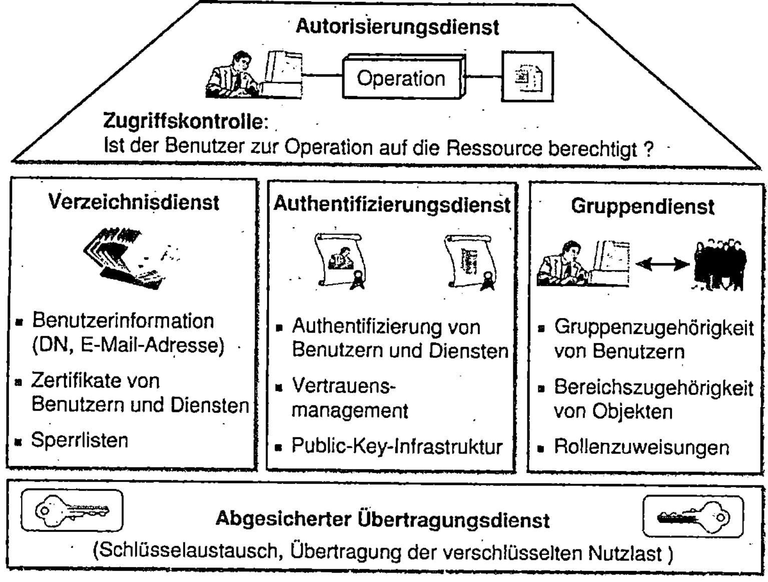

Abbildung 23
Sicherheitsarchitektur für WWW-Informationssysteme

An der Spitze dieser Abbildung steht der *Autorisierungsdienst*, dessen Aufgabe darin besteht, zu entscheiden, ob ein Subjekt berechtigt ist, auf ein Objekt mit einer bestimmten Operation zuzugreifen. Diese Entscheidung wird auf Grund von Zugriffsrechten der betroffenen Subjekte getroffen. Der Autorisierungsdienst erfüllt somit die im letzten Abschnitt beschriebenen Aufgaben der Zugriffskontrolle.

Um Zugriffsregeln auf einfache Art und Weise spezifizieren zu können, werden die zugreifenden Subjekte oft zu Benutzergruppen und die Objekte zu Management-Bereichen zusammengefaßt. Dies hat den Vorteil, daß Zugriffsrechte lediglich einmal für eine Gruppe oder für einen Bereich spezifiziert werden müssen, und die Implementierung des Sicherheitskonzeptes übersichtlich und ausdrucksstark bleibt. In den letzten Jahren setzte sich darüber hinaus auch zunehmend das Konzept von *Rollen* zur Spezifikation von Zugriffsrechten durch. Um Zugriffsentscheidungen treffen zu können, benötigt der Autorisierungsdienst folglich Information über die Gruppen-, Bereichs- und Rollenzuordnungen der verwalteten Subjekte und Objekte. Diese Information wird von einer weiteren Komponente, dem *Gruppendienst*, verwaltet und zur Verfügung gestellt.

Eine weitere Voraussetzung für den Autorisierungsdienst ist die Authentifizierung der zugreifenden Subjekte. Diese Funktion wird vom *Authentifizierungsdienst* erfüllt, der die Aufgabe hat, im internen Bereich die angesprochene Authentifizierung zu realisieren. Das hier beschriebene Modell geht davon aus, daß diese Authentifizierung mit Hilfe von sogenannten digitalen Zertifikaten geschieht. Darunter sind von einer berechtigten Stelle ausgestellte „digitale Personalausweise" zu verstehen, die im einfachsten Fall neben dem Namen einer Person noch deren öffentlichen Schlüssel beinhalten.

Handelt es sich nicht um ein abgeschottetes Intranet, so obliegt es auch dem Authentifizierungsdienst, über die Gültigkeit der Authentifizierung von Benutzern aus dem globalen Internet zu entscheiden.

Grundlage des gesamten Sicherheitskonzeptes muß eine *abgesicherte Übertragung* sein, welche die in Kapitel 2 aufgezeigten Schwächen der Internet-Protokolle beseitigt. Die von dieser Komponente zu erfüllenden Aufgaben liegen in der verschlüsselten und verläßlichen Übertragung der Nachrichten zwischen den Kommunikationsparteien. Entsprechende Erweiterungen der Internet-Protokolle sind gegenwärtig in der Standardisierungsphase, einige davon finden auch schon als kommerzielles Produkt große Verbreitung.

Die Entwicklung des hier beschriebenen Modells wurde von einigen bestehenden Sicherheitsarchitekturen beeinflußt, die teilweise von ähnlichen Zielsetzungen ausgingen. Insbesondere sollen folgende Konzepte erwähnt werden:

- Die Architektur des *Distributed Computing Environment (DCE)* der Open Software Foundation, die ähnliche Problemstellungen wie das in diesem Abschnitt präsentierte Konzept mit symmetrischen kryptographischen Verfahren löst.

- Die OSI-Empfehlung X.800, welche die Sicherheitsarchitektur der OSI-Referenzarchitektur beschreibt.

- Das Modell der PKIX-Arbeitsgruppe der IETF, das vor allem die Bereiche Authentifizierungsdienst und abgesicherte Übertragung abdeckt. Eine nähere Beschreibung dazu folgt in Abschnitt 5.3.3.

Die beschriebene Referenzarchitektur bestimmt auch den weiteren Aufbau der vorliegenden Arbeit: Die unterschiedlichen Möglichkeiten zur Realisierung des Authentifizierungsdienstes werden in Kapitel 5 behandelt, die Realisierung des Gruppen- und Verzeichnisdienstes ist Gegenstand von Kapitel 6. Anschließend wenden wir uns in Kapitel 7 den Verfahren zur Realisierung einer kryptographisch abgesicherten Datenübertragung im Internet zu.

Kapitel 8 hat schließlich die Durchführung der Zugriffskontrolle für WWW-Informationssysteme zum Gegenstand. Dort wird auch gezeigt, wie mit Hilfe der in den vorangehenden Kapiteln erklärten Mechanismen eine Infrastruktur für sichere WWW-Informationssysteme aufgebaut werden kann.

5 Zertifikate und Vertrauensmanagement

Der praktische Einsatz der im Kapitel 3 beschriebenen asymmetrischen kryptographischen Verfahren in Zusammenhang mit der Absicherung von Internet-Protokollen setzt die Existenz von vertrauenswürdigen öffentlichen Schlüsseln der Kommunikationspartner voraus. In diesem Kapitel wird gezeigt, wie diese Rahmenbedingungen mit Hilfe von Zertifikaten und Zertifizierungsstellen geschaffen werden können.

5.1 Authentifizierung mit Zertifikaten

Die dem Einsatz von Zertifikaten zugrundeliegende Idee ist die einmalige, zentrale Durchführung der Authentifizierung eines Benutzers oder eines Dienstes durch eine für diesen Zweck geschaffene Institution, genannt Zertifizierungsstelle oder Zertifizierungsagentur (engl.: Certification Authority, Certification Agency oder Trust Center). Werden die Anforderungen der Zertifizierungsstelle für einen erfolgreichen Identitätsnachweis erfüllt, so versieht diese den öffentlichen Schlüssel der identifizierten Person oder des identifizierten Dienstes mit ihrer eigenen elektronischen Unterschrift. Der Vorteil für die Teilnehmer eines öffentlichen Netzes liegt nun darin, daß sie lediglich der Unterschrift der Zertifizierungsstelle vertrauen müssen und sich auf diese Weise der Authentizität der präsentierten öffentlichen Schlüssel sicher sein können.

Certification Authority (CA, Trust Center)

Zur Sicherstellung der Identität bedarf es demnach des öffentlichen Schlüssels der Zertifizierungsstelle, der typischerweise nicht über ein öffentliches Netz, sondern auf alternativen Kommunikationswegen – beispielsweise durch persönliche Übergabe oder auf konventionellem Postweg – übertragen wird. Ist diese Voraussetzung erfüllt, so kann der Benutzer die Identifikation von anderen Personen und Diensten der Zertifizierungsstelle überlassen; er vertraut dieser

Die OSI-Standards
X.500 und X.509

Institution damit, daß ihre Unterschrift für eine ordnungsgemäße Identifizierung garantiert.

Diese Konzepte sind nicht erst mit der Kommerzialisierung des Internet entstanden, sondern stammen aus der Umgebung der ISO-Standards für offene Systeme [vgl. etwa Eich93]. Eine Komponente des OSI-Modells ist ein verteilter öffentlicher Verzeichnisdienst, das *Directory*, in dem Benutzer und Dienste nach verschiedenen Kriterien gesucht werden können und als Bestandteil davon ein Authentifizierungskonzept. Die Grundlagen des Verzeichnisdienstes sind in der ITU-T Empfehlung X.500 festgelegt, die vorgesehenen *Authentifizierungsdienste* sind in der ITU-T Empfehlung X.509 enthalten; beide Dokumente sind von der ISO unverändert übernommen worden.

Legt man die Spezifikationen des X.509-Standards zugrunde, so lassen sich zwei für dieses Kapitel relevante Definitionen wie folgt festhalten:

- **Zertifikat**
  „Der öffentliche Schlüssel eines Benutzers gemeinsam mit zusätzlicher Information, unfälschbar gemacht durch Verschlüsselung mit dem privaten Schlüssel der Zertifizierungsstelle".

- **Zertifizierungsstelle**
  „Eine Institution, der einer oder mehrere Benutzer die Erstellung und Zuweisung von Zertifikaten anvertrauen".

Wie bereits erwähnt fanden die X.500-Normen ebenso wie die anderen Standards der OSI-Familie bislang weltweit nicht die erhoffte Akzeptanz. Der globale Verzeichnisdienst, so wie in den ITU-T-Dokumenten bereits 1988 anvisiert, wurde ebenso wie die OSI-Anwendungsdienste (abgesehen von einigen Pilotprojekten) nicht realisiert.

Eine Sonderrolle scheint jedoch den ITU-T-Standards der X.500-Serie zuzukommen: X.509-Zertifikate gelangen mit der Kommerzialisierung des Internet in den letzten Jahren weltweit zunehmend zum Einsatz. Auch das OSI-Protokoll DAP, das für den Zugriff auf die verteilten OSI-Directory-Server gedacht war, erfreut sich in Gestalt des Internet-Protokolls LDAP in jüngster Zeit großer Beliebtheit. Die Konzepte des Verzeichnisdienstes sowie das Protokoll LDAP werden daher in Kapitel 6 auf detaillierte Weise vorgestellt; im vorliegenden Kapitel steht jedoch die Authentifizierung mit Hilfe von Zertifikaten im Mittelpunkt.

5.1.1
Zertifikate nach ITU-T X.509

Die heutige Bedeutung der Empfehlung X.509 liegt in der Festlegung eines standardisierten Formates für Zertifikate. Besagtes Format ist die Grundlage für den Austausch von Zertifikaten zwischen Anwendungen unterschiedlicher Hersteller und ist naturgemäß für die Benutzer, die in der Lage sind, ein Zertifikat mit unterschiedlichen Anwendungen einzusetzen, von großem Vorteil. X.509-Zertifikate existieren in drei Versionen, der gegenwärtig aktuellste Standard wird mit X.509v3 bezeichnet.

5.1.1.1
Aufbau von X.509-Zertifikaten

Abbildung 24 zeigt die Struktur eines X.509-Zertifikates, wie sie in Version 1 des Standards definiert wurde.

X.509 Version
Seriennummer
Algorithmus der Unterschrift
Gültigkeit
Name des Ausstellers
Name des Benutzers
Öffentlicher Schlüssel
Digitale Unterschrift

Abbildung 24
Aufbau eines
X.509-Zertifikates
in der Version 1

Ein Zertifikat nach X.509 dient in erster Linie der Bindung eines öffentlichen Schlüssels an eine bestimmte Person. Die beiden bedeutsamsten Felder in Abbildung 24 sind daher der *Name des Benutzers* sowie dessen *öffentlicher Schlüssel*. Darüber hinaus sind die Versionsnummer des Formates, die innerhalb einer Zertifizierungsstelle eindeutige Seriennummer, der zur Erstellung der digitalen Unterschrift eingesetzte Algorithmus und die Gültigkeitsdauer des Zertifikates enthalten. Der Name der ausstellenden Zertifizierungsstelle gibt einen Hinweis auf die Anforderungen, die für die Ausstellung des Zertifikates zu erfüllen waren, sowie auf den öffentlichen Schlüssel, der zur Überprüfung der digitalen Unterschrift des Zertifikates eingesetzt werden muß.

Eine nähere Erklärung verdient das Format der *Namen von Benutzer und Aussteller*. Mit dem Ziel ein globales Verzeichnis zu schaffen, definieren die OSI-Standards auch einen globalen Namensraum,

Eindeutige Namen
(Distinguished
Name)

der die Bezeichnung aller Personen der Welt mit Hilfe eines eindeutigen Namens (engl.: Distinguished Name) erlauben soll. Eindeutige Namen bestehen aus mehreren hierarchisch angeordneten Komponenten, die schlußendlich die betroffene Person identifizieren (beispielsweise *cn=Stefan Nusser, ou=Wirtschaftsinformatik, o=WU-Wien, c=AT*). Eine ausführlichere Beschreibung der zugrundeliegenden Konzepte erfolgt in Abschnitt 6.1.2.

Im praktischen Einsatz erwies sich die in Abbildung 24 gezeigte Information als ungenügend. Vor allem die Erfahrungen mit den PEM-Standards für sichere E-Mail (eine ausführliche Beschreibung folgt in Abschnitt 5.3.1) ließen den Wunsch nach flexibleren Inhalten des Zertifikates aufkommen. Diese Änderungen beeinflußten sowohl die Version 2, die zwei zusätzliche Felder zur Beschreibung des Inhabers und des Ausstellers vorsah, als auch die Version 3.

X.509v3-Zertifikate

Letztere beinhaltet einen flexiblen Erweiterungsmechanismus für Zertifikate, der einem Aussteller auch die Integration beliebiger Information ermöglicht. Klarerweise wurde damit auch die Gefahr von Inkompatibilitäten zwischen X.509v3-Zertifikaten geschaffen. Um dem vorzubeugen, wurden von der ITU-T Standarderweiterungen definiert, die für einen in weiten Bereichen einheitlichen Einsatz dieser Standards und entsprechende Interoperabilität der Zertifikate sorgen sollen. Abbildung 25 zeigt das Format der X.509v3-Zertifikate und auch die Anwendungsbereiche, für die standardisierte Erweiterungen existieren.

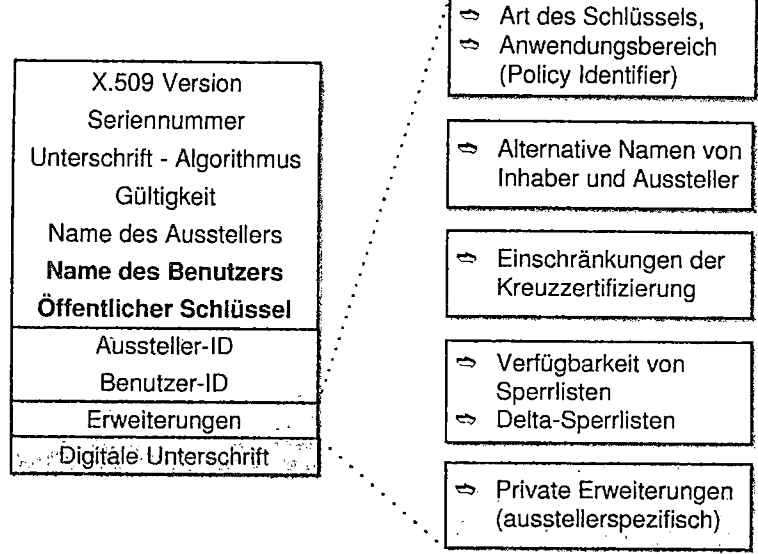

Abbildung 25
X.509-Zertifikate in
Version 3 (X.509v3)

Der Einsatz von Erweiterungen der X.509-Zertifikate ist auch Gegenstand der Aktivitäten der PKIX-Arbeitsgruppe (von engl.: Public Key Infrastructure X.509) der IETF. Da dem Modell dieser Arbeitsgruppe ein eigener Abschnitt gewidmet ist, folgt hier nur eine kurze Beschreibung der Einsatzgebiete der Erweiterungsfelder:

- Mit Hilfe der Erweiterungen kann das *Einsatzgebiet eines Zertifikates eingeschränkt* werden: Einerseits kann dies die mit dem zugehörigen privaten Schlüssel ausführbaren Operationen betreffen (Unterschrift, Verschlüsselung, Zertifizierung, CRL-Erstellung), andererseits einen für die jeweilige Zertifizierungsstelle spezifischen Anwendungsbereich, der durch einen globalen *Policy Identifier* identifiziert wird.

- Neben den bereits erwähnten eindeutigen Namen (DN) von Benutzer und Aussteller können mit Hilfe der Erweiterungen *beliebige alternative Namen* in das Zertifikat integriert werden.

- Mehrere Felder dienen der *eingeschränkten Kreuzzertifizierung*. Der Einsatz dieser Mechanismen ist unter anderem auch Gegenstand der Entwürfe der PKIX-Arbeitsgruppe; eine detailliertere Erklärung erfolgt daher in Abschnitt 5.3.3.

- Zahlreiche Erweiterungs-Felder betreffen den Einsatz von Sperrlisten und werden im nächsten Abschnitt behandelt.

5.1.1.2
Die Struktur von X.509-Sperrlisten

Ein Zertifikat kann aus gegebenem Anlaß auch vorzeitig seine Gültigkeit verlieren, beispielsweise wegen des Verlustes des zugehörigen privaten Schlüssels, oder weil die im Zertifikat unterschriebene Zugehörigkeit einer Person zu einer Organisation nicht mehr besteht. In diesem Fall wird die Seriennummer des Zertifikates einer sogenannten Sperrliste (engl.: Certificate Revocation List, CRL) hinzugefügt, die in regelmäßigen Abständen von der Zertifizierungsstelle digital unterschrieben und veröffentlicht wird. Bei Anwendungen, die ein hohes Sicherheitsniveau erfordern, kann die relevante Sperrliste überprüft werden, bevor ein Zertifikat mit gültiger Unterschrift akzeptiert wird. Die ITU-T-Empfehlung X.509 standardisiert auch das Format der zugehörigen Sperrliste. Mit der Veröffentlichung der Version 3 des Standards wurde auch in der Sperrliste die Integration von Erweiterungen vorgesehen. Abbildung 26 zeigt die Struktur einer solchen Sperrliste.

Widerruf von Zertifikaten mit Sperrliste (CRL)

Abbildung 26
Aufbau einer
X.509v3-Sperrliste

Neben den die Authentifizierung des Ausstellers betreffenden Feldern sind in Abbildung 26 in erster Linie das Ausgabedatum sowie das Datum des Erscheinens einer aktuellen Version der Sperrliste von großer Bedeutung. Die Länge des Intervalls zwischen der Herausgabe der Sperrlisten stellt ein wichtiges Kriterium in der Geschäftspolitik einer Zertifizierungsstelle dar. Da der Widerruf eines Zertifikates erst mit der Herausgabe der nächsten Version der Sperrliste wirksam wird, kann ein kurzes Intervall dazu beitragen, den Schaden durch einen in falsche Hände gefallenen privaten Schlüssel zu minimieren. Andererseits erhöht ein kurzes Intervall jedoch die Belastung der betroffenen Anwendungen, die jede neue Version der Sperrliste von der Zertifizierungsstelle abholen müssen. Die Intervalle zwischen der Veröffentlichung zweier Sperrlisten liegen typischerweise zwischen einigen Stunden und einer Woche.

Erweiterungen der
X.509-Sperrlisten in
Version 3

Der Mechanismus der Sperrlisten wurde mit den im letzten Abschnitt besprochenen Erweiterungsfeldern in mehrerlei Hinsicht ergänzt. Die wichtigsten Änderungen, sowohl in den Erweiterungen der Zertifikate als auch in den Erweiterungen der Sperrlisten selbst, sind die folgenden:

- Integration eines URL in das Zertifikat, der einen Rechner angibt, wo Sperrlisten automatisch bezogen werden können.

- Mit Hilfe von Erweiterungsfeldern der Sperrlisten kann ein Grund für den Widerruf angegeben oder ein temporärer Widerruf eines Zertifikates durchgeführt werden.

- Durch zusätzliche Erweiterungsfelder sowohl im Zertifikat als auch in den Sperrlisten wird die Verwaltung und Abfrage von *Delta-Sperrlisten* möglich, die lediglich die seit einem bestimmten Zeitpunkt hinzugekommene Information beinhalten.

5 Zertifikate und Vertrauensmanagement

5.1.2
Lebenszyklus eines Zertifikates

Abbildung 27 zeigt den Lebenszyklus eines Zertifikates in Anlehnung an Rüppel und Wildhaber [vgl. RüWi95]. Dieser beginnt mit der Registrierung des Benutzers bei der ausgebenden Zertifizierungsstelle. Gegebenenfalls kann eine lokale Registrierungsstelle (engl.: Registration Authority, RA) zwischengeschaltet werden, welche die Identität des Benutzers sicherstellt und die Schlüsselübergabe durchführt. Bezüglich der Schlüsselerzeugung kann nun zwischen zwei Vorgangsweisen unterschieden werden:

- Der Benutzer erzeugt das Schlüsselpaar selbst, der private Schlüssel verbleibt bei ihm, während der öffentliche Schlüssel an die Zertifizierungsstelle zur Zertifizierung geschickt wird.

- Das Schlüsselpaar wird von der Zertifizierungsstelle erzeugt, der Benutzer erhält seinen privaten Schlüssel mit dem Zertifikat von der Zertifizierungsstelle.

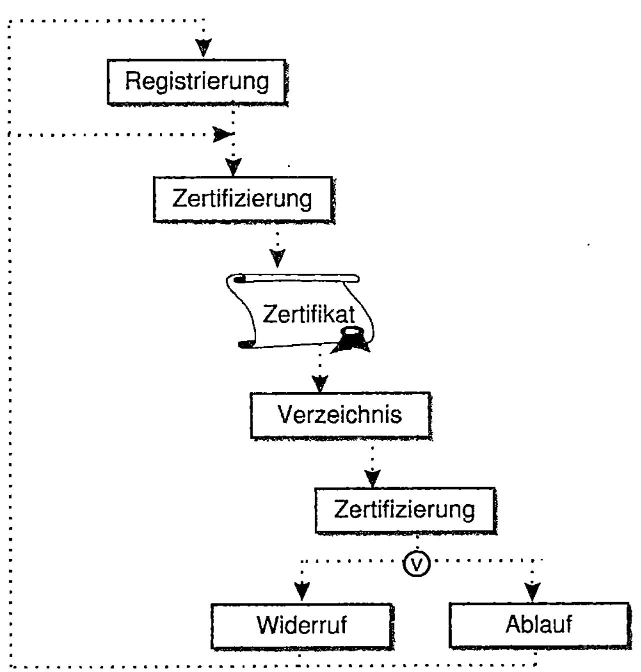

Abbildung 27
Lebenszyklus eines
Zertfiikates

Ein wesentlicher Unterschied zwischen beiden Verfahren ist die Tatsache, daß im letzteren Fall die Möglichkeit besteht, eine Schlüsselhinterlegung (engl.: Key Escrow) durchzuführen, während im

Schlüsselhinterlegung (Key Escrow)

ersten Fall der private Schlüssel nie den direkten Einflußbereich des Benutzers verläßt. Diese Schlüsselhinterlegung ist ein in der Praxis sehr umstrittenes Thema.

Die treuhänderische Schlüsselhinterlegung kann zum einen eine durchaus gewünschte Funktion einer Zertifizierungsstelle sein. Von den Befürwortern werden im allgemeinen folgende Argumente vorgebracht [vgl. etwa FoHo95]:

- Werden mit Hilfe des privaten Schlüssels Daten unterschrieben oder verschlüsselt, die nicht in den persönlichen, sondern in den beruflichen Bereich des Benutzers fallen, so hat das Unternehmen einen legitimen Anspruch auf die Hinterlegung der privaten Komponente des Schlüsselpaares.

- Kommt es seitens des Benutzers zum Verlust des privaten Schlüssels, so kann im Fall der Schlüsselhinterlegung bei erneutem Beweis der Identität dasselbe Schlüsselpaar weiterverwendet werden. Die Alternative, das Schlüsselpaar neu zu erzeugen, würde die erneute Verteilung des öffentlichen Schlüssels zur Folge haben.

- Mittels expliziter Ermächtigung sollte es, so die Befürworter der treuhänderischen Schlüsselhinterlegung, den Organen der Gesetzesvollziehung möglich sein, die Kommunikation jedes Staatsbürgers abhören zu können.

Die Argumente der Gegenseite konzentrieren sich vor allem auf den letzten vorgebrachten Aspekt. Als zentraler Problembereich wird die Gefahr gesehen, daß bei gegebener Möglichkeit des Abhörens mit Hilfe des hinterlegten privaten Schlüssels diese auch für die unzweckmäßige Verletzung der Privatsphäre des Einzelnen mißbraucht werden könnte. Die Diskussion wurde durch das *Capstone*-Projekt der Regierung der Vereinigten Staaten von Amerika weiter angeheizt, dessen Ziel es unter anderem ist, ein auf Schlüsselhinterlegung basierendes Verfahren zum nationalen Verschlüsselungsstandard zu machen. Besagtes Verfahren (genannt *Skipjack)* wird seit zwei Jahren in Form des speziell dafür hergestellten Chips namens *Clipper* verkauft. Die Schlüsselhinterlegung erfolgt bei zwei unabhängigen amerikanischen Regierungsstellen, die von jedem in einem Clipper-Chip integrierten privaten Schlüssel je die Hälfte verwahren. Nähere Information zu diesen Themenbereichen kann beispielsweise in der ausgezeichneten Kryptographie-Einführung der RSA Laboratories gefunden werden [vgl. RSA96].

Die *Überprüfung der Identität* erfolgt nach den für diesen Zertifikatstyp öffentlich bekanntgemachten Geschäftsbedingungen (engl.: Certificate Practice Statement, CPS) der Zertifizierungsstelle; nach erfolgreichem Abschluß der Authentifizierung des Benutzers wird

5 Zertifikate und Vertrauensmanagement

ihm eine Seriennummer und ein eindeutiger Name zugewiesen und das Zertifikat durch die elektronische Unterschrift der Zertifizierungsstelle erstellt. Anschließend wird das fertige Zertifikat an den Verzeichnisdienst übergeben, wodurch es für eine möglichst große Zahl von Benutzern zugänglich ist.

Kommt es zum Einsatz dieses Zertifikates, so wird die Unterschrift der Zertifizierungsstelle überprüft und bei Erfolg der öffentliche Schlüssel des zertifizierten Benutzers aus dem Zertifikat extrahiert und für kryptographische Operationen eingesetzt. Im Zuge des gleichen Verfahrens kommt es auch zu einer Überprüfung der Gültigkeitsdauer – ist das Zertifikat abgelaufen, so kann von der Zertifizierungsstelle eine erneute Ausstellung beantragt werden. Dies stellt insofern eine Sicherheitsmaßnahme dar, da die Gültigkeitsdauer eines Zertifikates üblicherweise weit unterhalb des durchschnittlich für einen Brute-Force-Angriff auf das zugrundeliegende Public-Key-Verfahren benötigten Zeitraumes liegt.

5.2
Vertrauensmodelle

Abhängig vom Anwendungsgebiet werden an Zertifikate unterschiedliche Anforderungen gestellt. An die im Bereich elektronischer Finanzdienstleistungen eingesetzte Public-Key-Infrastruktur werden klarerweise andere Ansprüche gestellt als an eine zur sicheren Abwicklung elektronischer Post eingerichtete Zertifizierungsstelle. Meist liegen die Unterschiede in der zum Nachweis der Identität benötigten Dokumente, jedoch können auch die Handhabung von Sperrlisten oder die Gültigkeitsdauer an ein höheres Sicherheitsniveau angepaßt sein.

Diese unterschiedlichen Ansprüche führten zur Entstehung einer *Vertrauensketten* Vielzahl von Zertifizierungsstellen, die für einen öffentlichen oder einen eingeschränkten Teilnehmerkreis die im letzten Abschnitt beschriebenen Leistungen erbringen. Um die Interoperabilität zwischen den einzelnen Zertifikaten gewährleisten zu können, wurde im ursprünglichen X.509-Standard bereits die Möglichkeit der Bildung von Vertrauensketten (engl.: Chains Of Trust) vorgesehen. Diese werden dadurch realisiert, daß eine Zertifizierungsstelle das Zertifikat – und damit den öffentlichen Schlüssel – einer anderen Zertifizierungsstelle unterschreibt. In weiterer Folge werden von den Benutzern der delegierenden Zertifizierungsstelle auch Zertifikate der begünstigten Zertifizierungsstelle akzeptiert; es kommt zu einer Delegation von Vertrauen. Der Prozeß der Gestaltung solcher Vertrauensketten wird in der Literatur auch als Vertrauensmanagement (engl.: Management of Trust) bezeichnet, das resultierende Modell als Vertrauensmodell (engl.: Trust Model) [vgl. auch Male96].

In weiterer Folge werden einige archetypische Vertrauensmodelle beschrieben, denen nachfolgende Definitionen und Grundannahmen gemeinsam sind [nach Male96]:

- Ein Vertrauensmodell definiert Vertrauensketten zwischen Zertifizierungsstellen oder Benutzern. Die Identität der Benutzer wird von mindestens einer im Modell enthaltenen Zertifizierungsstelle garantiert.

- Den Zertifizierungsstellen wird vertraut, die Identität von Personen sowie auch von anderen Zertifizierungsstellen bestätigen zu können: Letztere entweder innerhalb einer Hierarchie oder außerhalb einer Hierarchie, was auch Kreuzzertifizierung (engl.: Cross-Certification) genannt wird. Werden Zertifizierungsstellen innerhalb der eigenen Hierarchie zertifiziert, dann spricht man im Fall von untergeordneten Stellen von Vorwärtszertifikaten (engl.: Forward Certificates), im Fall von übergeordneten Stellen von Rückwärtszertifikaten (engl.: Backward Certificates).

- Eine Gruppe von Zertifizierungsstellen und die von ihnen zertifizierten Personen werden in diesem Zusammenhang auch als ein Zertifizierungsbereich bezeichnet. Vertrauensbeziehungen unterschiedlicher Qualität existieren zwischen den Zertifizierungsstellen entweder durch direkte Zertifizierung oder durch Vertrauensketten.

- Jeder Benutzer hat zumindest eine vertrauensmaximale Zertifizierungsstelle (engl.: Most-Trusted CA), deren öffentlichen Schlüssel er typischerweise über einen sicheren Kommunikationskanal erhalten hat. In Abbildung 28 ist die vertrauensmaximale Zertifizierungsstelle jedes Modells durch grauen Hintergrund gekennzeichnet.

- Ist einmal eine Vertrauenskette mit einer fremden Zertifizierungsstelle hergestellt worden, so können deren Zertifikate akzeptiert werden, ohne daß die Vertrauenskette stets neuerlich hergestellt werden muß. Voraussetzung dafür ist allerdings, daß sich an der Gültigkeit der Zertifikate, die Bestandteile der Vertrauenskette sind, nichts verändert hat.

In weiterer Folge werden einige typische Vertrauensmodelle vorgestellt und deren Eigenschaften beschrieben. Die letzten beiden der vorgestellten Vertrauensmodelle basieren auf dem ANSI-Standard-Entwurf X9.75, der mögliche Vertrauensmodelle für die amerikanische Finanzdienstleistungsbranche beschreibt.

Das *flache Vertrauensmodell* (engl.: Flat Trust Model) in Abbildung 28, Modell (a) entspricht dem im letzten Abschnitt beschriebenen Fall einer unabhängig operierenden Zertifizierungsstelle, die allein alle Benutzer und Dienste des Bereiches zertifiziert. Während dieses Modell in einer völlig abgeschotteten Umgebung zunächst ausreichend sein mag, wird die Erweiterung zu einer der nachfolgenden Strukturen in dem Moment unumgänglich, wo mit extern zertifizierten Personen kommuniziert oder ein interner Dienst öffentlich verfügbar gemacht werden soll.

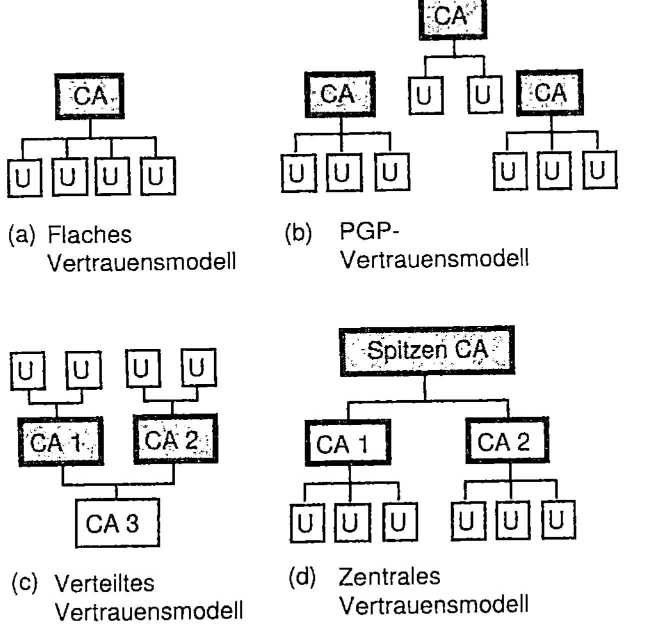

Das *PGP-Vertrauensmodell* (engl.: PGP-Style Trust Model) in Abbildung 28, Modell (b) ist der Inbegriff des dezentralen Vertrauensmodells. Jeder Benutzer agiert als unabhängige Zertifizierungsstelle nach eigenem Gutdünken und entscheidet durch die eigene digitale Unterschrift wem vertraut wird. Demzufolge liegt es auch an dem Benutzer selbst, im Einzelfall eine Vertrauenskette zu finden, indem die Unterschrift anderer Personen als ausreichend akzeptiert wird. Seinen Namen erhält dieses Vertrauensmodell von der Verschlüsselungssoftware PGP, die in erster Linie zur Verschlüsselung von elektronischer Mail eingesetzt wird [vgl. Zimm95]. Man bezeichnet diese Struktur auch als ein „Netz des Vertrauens" (engl.: Web Of Trust); sie ist typisch für die beim Einsatz von PGP vorherrschende dezentrale Kommunikationsstruktur.

*Verteiltes
Vertrauensmodell*

.   Das *verteilte Vertrauensmodell* (engl.: Distributed Trust Model) in Abbildung 28, Modell (c) geht von mehreren, dezentral agierenden Zertifizierungsstellen aus, die jeweils für ihre Benutzer gleichzeitig die vertrauensmaximale Instanz des Bereichs sind. Jede dieser Zertifizierungsstellen operiert unabhängig. Die Anforderungen zum Nachweis der Identität können sich unterscheiden, und jede einzelne ist darauf angewiesen, eine Kopie ihres öffentlichen Schlüssels auf einem sicheren Kommunikationskanal zum Benutzer zu übertragen. Folglich hält sich auch der Schaden in Grenzen, wenn einer der öffentlichen Schlüssel dieser Zertifizierungsstellen ungültig wird; lediglich die unmittelbar untergeordneten Benutzer sind betroffen. In Abbildung 28, Modell (c) sind ferner noch zusätzliche Zertifizierungsstellen (in der Abbildung *CA3*) enthalten. Diese dienen jedoch lediglich der Kreuzzertifizierung, um Zertifikate der einen Zertifizierungsstelle auch für die Benutzer der anderen akzeptabel zu machen.

Dieses Vertrauensmodell kann beispielsweise die Grundlage zweier prinzipiell getrennt operierender Einheiten einer Organisation sein, die ihre Zertfikate gegenseitig austauschen wollen.

*Zentrales
Vertrauensmodell*

Das *zentrale Vertrauensmodell* (engl.: Centralized Trust Model) in Abbildung 28, Modell (d) geht im Gegensatz zum dezentralen Vertrauensmodell von einer straffen hierarchischen Struktur aus. Eine zentrale Zertifizierungsstelle ist gleichzeitig für alle Benutzer die vertrauensmaximale Instanz, ihr öffentlicher Schlüssel muß folglich an alle Benutzer des Bereiches auf einem sicheren Kommunikationskanal übertragen werden. Muß dieser Schlüssel ausgetauscht werden, so sind daher auch alle Benutzer gleichermaßen betroffen. Eine gültige Vertrauenskette kann nur aufgebaut werden, wenn es eine Vertrauenskette zwischen jeder der beiden Kommunikationsparteien und der zentralen Zertifizierungsstelle gibt.

Dieses Modell impliziert die Existenz einer sehr mächtigen zentralen Zertifizierungsstelle, und ist daher vor allem für strikt hierarchische Strukturen optimal geeignet.

5.3
Globale Vertrauenshierarchien

Im Anschluß an die im letzten Abschnitt auf theoretische Weise präsentierten Vertrauensmodelle werden in weiterer Folge einige bereits existierende oder im Aufbau begriffene Public-Key-Infrastrukturen beschrieben.

5.3.1
Sichere E-Mail: PEM und PGP

Während in den ISO-Standards nur auf sehr allgemeine Art und Weise dargestellt wird, wie durch die Bildung von Vertrauensketten eine Public-Key-Infrastruktur aufgebaut werden kann, bauen die Entwickler des PEM-Standards auf diesen Spezifikationen auf und entwickelten einen konkreten Vorschlag für eine globale, stark hierarchische Zertifizierungs-Infrastruktur. Diese war prinzipiell als Grundlage für die kryptographisch abgesicherte Übertragung elektronischer Mail gedacht; das Verfahren wurde als PEM bezeichnet (von engl.: Privacy Enhanced Mail).

Gegenwärtig sieht es nicht so aus, als ob die für PEM vorgesehene Infrastruktur tatsächlich realisiert werden würde, jedoch beruhen viele neuere Entwicklungen auf den Erfahrungen, die im Rahmen des Einsatzes von X.509-Zertifikaten im Zusammenhang mit PEM gemacht wurden. Letztendlich sind auch die in Version 2 (1993) und Version 3 (1996) des X.509-Standards hinzugefügten Erweiterungen ein Ergebnis dieses Versuchs.

Die PEM-Standards decken über die in den X.509-Dokumenten spezifizierten Eigenschaften von Zertifikaten noch folgende Aspekte ab:

PEM-Standards: RFC-1421, RFC-1422, RFC-1423,

- Es wird eine hierarchische Public-Key-Infrastruktur definiert, die eine genaue Aufgabenteilung der Zertifizierungsstellen vorsieht.

- Der Vorgang der Verifikation eines Zertifikates wird für alle Mail-Anwendungen mit PEM-Unterstützung festgelegt. Dies ist ein wesentlicher Teil des in den PEM-Standards vorgeschlagenen Vertrauensmanagements und wird im übernächsten Abschnitt ausführlicher behandelt.

- Die strikte Einhaltung des im nächsten Kapitel beschriebenen globalen Namensraumes nach den ISO X.500-Standards wird gefordert. Jede PEM-Zertifizierungsstelle ist für einen bestimmten Teil des Namensraumes zuständig und darf nur innerhalb dieses Ausschnittes Namen zertifizieren. Von einem global verfügbaren Verzeichnisdienst wird in den PEM-Standards jedoch nicht ausgegangen.

- Formate zur Übertragung von X.509-Zertifikaten in der Form von E-Mail-Nachrichten sowie Protokolle zum Austausch von Zertifikaten und Sperrlisten werden zwischen den beteiligten Parteien standardisiert.

- Ein weiterer Standard definiert schließlich die im Zusammenhang mit PEM möglichen kryptographischen Verfahren.

5.3.1.1
Die PEM-Infrastruktur

Wie in Abbildung 29 gezeigt wird, kommt im Fall von PEM ein strikt hierarchisches Vertrauensmodell zum Einsatz, das alle der im letzten Abschnitt beschriebenen Eigenschaften des zentralen Vertrauensmodells aufweist.

An oberster Stelle der Vertrauenshierarchie nach PEM steht eine zentrale Registrierungsstelle für Zertifizierungshierarchien mit unterschiedlichen Aufgaben. Diese zentrale Stelle, die auch als IPRA bezeichnet wird (von engl.: Internet Policy Registration Authority) ist in der PEM-Hierarchie die vertrauensmaximale Zertifizierungsstelle.

Jede Mail-Anwendung mit Unterstützung für den PEM-Standard muß folglich den öffentlichen Schlüssel dieser Stelle über einen sicheren Kommunikationskanal erhalten haben (beispielsweise direkt beim Kauf oder bei der Registrierung des Benutzers). Die Aufgaben dieser zentralen Stelle liegen in zwei Bereichen:

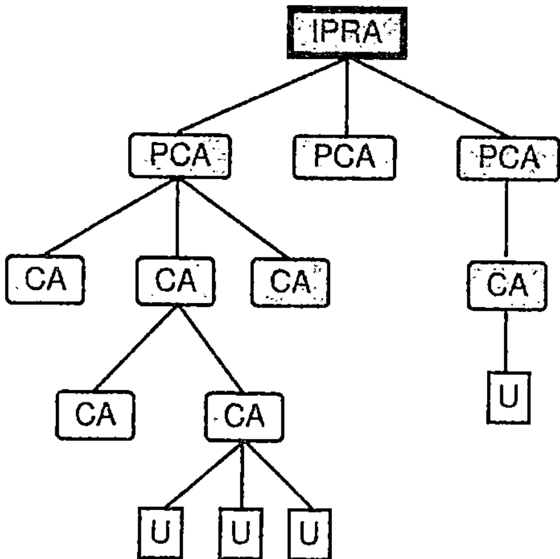

Abbildung 29
Vertrauensmodell
von PEM

- Zum einen bestimmt die IPRA als weltweite Spitzenstelle des PEM-Systems die allgemeinen Standards und Rahmenbedingungen, nach denen sich die direkt untergeordneten Zertifizierungsstellen zu verhalten haben.

- Zum anderen zertifiziert die IPRA untergeordnete Zertifizierungsstellen und ermöglicht ihnen damit die Teilnahme am PEM-System. Darüber hinaus werden auch die von den Zertifizierungsstellen der zweiten Ebene veröffentlichten Geschäftsbedingungen von der IPRA digital unterschrieben und unterliegen somit einer hohen Konstanz im Zeitablauf.

Die direkt von der IPRA unterschriebenen Zertifizierungsstellen haben die Möglichkeit, eigene Geschäftsbedingungen festzulegen und werden aus diesem Grunde auch als Geschäftsfeld-Zertifizierungsstellen (engl.: Policy Certification Authorities, PCA) bezeichnet. Nach der Idee der PEM-Standards definiert jede PCA eine Reihe von Geschäftsbedingungen, die von allen untergeordneten Zertifizierungsstellen befolgt werden müssen. Diese Geschäftsbedingungen umfassen jedenfalls die zur Sicherstellung der Identität von Benutzern geforderten Nachweise, aber auch die im Umgang mit Sperrlisten zum Einsatz kommenden Verfahren. Grundlage dieser Struktur war die Annahme, daß für unterschiedliche Anwendungsbereiche unterschiedliche Anforderungen an die Zertifizierungsinfrastruktur gestellt werden. Eine PCA für kommerzielle Anwendungen hätte nach dieser Idee strengere Geschäftsbedingungen als eine für den privaten oder universitären Bereich.

Unterhalb jeder PCA kann sich nun eine beliebig tiefe Hierarchie von einfachen Zertifizierungsstellen befinden, die alle durch die übergeordnete Instanz zertifiziert werden. Die Aufgaben dieser Zertifizierungsstellen liegen in der Zertifizierung der Benutzer nach den von der übergeordneten PCA vorgegebenen Geschäftsbedingungen.

5.3.1.2
Die Überprüfung von PEM-Zertifikaten

Ein wesentlicher Aspekt der PEM-Standards ist die Beschreibung der Vorgänge bei der Überprüfung eines Zertifikates, wo die Rahmenbedingungen für die Überprüfung einer Vertrauenskette wesentlich exakter festgelegt werden als im ITU-T Standard X.509, der lediglich die Mechanismen der Vorwärts- und Rückwärtszertifizierung beschreibt.

Bei der Überprüfung eines PEM-Zertifikates sind die notwendigen Rückwärts- oder Vorwärtszertifikate entweder in der zugestellten Nachricht enthalten oder von den ausstellenden Zertifizierungsstellen erhältlich. Verfügt die überprüfende Mail-Anwendung noch nicht über diese Zertifikate, so können diese automatisch übertragen und dem lokalen Bestand des Benutzers hinzugefügt werden. Da alle Vertrauensketten zur IPRA hin konvergieren, kann auf diese Weise jedes Zertifikat verifiziert werden. Soweit trifft das Gesagte auf jede Public-Key-Infrastruktur nach dem zentralen Vertrauensmodell zu. Für die automatische Hinzufügung von Vorwärts- oder Rückwärtszertifikaten gibt es jedoch eine bedeutsame Einschränkung: Wenn das Zertifikat einer anderen als der eigenen PCA erworben werden soll, so darf dies nur unter aktivem Mitwirken des Benutzers geschehen, nachdem dieser die Geschäftsbedingungen der PCA akzeptiert und dadurch sein Vertrauen auch auf diese Subhierarchie der PEM-Infrastruktur ausgedehnt hat.

Man erkennt an diesen Vorschriften, daß es im Fall von PEM schließlich dem Benutzer überlassen bleibt, ein Vertrauensverhältnis zwischen den einzelnen PCAs auf Grund der von diesen veröffentlichten Geschäftsbedingungen herzustellen.

5.3.1.3
PEM: Die Konsequenzen

Obwohl mit der Publikation der entsprechenden Standards auch eine kostenlose Software zur Verfügung gestellt wurde, fanden PEM-basierte Mail-Anwendungen keine weitläufige Verbreitung – die in Abbildung 29 gezeigte Infrastruktur wurde nie in größerem Rahmen verwirklicht. Für diese Entwicklung sind vermutlich mehrere Faktoren verantwortlich [vgl. HoFo96, ElFr96].

Probleme und Nachteile von PEM

- Ein mit PEM und X.500 einhergehender Nachteil sind die rigiden Namenskonventionen, die den Spielraum einer Zertifizierungsstelle bei der Vergabe von Namen im eigenen Bereich stark einschränken.

- Im Zusammenhang damit steht auch die Problematik der unterschiedlichen Notation der X.500-Namen und der E-Mail-Adressen im Format des RFC-822, der im Internet weit verbreiteten „Benutzer@Rechner" Notation. Tatsächlich scheint es, als ob letztere Art der Adreßangabe vom Großteil der Benutzer als attraktiver empfunden wird als der im nächsten Kapitel beschriebene eindeutige Name (DN) des ITU-T-Standard X.500.

- Der hierarchische Aufbau mit der vertrauensmaximalen Zertifizierungsstelle an der Spitze entspricht in vielen Fällen nicht der Realität. Tatsächlich ist es oft so, daß die Zertifizierungsstelle, der am meisten vertraut wird, sich im unmittelbaren Einflußbereich des Benutzers befindet (beispielsweise im eigenen Unternehmen).

- Einen großen Problembereich stellt die Tatsache dar, daß die Kenntnis der Geschäftsbedingungen der betroffenen PCA Voraussetzung zur Verifikation der Vertrauenskette ist. Im Fall von elektronischer Mail mag die Lösung dieses Problems durch Intervention des Benutzers noch praktikabel sein, für Software des elektronischen Handels kommt jedoch nur ein vom Benutzer unabhängiger, völlig automatisierter Überprüfungsprozeß in Frage. Voraussetzung dafür wäre also, daß die Geschäftsbedingungen der betroffenen PCA in auswertbarer Form in das Zertifikat selbst integriert sind.

Diese Probleme mit der Public-Key-Infrastruktur für PEM waren mit
ein Grund für die Entwicklung der Version 3 des Formates der
X.509-Zertifikate, wodurch die Integration von zusätzlicher Information in das Zertifikat ermöglicht wurde. Dies erlaubt einerseits die
Bindung von alternativen Benutzernamen oder E-Mail-Adressen an
einen öffentlichen Schlüssel, andererseits aber auch die Aufnahme
von Anwendungsbereichen direkt in das Zertifikat.

5.3.1.4
Das „Netz des Vertrauens" von PGP

Im Bereich der elektronischen Mail fand jedoch ein anderes Konzept
in den letzten Jahren Verbreitung – die Verschlüsselung von Nachrichten mit der frei verfügbaren kryptographischen Software PGP
[vgl. Zimm95]. PGP sieht im Vergleich zu PEM den Benutzer als
zentralen Entscheidungsträger im Prozeß des Vertrauensmanagements: Jeder Benutzer agiert als Zertifizierungsstelle, zertifiziert alle
ihm bekannten Benutzer und läßt den eigenen öffentlichen Schlüssel
von einer möglichst großen Anzahl von Benutzern digital unterschreiben. Wünschen nun zwei einander unbekannte PGP-Benutzer
erstmalig zu kommunizieren, so müssen sie auf informelle Art und
Weise eine Vertrauenskette finden. Die Personen, mit deren Hilfe
diese Vertrauenskette zustande kommt, werden auch als *Introducer*
bezeichnet.

Offensichtlich kommen auch hier Zertifikate zum Einsatz, die
sich jedoch nicht des X.509-Formates bedienen: Der Name des Benutzers wird in der Form seiner E-Mail-Adresse mit der Unterschrift
des Introducers versehen und ist damit für all diejenigen, welche eine
vertrauenswürdige Kopie des öffentlichen Schlüssels des Introducers
besitzen, ein gültiges Zertifikat.

Aus der Sicht des Benutzers, der eine Vertrauenskette herstellen
will, können die ihm bekannten Personen und deren öffentliche
Schlüssel in unterschiedliche Kategorien eingeteilt werden: Das
Spektrum reicht von Personen, denen der Benutzer völliges Vertrau-
en schenkt, bis zu Personen, deren öffentlicher Schlüssel nur zur
Kommunikation, nicht jedoch für das Vertrauensmanagement eingesetzt wird. Aufbauend auf einer Einteilung von Schlüsseln in vier
Kategorien unterschiedlicher Vertrauenswürdigkeit versucht PGP
aus der lokalen Datenbank von öffentlichen Schlüsseln einen oder
mehrere geeignete Introducer für einen gewünschten Kommunikationspartner zu finden.

Natürlich kann es unter diesen Umständen auch durchaus vor-
kommen, daß kein Zertifizierungspfad zustandekommt, was bedeutet, daß die öffentlichen Schlüssel auf einem unabhängigen Kommunikationskanal validiert werden müssen. Wegen der gegenseitigen

Zertifizierung durch die beteiligten Personen wird dieses Vertrauensmodell auch als ein „Netz des Vertrauens" (engl.: Web Of Trust) bezeichnet [siehe Abschnitt 5.2.2].

5.3.2
Kommerzielle X.509-Infrastrukturen

Der zunehmende Einsatz von Anwendungen, welche die Authentifizierung von Diensten und Benutzern mit Hilfe von X.509-Zertifikaten vornehmen, begünstigte das Entstehen mehrerer kommerzieller Zertifizierungsstellen. Unternehmen wie *VeriSign*, *Thawte* oder *BelSign* sind im Begriff, voneinander unabhängige Public-Key-Infrastrukturen aufzubauen.

Die angebotenen Dienste sind auf die Bedürfnisse der jeweiligen Anwendungen abgestimmt. Gegenwärtig existieren für X.509-Zertifikate im Internet folgende kommerzielle Einsatzgebiete, die von diesen Zertifizierungsstellen durch ihre Dienste abgedeckt werden:

- Zertifizierung von Server-Anwendungen und Benutzern („Digital-IDs") für den Einsatz von Software-Produkten, die auf SSL aufbauen. SSL ist ein Absicherungsverfahren der Internet-Protokolle auf der Transportschicht, das in Abschnitt 7.3 näher beschrieben wird.

- Zertifizierung von Benutzern für die Abwicklung von verschlüsselter E-Mail nach dem S/MIME-Standard.

- Zertifizierungsdienste für Softwarefirmen, die ihre über das Internet direkt verfügbaren Anwendungen mit digitalen Unterschriften absichern wollen. Ein beispielhaftes Verfahren für diesen Anwendungsbereich ist *Authenticode* von Microsoft.

Diese Liste von Softwareprodukten wird in den nächsten Jahren mit Sicherheit um weitere Anwendungen zur Abwicklung kommerzieller Transaktionen im Internet ergänzt werden. Auch der sich abzeichnende Einsatz von Chipkarten zur sicheren Verwahrung der geheimen Komponente des in einem X.509-Zertifikat enthaltenen Schlüsselpaares wird die weitere Verbreitung dieser Technik fördern.

In diesem Abschnitt betrachten wir die Public-Key-Infrastrukturen sowie die Dienste kommerzieller Zertifizierungsstellen und im Anschluß daran den Einsatz dieser Zertifikate in Softwareprodukten wie dem Netscape *Communicator* oder dem Microsoft *Internet Explorer*.

5.3.2.1
Dienste kommerzieller Zertifizierungsstellen

Ein wesentlicher Bestandteil der geschäftlichen Basis einer kommerziellen Zertifizierungsstelle ist das *Vertrauen der Benutzer* in die
erbrachten Leistungen. Bei der Durchführung kommerzieller Transaktionen wird der Zertifizierungsstelle von den beteiligten Parteien
auf eine ähnliche Weise Vertrauen entgegengebracht wie im reellen
Geschäftsleben einem Notar oder einer Bank. Auch in diesem Fall
entscheidet die Reputation und das „Standing" der Organisation über
die Qualität der erbrachten Leistung.

Im Fall von Zertifizierungsstellen fehlen jedoch die rechtlichen
Rahmenbedingungen für die Erstellung der von ihr angebotenen
Leistungen in den meisten Ländern noch gänzlich. Um trotzdem für
die Kunden eine gewisse Transparenz zu schaffen, veröffentlichen
einige Zertifizierungsstellen ihre Geschäftsbedingungen in der Form
eines *Certification Practice Statement (CPS)*. Dieses CPS soll folgende Bereiche abdecken:

- Beschreibung der Public-Key-Infrastruktur und der organisatorischen Einheiten, die mit der Zertifikateserstellung betraut sind.

- Abgrenzung der angebotenen Zertifizierungsdienste sowie Dokumentation des Einsatzes von X.509-Erweiterungsfeldern, proprietären Erweiterungen sowie der eingesetzten Namenskonventionen.

- Beschreibung der Prozeduren rund um den Lebenszyklus eines
  Zertifikates (Antrag, Antragsüberprüfung, Ausgabe des Zertifikates, Einsatz, Widerruf und Erneuerung).

Zur Zeit liegt ein voll ausgearbeitetes CPS nur vom Marktführer
VeriSign vor. Das Unternehmen wird jedoch in seinen Bestrebungen
auch von der PKIX-Arbeitsgruppe der IETF unterstützt, welche eine
Standardisierung der Inhalte eines CPS anstrebt [vgl. ChFo97]. Dieses Dokument liegt in der Form eines Internet-Draft bereits vor und
wird vermutlich die Veröffentlichung ähnlicher Dokumente durch
andere Zertifizierungsstellen fördern.

Was die Public-Key-Infrastrukturen kommerzieller Zertifizierungsstellen betrifft, so bestehen diese meistens nicht nur aus einer
einzigen Ebene, sondern aus einer flachen Hierarchie von Zertifizierungsstellen. Abbildung 30 zeigt einen vereinfachten Ausschnitt der
Public-Key-Infrastruktur von VeriSign. Diese Infrastruktur besteht
aus zumindest drei Ebenen, wobei eine beliebige Anzahl von untergeordneten Zertifizierungsstellen eingeschoben werden kann.

Das Spitzen-Zertifikat der in Abbildung 30 gezeigten Infrastruktur muß den Anwendungen als vertrauensmaximales Zertifikat auf

einem sicheren Kommunikationsweg übermittelt werden. Darüber
hinaus ergibt sich aus dem hierarchischen Aufbau der PKI auch die
Anforderung, daß die betroffenen Applikationen (Web-Browser,
Mail-Client) Vertrauensketten von beliebiger Länge handhaben können müssen.

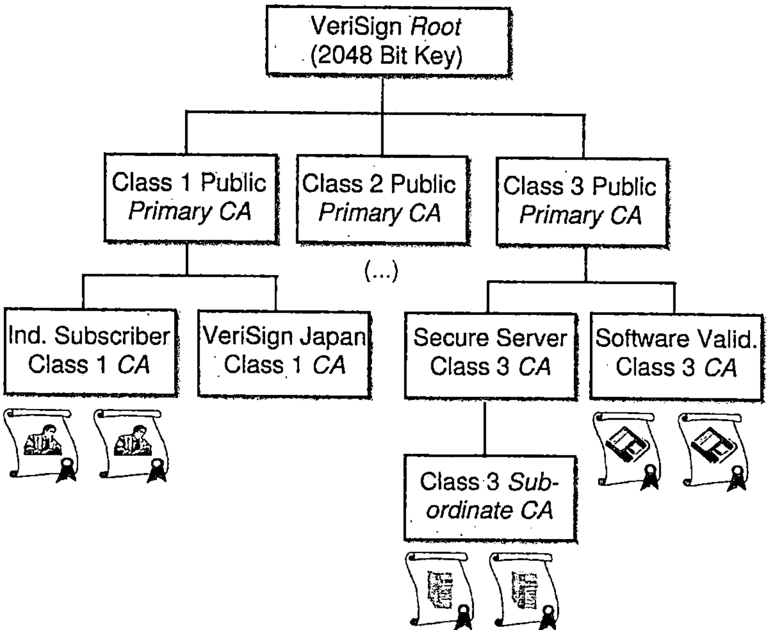

Der gesamte Bereich kommerzieller Zertifizierungsstellen unterliegt
gegenwärtig einer großen Dynamik: Die in Abbildung 30 gezeigte
Infrastruktur wird regelmäßig ausgebaut. Die treibenden Kräfte hin-
ter dieser Entwicklung sind das Entstehen neuer Dienste und die
Erweiterung des Betätigungsfeldes der Zertifizierungsstelle.

Erweiterungsfelder und Namensraum

Der Einsatz von Erweiterungsfeldern der X.509-Zertifikate wird
von den Zertifizierungsstellen noch sehr unterschiedlich gehandhabt.
Teilweise gibt es auch von Softwareherstellern wie Netscape eigene
Spezifikationen für die in die Erweiterungsfelder von X.509-
Zertifikaten zu integrierende Information. Gleiches gilt für die Namensinformation, die einen fixen Bestandteil von X.509-Zertifikaten
ausmacht – auch hier werden von den einzelnen Zertifizierungsstellen unterschiedliche Konventionen verfolgt. All diese Unterschiede
erschweren die Entwicklung von Anwendungen.

Kreuzzertifizierung

Von der Möglichkeit der Kreuzzertifizierung zur Integration mehrerer Public-Key-Infrastrukturen wird gegenwärtig noch nicht Gebrauch gemacht. Das VeriSign-CPS beinhaltet jedoch beispielsweise

Bestimmungen, die eine derartige Transaktion unter gewissen Rahmenbedingungen ermöglichen.

PKIX-Arbeitsgruppe

Im Lichte dieser Entwicklungen sind daher auch die Standardisierungsbemühungen der PKIX-Arbeitsgruppe der IETF zu sehen, die im Abschnitt 5.4 vorgestellt wird.

5.3.2.2
Vertrauensmanagement als Bestandteil von Software-Produkten

Für Anwendungen, die von den im letzten Abschnitt beschriebenen Public-Key-Infrastrukturen profitieren wollen, stellt sich die Problematik, daß die notwendige Funktionalität zur Durchführung des Vertrauensmanagements bereitgestellt werden muß. Darunter fällt in erster Linie die Verwaltung unterschiedlicher Zertifikate:

- *Vertrauensmaximale Zertifikate* sind selbstunterschriebene Zertifikate einer Zertifizierungsstelle und können eine Vertrauenskette beenden.

- *Kreuzzertifikate von Zertifizierungsstellen* können für die Bildung von Vertrauensketten eingesetzt werden, diese jedoch nicht beenden.

- *Server-Zertifikate* werden für den Zugriff auf bestimmte Server-Dienste benötigt und werden im Fall von SSL-basierten Anwendungen in der Verbindungsaufbauphase übertragen.

- *Benutzerzertifikate* werden im Fall von SSL-basierten Anwendungen optional beim Aufbau der Verbindung übertragen. Auch kryptographisch abgesicherte E-Mail-Anwendungen wie S/MIME benötigen für die Verschlüsselung von Nachrichten ein Benutzer-Zertifikat des Empfängers.

Für Server-Anwendungen sind lediglich die ersten beiden Kategorien von Zertifikaten relevant, während Client-Anwendungen alle der hier beschriebenen Formen handhaben müssen. Darüber hinaus kommt als zusätzliche Aufgabe für derartige Softwareprodukte noch die Erzeugung von Schlüsselpaaren hinzu.

Vertrauensmanagement bei Server-Produkten

Die einzelnen Server-Produkte gehen bei der Realisierung des Vertrauensmanagements ähnliche Wege: Den gängigen Web-Servern können vertrauensmaximale Zertifikate und Kreuzzertifikate über die Administratorschnittstelle hinzugefügt werden. Diese werden in weiterer Folge für die Überprüfung von Benutzerzertifikaten eingesetzt. Die Erzeugung von Schlüsselpaaren findet bei Servern typischerweise nur bei der Inbetriebnahme statt. Die Verwaltung ist in diesem Fall unproblematisch, da diese Funktionen vom Administrator der Server-Software übernommen werden.

Bei Client-Produkten hingegen fällt das Vertrauensmanagement in den Einflußbereich des Benutzers: Es stellt sich daher für die Softwareunternehmen die Frage, wieviel Entscheidungsspielraum dem Endbenutzer zugemutet werden kann, die bei Client-Anwendungen anfallenden Aufgaben des Vertrauensmanagements zu übernehmen. Folgende Funktionalität muß von Client-Anwendungen erfüllt werden:

- Verwaltung von Zertifikaten vertrauensmaximaler Zertifizierungsstellen sowie von Kreuzzertifikaten.

- Behandlung von Benutzer- oder Server-Zertifikaten, deren Unterschrift nicht mit Hilfe der vorhandenen vertrauensmaximalen Zertifikate überprüft werden kann

- Erstellung von Schlüsselpaaren, Übertragung von Anträgen (sogenannten *Certificate Requests*) zu Zertifizierungsstellen

- Verwaltung der verfügbaren Benutzerzertifikate („Digital-IDs").

Sowohl *Communicator* als auch *Internet Explorer* erlauben dem Benutzer die Verwaltung der vertrauensmaximalen Zertifizierungsstellen für die einzelnen Dienste (E-Mail, WWW). Beide Anwendungen werden bereits mit mehreren vertrauensmaximalen Zertifikaten ausgeliefert, die vom Hersteller auf Grund von Verträgen mit Zertifizierungsstellen als vertrauenswürdig angesehen werden.

Was die Behandlung von Zertifikaten betrifft, deren Unterschrift nicht überprüft werden kann, so gehen die beiden Anwendungen unterschiedliche Wege: Während der *Communicator* den Benutzer vor die Wahl stellt, das Zertifikat zu akzeptieren, wird diese Möglichkeit vom *Internet Explorer* ausgeschlossen.

Abbildung 31 zeigt ausschnittsweise die Zertifikatverwaltung des *Communicator* mit einem Kreuzzertifikat von VeriSign. Mit Hilfe dieses Dialoges kann der Benutzer den Status der unterschiedlichen Zertifikate betrachten und auch modifizieren. Vergleicht man den Aussteller sowie das Subjekt des Zertifikates mit der in Abbildung 30 gezeigten Public-Key-Infrasktruktur von VeriSign, so fällt es nicht schwer, dieses einzuordnen.

Benutzer-Zertifikate spielen im kommerziellen Internet-Einsatz gegenwärtig noch keine so bedeutsame Rolle wie Server-Zertifikate. Mit der breiten Verfügbarkeit solcher elektronischer Personalausweise durch Zertifizierungsstellen wird sich diese Situation jedoch sicher in absehbarer Zukunft ändern. Der Funktionsumfang der betrachteten Web-Browser ermöglicht gegenwärtig den Einsatz von Benutzer-Zertifikaten auf folgende Weise:

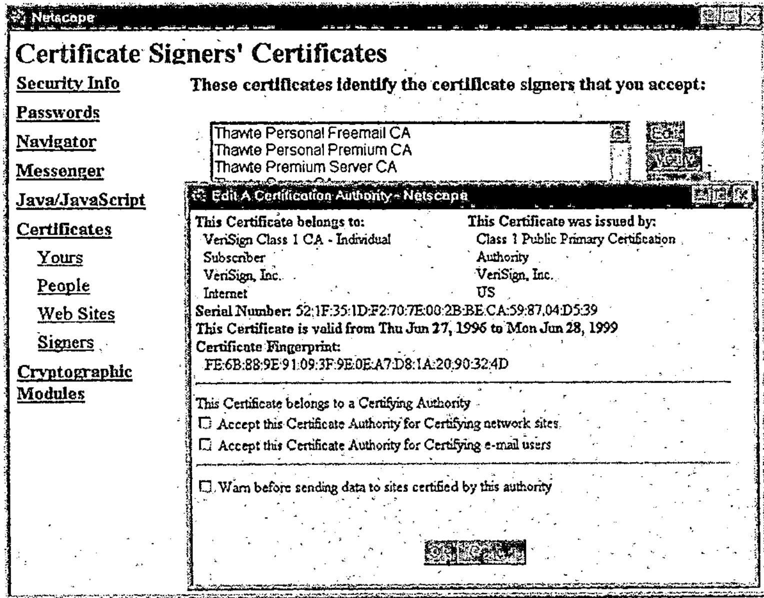

- Der Mechanismus der HTML-Formulare wurde um einen Befehl erweitert, welcher die Erzeugung eines neuen RSA-Schlüsselpaares bewirkt. Der private Schlüssel wird in einer Datenbank des Browsers abgelegt, der öffentliche Schlüssel wird gemeinsam mit den anderen Feldern des Formulars und versehen mit einer digitalen Unterschrift an den Server zur Auswertung übergeben. Durch diesen Mechanismus sind Formulare, die für den *Communicator* oder den *Internet Explorer* erstellt wurden, untereinander jedoch nicht kompatibel und entsprechen auch nicht dem derzeit gültigen Standard HTML 3.2.

- Zertifikate können vom WWW-Server einer Zertifizierungsstelle wie alle anderen Objekte mit HTTP bezogen werden. Der Browser erkennt das Zertifikat und ordnet automatisch den zugehörigen privaten Schlüssel zu.

Diese Mechanismen können von einer Zertifizierungsstelle eingesetzt werden, um an den öffentlichen Schlüssel und die persönlichen Angaben einer Person zu kommen. Nach der im Einklang mit dem CPS durchgeführten Überprüfung wird das Zertifikat fertiggestellt und dem Benutzer wie oben beschrieben zugänglich gemacht. Die Gefahr des Mißbrauchs besteht in diesem Fall nicht, da das Zertifikat nicht ohne den zugehörigen privaten Schlüssel eingesetzt werden kann.

Gegenwärtig gibt es zwar bereits die Möglichkeit, persönliche Zertifikate unterschiedlicher Qualität von Zertifizierungsstellen zu beziehen, Anwendungen, die Benutzer-Zertifikate verlangen, sind derzeit noch nicht üblich. Es ist jedoch nur eine Zeitfrage, bis diese Funktionalität von den gängigen integrierten Software-Lösungen für den elektronischen Verkauf unterstützt wird.

Im unternehmensinternen Bereich ist diese Entwicklung weiter fortgeschritten: Software zur Erzeugung und Verwaltung von persönlichen Zertifikaten ist seit etwa Sommer 1996 erhältlich. Dieser Themenbereich wird in Kapitel 8 ausführlicher besprochen.

5.3.3
Modell der PKIX-Arbeitsgruppe

Es wurde bereits erwähnt, daß die im Rahmen der versuchten Realisierung der PEM-Infrastruktur festgestellten Mängel teilweise durch die Einführung der Version 3 des X.509-Standards behoben wurden. Diese Spezifikation läßt jedoch den Anwendungsentwicklern einen großen Spielraum, wodurch es leicht zu Inkompatibilitäten zwischen den Produkten unterschiedlicher Hersteller kommen kann. Um eine durchgängig einheitliche Interpretation der Standards sicherzustellen, werden gegenwärtig von einer Arbeitsgruppe der IETF Richtlinien für den Einsatz von X.509-Zertifikaten in der Version 3 erarbeitet [HoFo96, ChFo96]. Diese Dokumente schreiben kein global einzusetzendes Vertrauensmodell vor, gehen aber tendenziell von einem dezentralen Modell (siehe Abbildung 28 auf Seite 81) aus.

Die Entwürfe dieser sogenannten *PKIX*-Arbeitsgruppe (von engl: *Public Key Infrastructure X.509*) umfassen neben Vorschlägen für Protokolle zum Austausch von Zertifikaten zwischen Benutzern und Organisationen der Public-Key-Infrastruktur in erster Linie Richtlinien für den einheitlichen Einsatz der in einem X.509v3-Zertifikat vorgesehenen Felder. Da sich hier ein von allen Parteien akzeptierter Standard zu entwickeln scheint, ist eine genauere Betrachtung dieser Entwürfe gerechtfertigt.

Abbildung 32 zeigt das Modell einer Zertifizierungs-Infrastruktur der PKIX-Arbeitsgruppe. Wohlbemerkt wird damit nicht ein bestimmtes Vertrauensmodell festgelegt, sondern eher ein Rahmenkonzept für den Betrieb einer autonomen Zertifizierungsstelle entwickelt, wobei jedoch auch Kreuzzertifizierungen anderer Zertifizierungsstellen vorgesehen sind. Orientiert man sich an den in Abbildung 28 auf Seite 81 vorgestellten Typen, so liegt diesem Modell am ehesten ein dezentrales Vertrauensmodell zu Grunde.

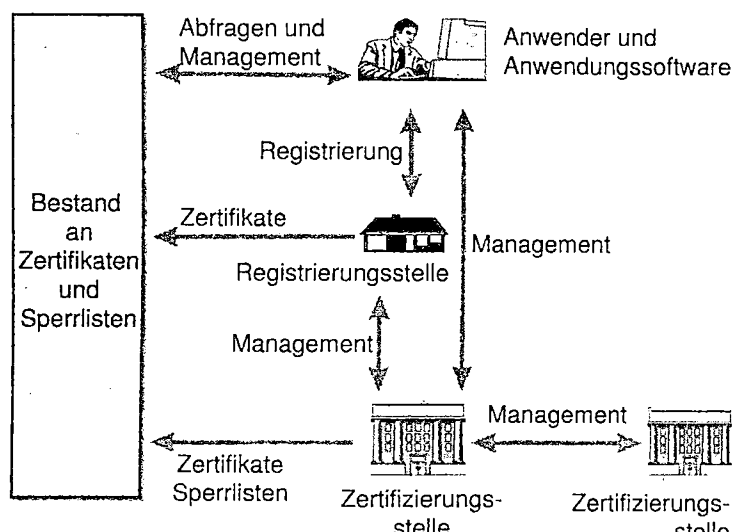

Abbildung 32
PKIX-Modell der Internet Public-Key-Infrastruktur

Es sei noch darauf hingewiesen, daß nicht alle der in Abbildung 32 gezeigten Transaktionen online erfolgen müssen, sondern daß die Abwicklung der Management-Transaktionen teilweise auch über einen sicheren Kommunikationskanal vorgesehen ist. Die Management-Transaktionen umfassen die in Abschnitt 5.1.2 vorgestellten Aufgaben von Zertifizierungsstellen.

PKIX-Modell und X.509v3-Zertifikate

Die PKIX-Arbeitsgruppe sieht in den Entwürfen explizit die Existenz von X.509-Zertifikaten ohne eindeutigen Namen im Sinne der X.500-Definition vor. In diesem Fall kann der öffentliche Schlüssel an eine E-Mail-Adresse, einen DNS-Rechnernamen oder auch einen URL gebunden werden, wobei die entsprechende Information in den Erweiterungsfeldern des Zertifikates untergebracht ist. Gleiches gilt sinngemäß für den Namen des Ausstellers. Die PKIX-Arbeitsgruppe reagiert damit auf die im letzten Abschnitt bereits erwähnte mangelnde Akzeptanz der eindeutigen Namen.

Mechanismen zur eingeschränkten Kreuzzertifizierung

Die Information, ob ein bestimmtes Zertifikat zu einer Zertifizierungsstelle oder einem Benutzer gehört, soll nach den Entwürfen der PKIX-Arbeitsgruppe ebenfalls aus einem Feld der Erweiterungen ersichtlich sein. Handelt es sich um das Zertifikat einer Zertifizierungsstelle für eine andere Zertifizierung, also um ein Kreuzzertifikat, so kann deren Handlungsspielraum auf unterschiedliche Arten eingeschränkt werden. Diese in weiterer Folge beschriebenen Mechanismen zur Einschränkung der Kreuzzertifizierungsbefugnisse von Zertifizierungsstellen werden bei der *Validierung eines Zertifikates* ausgewertet:

■ Die Tiefe der von dieser Zertifizierungsstelle erzeugten Zertifizierungspfade kann durch ein dafür vorgesehenes Feld beschränkt werde. Im Extremfall kann die Kreuzzertifizierung für diese Institution auch völlig ausgeschlossen werden.

■ Der Namensraum der betroffenen Zertifizierungsstelle kann eingeschränkt werden. Insbesondere kann auch die in den Erweiterungsfeldern enthaltene Namensinformation (E-Mail-Adresse, DNS-Name oder URL) durch Spezifikation einer Maske gefiltert werden. Somit ist es also beispielsweise möglich, durch ein Kreuzzertifikat eine Zertifizierungsstelle mit der Authentifizierung von Servern innerhalb eines bestimmten DNS-Namensbereiches zu ermächtigen [vgl. HoFo96]. Umgekehrt ist auch der explizite Ausschluß eines Namensbereiches möglich.

■ Ein noch mächtigerer Mechanismus wird durch die Möglichkeit des Ausgebens von Zertifikaten für einen bestimmten Aufgabenbereich (beispielsweise im kommerziellen Einsatz die Berechtigung zur Zahlungsdurchführung bis zu einer Maximalgrenze) zur Verfügung gestellt [vgl. ChFo96]. Solchen zertifizierten Aufgabenbereichen (engl.: Certificate Policies) kann durch Registrierung ein weltweit eindeutiger Identifikator zugewiesen werden, der in einem Erweiterungsfeld im Zertifikat enthalten ist. Die auf diesen Erweiterungen basierende Anwendungssoftware muß nach der Überprüfung der Unterschrift auch noch die Existenz der gewünschten Berechtigung kontrollieren. Durch zwei weitere Felder können im Zuge einer Kreuzzertifizierung von der fremden Zertifizierungsstelle verwaltete Befugnisse mit Berechtigungen im eigenen Bereich für äquivalent erklärt werden.

Der Überprüfungsmechanismus hat, nach den Entwürfen der PKIX-Arbeitsgruppe, die Aufgabe, bei Konflikten wegen der eben beschriebenen Einschränkungen die Vertrauenskette als nicht hinreichend zu verwerfen. Es sei ferner auch darauf hingewiesen, daß die hier beschriebenen Felder alle zu den Standard-Erweiterungen zählen. Die PKIX-Arbeitsgruppe definiert auch einige private Erweiterungen, deren Beschreibung jedoch den Rahmen dieser Arbeit sprengen würde [vgl. HoFo96].

Zusammenfassend kann gesagt werden, daß die PKIX-Arbeitsgruppe versucht, die Schwachstellen der PEM-Infrastruktur mit Hilfe der flexibleren X.509v3-Zertifikate zu beseitigen. Vorgesehen sind sowohl die Bindung öffentlicher Schlüssel an E-Mail-Adressen oder DNS-Namen als auch die Integration unterschiedlicher Befugnisse in einzelne Zertifikate und sogar eine gewisse Transitivität dieser Befugnisse durch entsprechende Äquivalenzerklärungen in den Kreuzzertifikaten. Es ist gegenwärtig offen, in welcher

Form sich die hier beschriebenen Konzepte durchsetzen werden. Ein guter Hinweis für deren Akzeptanz ist jedoch die Tatsache, daß die hier vorgeschlagenen Verfahren in einigen Pilotprojekten eingesetzt werden. Zwei davon werden in den nächsten Abschnitten beschrieben.

5.3.4
Europäisches Pilotprojekt: ICE-TEL

Auch im europäischen Raum gibt es Versuche, eine anwendungsunabhängige Public-Key-Infrastruktur aufzubauen. An erster Stelle ist in diesem Zusammenhang das Projekt ICE-TEL (von engl.: Interworking Public Key Certification Infrastructure for Europe - Telematics) zu nennen, das ein Teil des TELEMATICS-Programmes der Europäischen Union ist. Dieses Projekt, das von Dezember 1995 bis November 1997 anberaumt ist, hat zum Ziel, eine funktionsfähige Public-Key-Infrastruktur innerhalb von 12 mitwirkenden europäischen Ländern aufzubauen, zu betreiben, sowie die Entwicklung der unterstützenden Software zu pilotieren.

Das ICE-Tel-Projekt soll gemäß Plan in zwei Etappen ablaufen [vgl. CiYo96]. Phase 1 soll mit X.509-Zertifikaten in der Version 1 eine PEM-ähnliche Infrastruktur in den beteiligten europäischen Ländern schaffen, wobei die Spitzen-Zertifizierungsstelle von der deutschen Forschungsgesellschaft GMD in Darmstadt betrieben wird. Die darunterliegende Ebene wird durch eine Zertifizierungsstelle pro Land realisiert, die in der Lage ist, selbständig andere Zertifizierungsstellen und Benutzer dieses Landes zu zertifizieren. Dieses hierarchische System weist folglich auch die gleichen Nachteile, wie die von den PEM-Standards vorgesehene Struktur auf.

2 Phasen des ICE-TEL-Projektes

Für die zweite Etappe des Projektes ist eine flexiblere Infrastruktur geplant, deren Ziel ein Kompromiß zwischen dem PGP-Vertrauensmodell und dem zentralen Vertrauensmodell ist. Dieses, von den Entwicklern als „Netz der Hierarchien" (engl.: Web Of Hierarchies) bezeichnete Modell, basiert auf dem Einsatz von X.509v3-Zertifikaten und bedient sich ähnlich wie die im nächsten Kapitel beschriebene Infrastruktur von SET der Erweiterungsfelder zur Integration bestimmter Aufgabenbereiche in das Zertifikat [vgl. Abschnitt 5.3.5].

Web of Hierarchies von ICE-TEL

Das Vertrauensmodell von ICE-TEL geht von einer Koexistenz unterschiedlicher Vertrauensbereiche aus, die nach unterschiedlichen, innerhalb des Bereiches jedoch einheitlichen, Geschäftsbedingungen tätig sind. Folgende Arten werden dabei von Young et al. unterschieden [vgl. YoCi97]:

- Hierarchien mit mehreren Zertifizierungsstellen im Stil der PEM-Infrastruktur. An deren Ursprung steht die vertrauensmaximale Zertifizierungsstelle, deren Geschäftsbedingungen für alle anderen Zertifizierungsstellen maßgeblich sind. Solche Strukturen können aus bestehenden Public-Key-Infrastrukturen stammen oder sich in großen Unternehmen entwickelt haben.

- Hierarchien mit lediglich einer Ebene. Die einzige Zertifizierungsstelle ist die vertrauensmaximale Instanz, die ihre Geschäftsbedingungen selbst festlegt.

- Benutzer ohne ein durch eine Zertifizierungsstelle ausgestelltes Zertifikat, deren öffentliche Schlüssel ohne Bekanntgabe von Geschäftsbedingungen auf einem sicheren Kommunikationskanal übertragen wurden.

Die Verbindungen zwischen diesen autonomen Vertrauensbereichen können nun unter nachfolgenden Einschränkungen hergestellt werden.

- Verbindungen werden ausschließlich durch Kreuzzertifizierung zwischen den vertrauensmaximalen Zertifizierungsstellen der einzelnen Bereiche hergestellt. Jede dieser vertauensmaximalen Institutionen veröffentlicht als Bestandteil der Geschäftsbedingungen auch die Bedingungen, unter denen Kreuzzertifizierungen durchgeführt werden können.

- Transitive Verbindungen über mehrere Vertrauensbereiche hinweg sind ausgeschlossen. Es obliegt dem Verantwortlichen für die Sicherheit eines Zertifizierungsbereiches, einen weiteren Bereich durch Kreuzzertifizierung anzuerkennen. Folglich sind in diesem Fall Kreuzzertifizierungen auch nicht notwendigerweise wechselseitig.

- Mit der Veröffentlichung eines Zertifikates durch einen Benutzer wird auch der Zertifizierungspfad zur vertrauensmaximalen Zertifizierungsstelle bekanntgegeben.

Abbildung 33 zeigt einen beispielhaften Ausschnitt aus einer Public-Key-Infrastruktur wie sie im ICE-TEL-Konzept enthalten ist. In dieser Abbildung sind ferner eine Kreuzzertifizierung sowie die Integration eines unabhängigen Benutzers durch Übertragung seines öffentlichen Schlüssels auf einem sicheren Kommunikationskanal symbolisch dargestellt.

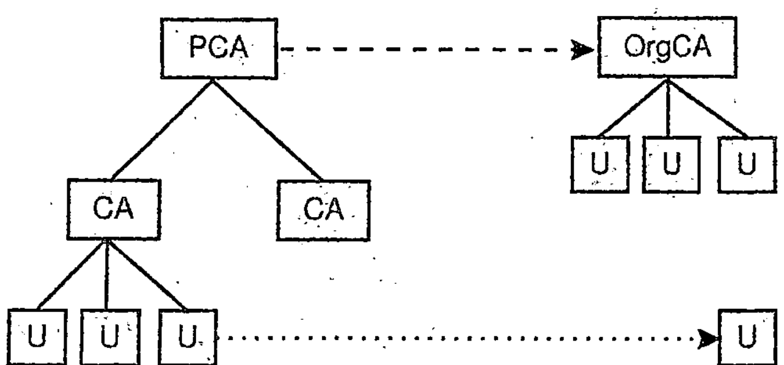

Bei der Überprüfung der Gültigkeit eines Zertifikates wird zuerst festgestellt, ob dieses auf einem sicheren Kommunikationskanal übertragen wurde; in diesem Fall ist die Validierung trivial und abgeschlossen. Ansonsten wird überprüft, ob das Zertifikat aus einem anderen Vertrauensbereich stammt; ist dies nicht der Fall, so ist das vertrauensmaximale Zertifikat bekannt und die Validierung kann durchgeführt werden. Stammt das zu überprüfende Zertifikat aus einem fremden Vertrauensbereich, so muß der validierenden Anwendung ein geeignetes Kreuzzertifikat zugänglich gemacht werden. In den ICE-TEL-Standards wird nicht von der Existenz eines globalen Verzeichnisdienstes ausgegangen. Es liegt daher im Aufgabenbereich der einzelnen vertrauensmaximalen Zertifizierungsstellen, die von ihnen unterschriebenen Kreuzzertifikate geeignet kundzumachen. Kann ein solches Kreuzzertifikat gefunden werden, so ist der Zertifizierungspfad hergestellt.

Nach hergestelltem Zertifizierungspfad werden die Unterschriften sowie die Gültigkeit der Zertifikate überprüft, die Bestandteil der Vertrauenskette sind. Schließlich wird bei Zertifikaten innerhalb einer Hierarchie und bei Kreuzzertifikaten noch die Übereinstimmung der Geschäftsbedingungen anhand der standardisierten Einträge in den Erweiterungsfeldern der X.509v3-Zertifikate überprüft.

Das im Rahmen des ICE-TEL-Projektes entwickelte Vertrauensmodell ist als Brückenschlag zwischen dem zentralen Vertrauensmodell, dessen unflexible Infrastruktur bis dato eine verbreitete Implementierung verhinderte, und dem PGP-Vertrauensmodell, das mit steigender Teilnehmerzahl zunehmend impraktikabel wird, zu verstehen. Innerhalb der in Abbildung 28 auf Seite 81 vorgeschlagenen Typologie läßt sich diese Infrastruktur als dezentrales Vertrauensmodell klassifzieren.

5.3.5
Sicherer elektronischer Zahlungsverkehr: SET

Während ein Ziel der PEM- und ICE-TEL-Architektur in der Unterstützung unterschiedlicher Anwendungsgebiete mit jeweils entsprechenden Sicherheitsanforderungen liegt, ist die in diesem Abschnitt vorgestellte Infrastruktur von vornherein auf ein bestimmtes Aufgabengebiet zugeschnitten. Die SET-Spezifikation ist eine gemeinsame Entwicklung der beiden größten Kreditkartengesellschaften Mastercard und Visa, mit dem Ziel, eine Public-Key-Infrastruktur zur sicheren Abwicklung des elektronischen Zahlungsverkehrs über das Internet aufzubauen [vgl. SET96a]. Eine genaue Beschreibung der in den etwa 600 Seiten umfassenden SET-Standards definierten Rollen und Protokolle würde den Rahmen dieser Arbeit sprengen. Hier soll nur darauf eingegangen werden, auf welche Weise SET-Zertifikate eingesetzt werden, und welchen Aufbau die zugrundeliegende Infrastruktur hat.

5.3.5.1
Der Einsatz von Zertifikaten in SET

Der SET-Standard baut im Gegensatz zu PEM auf X.509v3-Zertifikaten auf und kann somit die dort vorgesehenen Erweiterungen verwenden, um zusätzliche Information mit dem öffentlichen Schlüssel einer Person zu verbinden. SET bedient sich unterschiedlicher Zertifikatstypen zur Authentifikation der an einer Transaktion beteiligten Parteien (Käufer, Verkäufer, emittierende Bank, Verrechnungsgesellschaft und Kreditkartengesellschaft). Ein wesentlicher Aspekt dieses Verfahrens ist die Tatsache, daß nicht nur die Identität der betroffenen Parteien überprüft, sondern auch deren Befugnis, die gewünschte Funktion ausüben zu dürfen, zertifiziert wird. Somit sind diese Zertifikate streng gesehen keine reinen Identitäts-Zertifikate mehr.

Die in SET eingesetzten Zertifikate benutzen die im X.509-Standard vorgesehenen Felder des eindeutigen Namens (siehe Abbildung 25 auf Seite 74), um sowohl die Art der Karte als auch die an der Transaktion teilhabenden Parteien identifizieren zu können. Eine Ausnahme bilden die Karteninhaber, deren Zertifikat nicht die Kreditkartennummer, sondern lediglich einen digitalen Fingerabdruck derselben enthält [vgl. SET96b, 188].

Einige der von der ITU-T standardisierten Erweiterungen finden auch in den von SET-Teilnehmern ausgegebenen Zertifikaten ihren Einsatz. Insbesondere werden diese Felder auch in der von der PKIX-Arbeitsgruppe spezifizierten Art und Weise gehandhabt [vgl.

Abschnitt 5.3.4]. So wird beispielsweise die Integration von Aufgabenbereichen durch die ausstellenden Zertifizierungsstellen in das Zertifikat oder die Angabe eines alternativen Namens für Benutzer oder Aussteller unterstützt. Auf diese Weise kann beispielsweise optional der Name eines Karteninhabers in das X.509v3-Zertifikat integriert werden, ohne daß die X.500-Konventionen befolgt werden müssen. Eine weitere verpflichtende Erweiterung ist die Angabe, ob der Inhaber des Zertifikates befugt ist, selbst innerhalb der SET-Vertrauenshierarchie zu zertifizieren oder nicht.

Darüber hinaus definieren die SET-Entwürfe auch noch eine Reihe SET-spezifischer Erweiterungen. Dieser Mechanismus wird unter anderem angewendet, um die Art des Zertifikates zu spezifizieren (beispielsweise in einem Händler- oder Karteninhaber-Zertifikat), um Daten über die Vertragshändler in deren Zertifikat zu integrieren, oder auch um eine Referenz auf die zugrundeliegenden Geschäftsbedingungen zu implementieren.

5.3.5.2
Die Public-Key-Infrastruktur von SET

Auch SET bedient sich eines hierarchischen Systems von Zertifizierungsstellen, das auf dem zentralen Vertrauensmodell (siehe Abbildung 28 auf Seite 81) beruht. Abbildung 34 zeigt die zugrundeliegende Zertifizierungshierarchie.

Ein wesentliches Charakteristikum eines zentralen Vertrauensmodells trifft auch auf diese Infrastruktur zu: Der öffentliche Schlüssel der Spitzen-Zertifizierungsstelle muß jedem Teilnehmer am SET-System bekannt sein. Allerdings gibt es in der SET-Spezifikation ein genaues Vorgehensmodell für den Fall der Kompromittierung dieses Schlüssels. Dieses beruht auf dem Konzept, daß es zu jedem gegebenen Zeitpunkt bereits ein „Reserve-Zertifikat" für das Zertifikat der Spitzen-Zertifizierungsstelle gibt, dessen digitaler Fingerabdruck ein Bestandteil der Erweiterungs-Felder des aktuellen Spitzen-Zertifikates ist. Auf diese Weise kann gegebenenfalls das aktuelle Zertifikat der Spitzen-Zertifizierungsstelle eingesetzt werden, um die neue Version dieses Zertifikates zu verteilen.

Die Ebene der Marken-Zertifizierungsstelle soll den unterschiedlichen Ansprüchen der einzelnen Kartengesellschaften Rechnung tragen und diesen eine gewisse Autonomie gewähren. Die untergeordnete optionale Ebene der geopolitischen Zertifizierungsstellen erlaubt den Kartengesellschaften, eine weitere Unterteilung durchzuführen. Die Zertifizierungsstellen für Karteninhaber, Kaufleute und Verrrechnungs-Gateways zertifizieren die entsprechenden Geschäftsparteien nach den Bedingungen der übergeordneten Stellen.

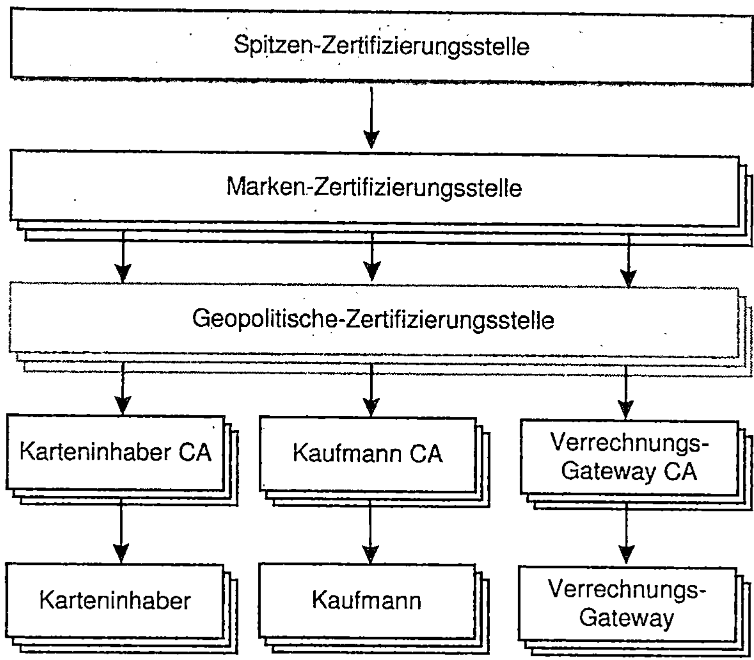

Die Überprüfung der Gültigkeit eines Zertifikates erfolgt nach den von der ITU-T vorgeschlagenen Regeln, wobei allerdings die Erweiterungsfelder der jeweiligen Zertifikate ebenfalls auf ihre Richtigkeit überprüft werden. Bei dieser Gelegenheit wird beispielsweise untersucht, ob der Typ des eingesetzten Zertifikates tatsächlich der gewünschten Funktion im SET-System entspricht. Dadurch kann sich ein Karteninhaber nicht als ein Kaufmann oder gar selbst als eine Zertifizierungsstelle ausgeben.

Die SET-Standards befinden sich gegenwärtig in der Phase eines Prototyps, weitläufige Unterstützung ist dem Verfahren jedenfalls sicher. Weltweit finden gegenwärtig Pilotprojekte statt, eines davon auch von einem Konsortium europäischer Banken in Frankreich.

5.3.6
Distribution von Zertifikaten mittels DNS

Eine neue und sehr erfolgsversprechende Entwicklung im Bereich der Public-Key-Infrastrukturen ist der Einsatz von DNS-Diensten (siehe Kapitel 2). Diese werden dabei in zwei Richtungen erweitert:

- Zum einen soll eine kryptographische Authentifizierung der an der Auflösung der Namen beteiligten DNS-Server erfolgen, um die in Kapitel 2 geschilderten Sicherheitsrisiken des DNS zu beseitigen.

- Zum anderen kann die DNS-Datenbank dazu eingesetzt werden, um nach erfolgreicher Authentifizierung nicht nur den Rechnernamen, sondern auch den zugehörigen öffentlichen Schlüssel zu retournieren. Eine Erweiterung sieht darüber hinaus auch die Abfrage von Benutzer-Zertifikaten vom Server eines Namensbereiches vor.

Um diese Ziele zu erreichen, ist es jedenfalls erforderlich, daß jeder Arbeitsplatzrechner in einem bestimmten Namensbereich über eine verläßliche Kopie des öffentlichen Schlüssels des zugehörigen Namens-Servers verfügt. Dieser stellt den vertrauensmaximalen Schlüssel dar; es handelt sich folglich um ein dezentrales Vertrauensmodell, das dieser Infrastruktur als Grundlage dient. Dementsprechend werden zwischen den einzelnen Namensbereichen innerhalb der Hierarchie auch Vorwärts- und Rückwärtszertifikate ausgestellt, um eine sichere Auflösung von Rechnernamen außerhalb des eigenen Bereiches gewährleisten zu können. Dieser Mechanismus ist in Abbildung 35 schematisch dargestellt.

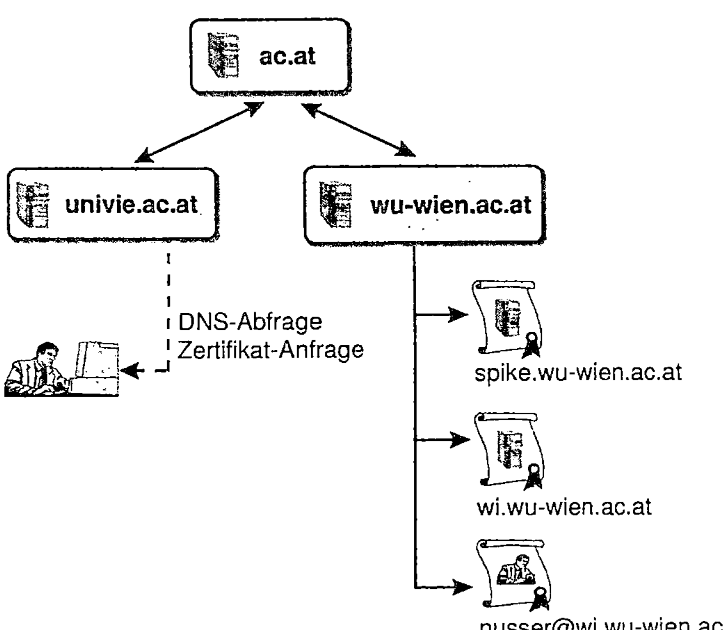

Die Spitzen dieser Zertifizierungshierarchien sind im Optimalfall einer weltweiten Umstellung vom operativen DNS-System auf die abgesicherte Variante die DNS-Server der obersten Namensbereiche (beispielsweise *at* oder *edu*). Um über diese Grenze hinaus Vertrauenspfade bilden zu können, besteht die Möglichkeit, dem DNS-Server des eigenen Bereiches weitere Kreuzzertifikate hinzuzufügen.

Es mag auf den ersten Blick verwundern, daß das DNS, dem eine strikte Hierarchie zugrundeliegt, sich nicht eines zentralen Vertrauensmodells bedient, sondern sich auf Kreuzzertifizierungsmechanismen verläßt, die unter Umständen überhaupt keinen Zertifizierungspfad zum gewünschten sicheren DNS-Server ermöglichen. Die Ursache dafür liegt einerseits darin, daß eine schrittweise Migration vom operativen DNS-System zur abgesicherten Variante des DNS-Dienstes ermöglicht werden soll. Was die Ermittlung von Internet-Adressen betrifft, besteht Interoperabilität zwischen den beiden Konzepten. Kann kein Vertrauenspfad hergestellt werden, so wird auch von einem sicheren Namens-Server eine „unsichere IP-Adresse" retourniert. Das sofortige Entstehen einer weltweiten Spitzen-Organisation analog zur IPRA der PEM-Standards ist somit nicht Voraussetzung zur Inbetriebnahme des sicheren DNS-Dienstes. Andererseits würde im Fall eines zentralen Vertrauensmodells eine Änderung des öffentlichen Schlüssels der Spitzen-Organisation eine entsprechende Konfigurationsänderung auf weltweit allen Rechnern mit Internet-Anschluß bedeuten, was einen unzumutbaren Aufwand darstellt.

Die in den Entwürfen zum sicheren DNS-Dienst vorgesehenen Benutzer-Zertifikate kommen in ihrer Qualität sicherlich nicht den von einer Zertifizierungsstelle mit veröffentlichten Geschäftsbedingungen ausgestellten Zertifikaten gleich. Tatsächlich binden diese Zertifikate lediglich eine *Benutzerkennung* an einen öffentlichen Schlüssel und können folglich nur die Existenz einer E-Mail-Adresse, nicht jedoch die Identität des Benutzers sicherstellen.

Abschließend sei zu dem Konzept des sicheren DNS-Dienstes noch bemerkt, daß die auf diese Weise verteilten Schlüssel nicht in der Form von X.509-Zertifikaten vorliegen, sondern in einem DNS-spezifischen Format verkodiert sind.

5.4
Problembereiche und Entwicklungstendenzen

Die letzten Abschnitte gaben einen Überblick über die Entwicklung im Bereich von Public-Key-Infrastukturen. Zusammenfassend sollen hier nochmals die Problembereiche und Stoßrichtungen angeführt werden, welche die laufenden Forschungsbemühungen charakterisieren:

- Im öffentlichen Bereich setzen sich X.509-Zertifikate in der Version 3 trotz der aufwendigeren Verkodierung durch. Die Erweiterungs-Felder ermöglichen einen flexibleren Einsatz der Zertifikate als in den vorangegangenen Versionen und machen X.509 auch für Anwendungen wie SET interessant, deren Anforderungen über reine Identitäts-Zertifikate hinausgehen.

- Die Errichtung der PEM-Infrastruktur nach dem zugrundeliegenden zentralen Vertrauensmodell kam nicht zustande. Die schrittweise Entwicklung einer internationalen Public-Key-Infrastruktur ist nur nach dem dezentralen Vertrauensmodell möglich. Auf diese Weise können getrennt entstehende Infrastrukturen schrittweise integriert werden, wie dies beispielsweise die Entwürfe der PKIX-Arbeitsgruppe oder die sicheren DNS-Erweiterungen vorsehen. Auch die gegenwärtig bestehenden Public-Key-Infrastrukturen, die in erster Linie für SSL-basierte Produkte geschaffen wurden, können durch Kreuzzertifizierung integriert werden.

- Das Entstehen von nationalen Infrastrukturen nach dem zentralen Vertrauensmodell zeichnet sich vor allem durch staatliche Einflußnahme ab. Es ist damit zu rechnen, daß ab einem gewissen Zeitpunkt elektronische Identitätszertifikate ähnlich heutigen Personalausweisen von staatlichen Stellen ausgestellt werden.

Bei der Realisierung des Authentifizierungsdienstes spielen öffentliche Public-Key-Infrastrukturen nicht von vornherein eine wichtige Rolle. Für die Authentifizierung der eigenen Mitarbeiter und der internen Dienste ist eine abgeschottete Infrastruktur mit einer unternehmensinternen Zertifizierungsstelle völlig ausreichend. Soll jedoch dieses Informationssystem auch nach außen hin geöffnet werden, um Kunden Zugang zu internen Diensten zu gewähren oder um auf externe Dienste zugreifen zu können, dann ist ein komplexeres Vertrauensmodell unabdingbar.

Im nachfolgenden Kapitel steht der bereits angesprochene Verzeichnisdienst im Mittelpunkt: Es wird sowohl das X.500-Verzeichnis als Ursprung der X.509-Zertifikate, als auch der zunehmend verbreitete Internet-Dienst LDAP behandelt, der den Zugriff auf Verzeichnisse erlaubt.

Die *abgesicherte Übertragung* von Nachrichten über die Internet-Protokolle ist Gegenstand von Kapitel 7. Geht man wiederum von der in Kapitel 4 vorgestellten Referenzarchitektur aus, so sieht man, daß ein enges Abhängigkeitsverhältnis zwischen dem Authentifizierungsdienst und dem abgesicherten Übertragungsdienst besteht: Der Großteil der in Kapitel 7 vorgestellten Verfahren geht von der Existenz einer funktionierenden Public-Key-Infrastruktur aus. Andererseits können X.509-Zertifikate nur dann sinnvoll eingesetzt werden, wenn Transportmechanismen für verschlüsselte oder digital unterschriebene Nachrichten zur Verfügung stehen.

In Kapitel 8 wird dann abschließend gezeigt, wie ausgehend von authentifizierten Benutzern und Diensten sowie von einer abgesicherten Übertragung Zugriffskontrollmechanismen realisiert werden können. In diesem Zusammenhang wird auch die Möglichkeit der selbständigen Zertifizierung von Mitarbeitern und Diensten durch die betroffene Organisation näher beschrieben.

5 Zertifikate und Vertrauensmanagement

6 Verzeichnisdienst

Bereits bei der Beschreibung der X.509-Zertifikate stellte sich heraus, daß einige Konzepte der OSI-Standards in die gegenwärtig entwickelten Techniken zur Bewältigung der Sicherheitsproblematik im Internet Eingang gefunden haben. Die im letzten Abschnitt beschriebenen Mechanismen zur Zertifizierung von Benutzern und Diensten sind Bestandteil eines umfassenden Konzepts für den Betrieb eines weltumspannenden Verzeichnisdienstes: Das X.500-Directory. Zwei gute Gründe sprechen dafür, diesen Verzeichnisdienst genauer zu betrachten:

- Der dem X.500-Directory zugrundliegende Namensraum ist ein inhärenter Bestandteil der X.509-Zertifikate und als solcher auch Teil der darauf aufbauenden Softwareprodukte.

- Eine in ihrer Funktionalität etwas reduzierte Version des X.500-Directory findet gegenwärtig sowohl im Internet als auch in Intranets weite Verbreitung. Gemeint ist der Verzeichnisdienst LDAP (von engl.: Lightweight Directory Access Protocol), der dem OSI-Protokoll DAP nachempfunden ist.

LDAP-Verzeichnisse und X.509-Zertifikate sind mittlerweile Bestandteil zahlreicher Software-Pakete und Produktankündigungen der Hersteller von Internet-Software. In der in Kapitel 4 beschriebenen Sicherheitsarchitektur kann ein LDAP-Directory sowohl zur Realisierung des Verzeichnisdienstes als auch des Gruppendienstes eingesetzt werden.

6.1
X.500 – Das globale Directory

Ein wesentlicher Bestandteil des OSI-Referenzmodells war der Verzeichnisdienst X.500, der erstmals im Jahr 1988, damals noch von der CCITT, als Standard veröffentlicht wurde [vgl. auch Eich93]. Das Ziel der X.500-Standards war es, ein physisch verteiltes, jedoch logisch einheitliches Directory zu schaffen, das Information über

X.500-Standard

Benutzer, Organisationen und Ressourcen beinhaltet. Eine wesentliche Aufgabe dieses Verzeichnisses war es, die Grundlage dafür zu schaffen, daß die besagten Einträge anhand benutzerfreundlicher Namen gesucht werden können.

Die X.500-Serie von Empfehlungen der ITU-T/ISO decken im einzelnen folgende Teilbereiche ab:

- Ein *Informationsmodell*, das die *Struktur* des globalen Verzeichnisses und den Aufbau der darin gespeicherten Einträge festlegt.

- Ein hierarchischer *Namensraum* zur weltweit eindeutigen Identifikation der Einträge wird definiert.

- Zugriffsmöglichkeiten auf die Einträge im Verzeichnis werden mit Hilfe des OSI-Protokolls *DAP* (von engl.: Directory Access Protocol) festgelegt.

- Ein *Authentifizierungsmechanismus* basierend auf Public-Key-Kryptographie und Zertifikaten wurde geschaffen: Dies ist der Ursprung des bereits beschriebenen X.509-Standards.

Auch für den Einsatz in einer Internet-Umgebung sind diese Standards von Interesse. X.509-Zertifikate als Authentfizierungsmechanismus wurden bereits beschrieben, die Struktur des globalen Directory und der X.500-Namensraum sind Gegenstand der nächsten beiden Abschnitte. Anstelle des OSI-Protokolls DAP wird in Abschnitt 6.2 schließlich das Internet-Protokoll LDAP vorgestellt.

6.1.1
Architektur des globalen Verzeichnisdienstes

Das X.500-Directory besteht aus einem verteilten System von Directory-Servern (DSA von engl.: Directory System Agent) sowie aus den Client-Programmen der Benutzer (DUA, von engl.: Directory User Agent), die an einen dieser Server Anfragen richten können.

Abbildung 36 zeigt das Zusammenspiel dieser Komponenten sowie die wichtigsten, auch in Zusammenhang mit LDAP gebräuchlichen, Akronyme der X.500-Welt. Die Gesamtheit der Information im Verzeichnis bezeichnet man auch als die „Directory Information Base (DIB)" oder, auf ihre logische Struktur abstellend, als den „Directory Information Tree (DIT)".

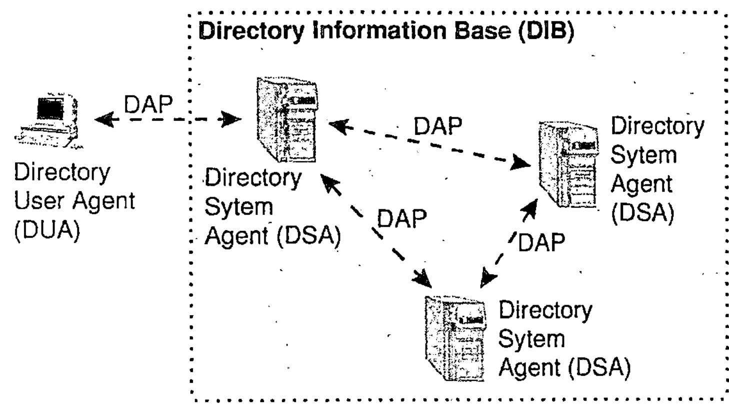

Abbildung 36
X.500-Architektur

Da an jedem Server logisch der gesamte Verzeichnisbaum abgefragt werden kann, kommt es auch dazu, daß der von einem Benutzer kontaktierte DSA nicht in der Lage ist, eine Anfrage zu beantworten. In diesem Fall kann der Server den DUA an einen weiteren Server verweisen (engl.: *Referral*) oder selbst die Anfrage weiterleiten (engl.: *Chaining*). Der Grund dafür, warum ein Directory-Server überhaupt in der Lage ist einen „kompetenteren" DSA anzugeben, liegt in der in den Standards definierten Struktur des Informationsmodells und des Namensraums.

Referral und Chaining

6.1.2
Informationsmodell und Namensraum

Die grundlegende Einheit des X.500-Informationsmodells ist ein *Eintrag*. Jeder Eintrag ist einer bestimmten *Objektklasse* zugeordnet, die über seine *Attribute* und deren *Datentyp* Aufschluß gibt. Ein Attribut kann *einwertig* oder *mehrwertig* sein, je nachdem, ob zu einem gegebenen Zeitpunkt nur ein Wert zulässig ist. Die Definition einer *Objektklasse* bestimmt darüber hinaus auch, welche Attribute *verpflichtend* und welche *optional* anzugeben sind.

Struktur von Einträgen

Jeder DSA verfügt über eine Reihe derartiger Konfigurationen, welche die vorgeschriebene Struktur der in diesem Server enthaltenen Einträge festlegen. Man bezeichnet diese von einem DSA definierten Objektklassen auch als das *Schema*. Auch die Definition des Schemas fällt in den Standardisierungsbereich der X.500-Empfehlungen, da nur auf diese Weise eine kohärente Suche über die gesamte DIB hinweg möglich ist. Ein Beispiel für die Definition zu Objektklassen wird in Kapitel 6.2 im Rahmen der Beschreibung von LDAP gezeigt.

Schema

Eine weitere Eigenschaft der Einträge im Verzeichnis ist, daß sie hierarchisch angeordnet werden können. Jeder Eintrag verfügt über ein teilqualifizierendes Attribut, das dazu dient, diesen Eintrag auf der *gegebenen Ebene* im Verzeichnisbaum eindeutig zu identifizieren. Der Wert dieses Attributes muß also – bezogen auf alle benachbarten Einträge – eindeutig sein, ähnlich wie die Dateinamen im Verzeichnis eines hierarchischen Dateisystems. Man bezeichnet dieses teilqualifizierende Attribut auch als *Relative Distinguished Name (RDN)*. Abbildung 37 zeigt das Informationsmodell anhand eines Ausschnittes, der aus drei Einträgen auf zwei Ebenen besteht.

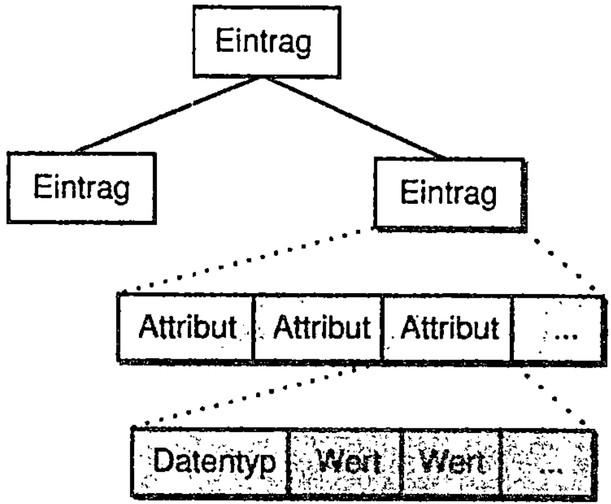

Die bisher beschriebenen Standards bieten lediglich die *Mechanismen* für den Aufbau eines weltumspannenden hierarchischen Verzeichnisses. Zur endgültigen Realisierung dieser Struktur waren darauf aufbauend die notwendigen organisatorischen Rahmenbedingungen zu schaffen. Die den Standards zugrundeliegende Idee war, daß die Knoten auf den obersten Ebenen von den betroffenen Ländern und großen Organisationen gewartet würden. In Übereinstimmung mit diesem Modell wurden daher auch einige Objektklassen definiert und bestimmten Einsatzbereichen zugewiesen: Auf den obersten beiden Ebenen sollten die Objektklassen *Country* und *Organisation* zum Einsatz kommen, während für die „Blätter" des Verzeichnisbaumes Objektklassen wie *Person* oder *Device* vorgesehen waren.

Da diese Infrastruktur jedoch niemals im großen Stil in Betrieb ging, und bei weitem nicht alle vorgesehenen Knoten tatsächlich durch einen Eintrag im Directory repräsentiert sind, kann heute nicht von einem einheitlichen Verzeichnisbaum gesprochen werden.

Vielmehr gibt es einige Insellösungen, die einen Teil des gedachten globalen Verzeichnisses repräsentieren. In den Standards ist zwar beschrieben, welcher Bereich des Directory für Organisationen vorgesehen ist – da aber der globale Rahmen zur Eingliederung einzelner Teilbäume fehlt und Mechanismen wie Referral und Chaining nur sehr eingeschränkt eingesetzt werden, lassen sich nicht alle existierenden Teilbäume nahtlos zu einem globalen Verzeichnisdienst zusammenfügen.

Der – gedachte – globale Verzeichnisbaum ist jedoch dann von Bedeutung, wenn ein Eintrag weltweit eindeutig identifiziert werden soll. Um dies zu ermöglichen, benutzt man den sogenannten eindeutigen Namen (engl.: Distinguished Name, DN), der sich aus dem RDN des betrachteten Eintrages sowie aus den relativen eindeutigen Namen der hierarchisch übergeordneten Einträge ergibt.

Abbildung 38 zeigt einen Ausschnitt aus dem hierarchischen Namensraum des X.500-Directory. Man erkennt die in den Standards festgelegte hierarchische Struktur der obersten Objektklassen *Country* und *Organisation*. Unterhalb dieser Ebene obliegt die weitere Ausgestaltung des Baumes den betroffenen Organisationen.

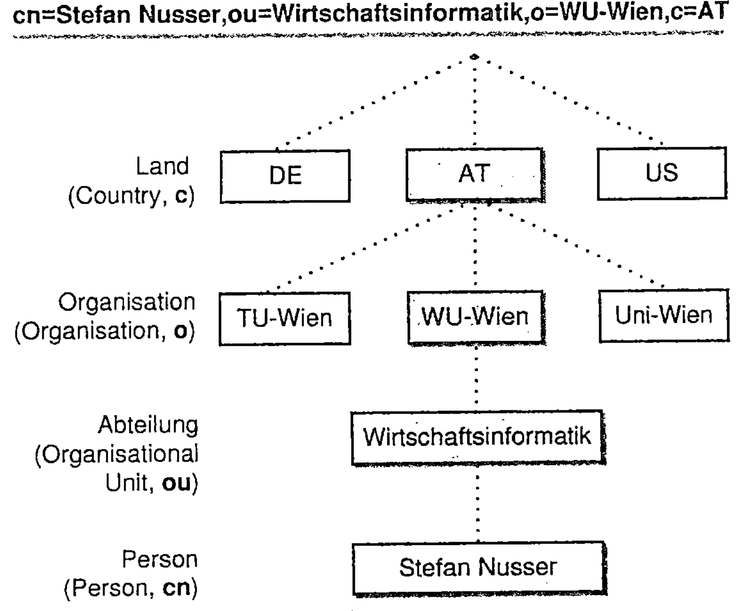

Abbildung 38
Globaler Namens-
raum nach X.500

Die Objektklasse der betrachteten Ebene ist in Abbildung 38 am linken Rand dargestellt, gemeinsam mit dem zumeist aus einem oder zwei Buchstaben bestehenden Attribut, das den relativen eindeutigen Namen (RDN) bildet. Der eindeutige Name (DN) eines Eintrages entspricht nun dem Pfad bis zum Ursprung der Hierarchie mit der Bezeichnung und dem Wert der relativ eindeutigen Namen jeder Ebene (in Abbildung 38 am oberen Rand dargestellt).

Die Intention der OSI-Entwürfe war, daß jeder Eintrag im Verzeichnis anhand seines eindeutigen Namens identifiziert werden kann. Umgekehrt sollte ausgehend vom eindeutigen Namen eines Eintrages jeder angesprochene Directory-Server in der Lage sein, ein Chaining oder ein Referral zu einem übergeordneten oder untergeordneten DSA durchzuführen, sodaß schlußendlich der gewünschte Eintrag vom zuständigen Server abgefragt werden kann. Dieser Mechanismus kann — wie bereits beschrieben — nicht eingesetzt werden, da das globale Verzeichnis in der Form nicht zustande kam.

Was jedoch eingesetzt wird, sind die eindeutigen Namen als Bestandteil von X.509-Zertifikaten sowie zur Identifikation von Einträgen in Verzeichnis-Servern. Somit stehen Unternehmen und Benutzer heute vor der Situation, daß X.509-Zertifikate zunehmend eingesetzt werden, die darin enthaltenen eindeutigen Namen jedoch keine Bedeutung haben. Die aus Benutzersicht bedeutsamen Namen sind im Fall des Internet die DNS-Rechnernamen zur Identifikation von Servern sowie die verbreiteten E-Mail-Adressen. Diese Information ist heute in X.509-Zertifikaten in den meisten Fällen in die Erweiterungen integriert.

Prinzipiell war die Idee des globalen Verzeichnisdienstes dem in Kapitel 3 beschriebenen DNS-Dienst des Internet ähnlich, allerdings steht bei letzterem eine funktionsfähige Infrastruktur zur Verfügung. An Lösungsansätzen für diese Problematik wird gegenwärtig sowohl im kommerziellen als auch im wissenschaftlichen Bereich gearbeitet; ein möglicher Lösungsvorschlag sieht die Verteilung der notwendigen Information über die DNS-Datenbank vor [vgl. HoSm95]. In diesem Szenario kann bei gegebenem Rechnernamen die Adresse des zuständigen Verzeichnis-Servers genauso ermittelt werden wie die IP-Adresse des Rechners. Diese Lösung hat den Vorteil, daß auf eine existierende, weltweit verfügbare Infrastruktur zurückgegriffen werden kann und sich die gegenwärtig vereinzelt realisierten Verzeichnis-Server übergangslos in die bestehende DNS-Infrastruktur integrieren können.

In einem nächsten Schritt könnte, eine flächendeckende Verbreitung der Verzeichnis-Server vorausgesetzt, der globale Verzeichnisdienst die Funktionen des DNS übernehmen. Ein in diese Richtung konzipierter Entwurf liegt bereits seit mehreren Jahren vor, scheiterte bis zum gegenwärtigen Zeitpunkt jedoch an der sporadischen Verfügbarkeit der notwendigen Verzeichnis-Server.

Ein Faktor, der jedoch die weitere Verbreitung von Directory-Servern durchaus fördern kann, ist der zunehmende Einsatz von Verzeichnis-Diensten, auf die mit LDAP zugegriffen wird.

6.2
Verzeichnisse im Internet: LDAP

Das Internet-Protokoll LDAP stellt eine in ihrer Funktionalität etwas eingeschränkte Version des OSI-Protokolls DAP dar und erlaubt den Zugriff auf LDAP-Directory-Server [vgl. auch HoSm97]. Da LDAP auf demselben Informationsmodell und Namensraum aufbaut wie X.500, gelten alle im vorigen Abschnitt gemachten Aussagen auch für LDAP-Server. Insbesondere trifft dies auf den Einsatz von eindeutigen Namen zur Identifikation von Einträgen und den RDN als teilqualifizierendes Attribut zu. Die Unterschiede zwischen den beiden Konzepten konzentrieren sich auf vier Bereiche:

- Ein LDAP-Server beantwortet im Gegensatz zu einem X.500-DSA die Anfrage eines Clients nicht mit Referrals: Es ist die Aufgabe des LDAP-Servers, etwaige Referrals oder Chainings aufzulösen und die Anfrage des Client entweder mit dem Eintrag oder mit einer Fehlermeldung zu beantworten. Infolgedessen ist die Implementierung von LDAP-Clients weniger komplex als die eines X.500-DUA.

- LDAP benutzt als zugrundeliegenden Transportmechanismus die Internet-Protokolle und baut auf TCP auf.

- Der Funktionsumfang des Protokolls LDAP wurde im Vergleich zu DAP etwas reduziert. Die fehlenden Operationen können jedoch zum Teil durch bestehende Funktionalität emuliert werden.

- LDAP überträgt Daten und eindeutige Namen in der Form von gewöhnlichen Zeichenketten. Im Fall von DAP kommt ein binäres Verkodierungsverfahren zum Einsatz, das vor allem bei hoch strukturierten Daten, was in erster Linie auf die eindeutigen Namen zutrifft, sehr aufwendig ist.

Da LDAP ein offener Internet-Standard ist, sind die eben angeführten Aspekte auch in der Form von Internet-RFCs dokumentiert: Gleich drei dieser Standards beinhalten die Umsetzung der in den OSI-Empfehlungen festgelegten Datenstrukturen auf Zeichenketten: RFC-1778 (Standardisierte Attribute), RFC-1558 (Abfragefilter) und RFC-1779 (Eindeutige Namen). Zwei weitere RFCs beinhaltet die Definition des Protokolls LDAP (RFC-1777) sowie die Programmierschnittstelle für Client-Anwendungen (RFC-1823).

Die Verkodierung der Daten in Zeichenketten macht sich naturgemäß auch bei der Schemadefinition von LDAP-Servern bemerkbar: Die Datentypen der vorgeschriebenen und optionalen Attribute einer Objektklasse werden in Übereinstimmung mit RFC-1778 und RFC-1779 als Zeichenketten spezifiziert.

| | Objektklasse Person | |
Attribut	Datentyp	Bedeutung
cn	Zeichenkette	Voller Name (Common Name)
objectClass	Zeichenkette	Objektklasse dieses Eintrages
sn	Zeichenkette	Rufname (Simple Name)
description	Zeichenkette	Willkürliche Beschreibung
seeAlso	DN	Referenz auf anderen Eintrag
telephoneNumber	Telefonnummer	Telefonnummer
userPassword	Zeichenkette (S)	Kennwort für Authentifizierung

Tabelle 4 zeigt beispielhaft eine Schemadefinition der Objektklasse *Person* eines LDAP-Servers. Als Datentypen kommen in erster Linie Zeichenketten zum Einsatz, welche im Regelfall sogar die Groß-Kleinschreibung unberücksichtigt lassen (einzige Ausnahme in Tabelle 4 ist das Attribut userPassword). Auch die in der Tabelle gezeigten Datentypen DN und Telefonnummern sind in der Form von Zeichenketten mit spezieller Syntax definiert. Ähnliche Definitionen gibt es auch für Datentypen wie Photos oder Zertifikate.

Lediglich die ersten drei der in Tabelle 4 dargestellten Attribute sind verpflichtend vorgeschrieben. Das Attribut *cn (Common Name)* stellt — wie in Abbildung 38 auf Seite 111 bereits gezeigt — den RDN eines Eintrages der Objektklasse Person dar.

Die Protokollelemente von LDAP umfassen die notwendigen Operationen, um die Inhalte des Verzeichnisses abzufragen oder modifizieren zu können. Tabelle 5 gibt einen Überblick über die Funktionalität des Protokolls.

Operation	Bedeutung
bind	Anonyme oder authentifizierte Verbindung herstellen
unbind	Verbindung beenden
search	Suche nach Einträgen mit Hilfe eines Filters
compare	Prüfung, ob Eintrag ein Attribut mit bestimmtem Wert hat
modify	Modifikation der Attribute eines bestimmten Eintrages
delete	Löschen eines Eintrages
modRDN	Modifikation des RDN (Umbenennen eines Eintrages)

Die Möglichkeiten, die sich mit dem Einsatz von LDAP eröffnen, beschränken sich nicht nur auf Anwendungsgebiete im Bereich der Sicherheitskonzepte für WWW-Informationssysteme. Für den Ein-

satz von LDAP in Unternehmen zeichnen sich drei unterschiedliche
Szenarien ab.

- Ein LDAP-Server kann für den Zugriff auf bestehende X.500-
  Server und zur Auflösung von entstehenden Referrals eingesetzt
  werden.

- Ein LDAP-Verzeichnis kann völlig unabhängig von anderen
  LDAP-Servern oder X.500-DSAs eingesetzt werden. In diesem
  Fall kann der Betreiber, da er nicht auf Interoperabilität mit anderen Directory-Servern angewiesen ist, die Schemadefinition beliebig erweitern. Mögliche Anwendungsgebiete im Bereich der Sicherheitskonzepte für WWW-Informationssysteme werden in Kapitel 8.2 aufgezeigt.

- Schenkt man jüngsten Produktankündigungen Glauben, so kann
  LDAP auch als standardisierte Schnittstelle zu den unterschiedlichen proprietären Verzeichnisdiensten (beispielsweise Novell's
  NDS oder Micsorsoft's Active Directory Service) eingesetzt werden.

Die Möglichkeit des Zugriffes auf bestehende X.500-Verzeichnisse
mit Hilfe eines LDAP-Servers wird auch in Abbildung 39 dargestellt.

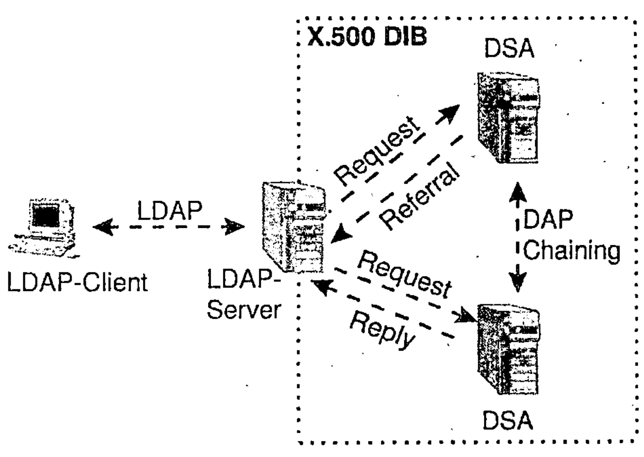

Betrachtet man die Aufgaben eines LDAP-Servers sowie die in
Tabelle 5 gezeigten Operationen, so stellt sich die Frage nach dem
Unterschied zwischen Directories und Datenbanken. Dieser liegt in
erster Linie darin, daß die Einträge in einem Directory wesentlich
öfter gelesen als geschrieben werden. Somit entfällt bei Directories
die Notwendigkeit einer Transaktionslogik, wie sie beispielsweise in
kommerzielle Datenbankverwaltungssysteme integriert ist. Dafür
findet man bei Directory-Servern häufig die Möglichkeit der Repli-

kation des Datenbestandes, um Verzögerungen durch lange Übertragungszeiten auszuschließen. Unter Replikation ist die Erstellung von Kopien eines häufig abgefragten Teilbaumes des Verzeichnisses zu verstehen, wobei Änderungen automatisch nachgezogen werden.

Ein gut dokumentierter, frei verfügbarer LDAP-Server wird schon seit Jahren von der *University of Michigan* weiterentwickelt und gewartet, die auch bei der Entwicklung des LDAP-Standards in der gegenwärtig aktuellen Version 2 eine federführende Rolle gespielt hat. Dieses Paket beinhaltet neben der Server-Software und einigen Client-Anwendungen auch die für den Zugriff auf LDAP-Server eingesetzte Programmierbibliothek.

Die hohe kommerzielle Bedeutung der Version 3 des Verzeichnisdienstes erkennt man auch daran, daß Teile des Entwicklerteams der University of Michigan nunmehr als Mitarbeiter von Netscape die Weiterentwicklung des Standards betreiben. Insofern kommt also dem *Netscape Directory Server*, der auch das als Bestandteil der Version 3 noch in Standardisierung befindliche LDAP/SSL unterstützt, eine herausragende Bedeutung zu.

Die angesprochene Standardisierung des LDAP-Protokolls erfolgt durch die ASID-Arbeitsgruppe (von engl.: Access and Searching of Internet Directories) der IETF. Die Erweiterungen, die vermutlich mit der Version 3 des Standards hinzukommen werden, umfassen unter anderem folgende Punkte [vgl. WaHo97]:

- Für die Client-Anwendung ist die Möglichkeit vorgesehen, Information über die *Schemadefinition* vom Server abfragen zu können.

- Mehrere Erweiterungen betreffen die *Internationalisierung* des Protokolls, insbesondere die Unterstützung der Übertragung von Sonderzeichen.

- Neue *Sicherheitsmechanismen*, insbesondere die optionale Absicherung von LDAP über das im nächsten Kapitel beschriebene SSL-Protokoll, sind vorgesehen.

- Die *Erweiterungsfähigkeit* des Protokolls wird erhöht, um Ergänzungen zum Standard ohne Inkompatibilitäten durchführen zu können.

Die Absicherung von LDAP durch das SSL-Protokoll ist insofern eine interessante Ergänzung, als daß die Authentifizierung der Kommunikationsparteien unter SSL mit Hilfe von X.509-Zertifikaten erfolgt, die wiederum den Namen des Benutzers in der Form eines X.500-DN beinhalten. Auf diese Weise wird über den Transportmechanismus Internet die Authentifizierung beim Verzeichnisdienst in genau der Form Realität, wie ursprünglich in den OSI-Standards vorgesehen.

7 Absicherung der Internet-Protokolle

Die im letzten Kapitel vorgestellten Zertifikate und Public-Key-Infrastrukturen erlauben eine verläßliche Authentifizierung der Benutzer und Dienste eines WWW-basierten Informationssystems. Zertifikate alleine genügen jedoch noch nicht, um die in Kapitel 2 definierten Anforderungen an die Transaktionssicherheit zu erfüllen: Es fehlen die Mechanismen zum Austausch der Zertifikate und der verschlüsselten Daten.

Die Aufgaben des *abgesicheren Übertragungsdienstes* wurden in Kapitel 4 bereits angesprochen und werden hier folgendermaßen konkretisiert:

- Definition der notwendigen Protokollstrukturen zur Übertragung von verschlüsselten oder unverschlüsselten Daten sowie einer digitalen Unterschrift zur Sicherstellung der Authentizität der übertragenen Daten.

- Definition eines Protokolls zur Schlüssel-Akquisition, das zum erstmaligen Austausch eines für diese Verbindung eingesetzten symmetrischen Schlüssel verwendet werden kann. Aufgabe dieses Schlüssel-Management-Protokolls (engl: Key Management Protocol) ist darüber hinaus auch die Durchführung der erstmaligen Authentifizierung der beteiligten Parteien. Dabei kommen die in Kapitel 5 beschriebenen Mechanismen des Authentifizierungsdienstes zum Einsatz.

- Zugänglichkeit dieser Funktionalität entweder durch transparente Integration in die Ebenen der TCP/IP Protokolle oder als Programmbibliothek mit wohldefinierter Programmierschnittstelle.

Während in der Literatur weitgehend Einigkeit über die ersten zwei Punkte herrscht, werden bezüglich der geeigneten Ebene zur Realisierung eines sicheren Transportdienstes innerhalb der Protokollschichten unterschiedliche Ansichten vertreten.

7.1
Übersicht

Abbildung 40 zeigt die Möglichkeiten der Integration eines sicheren Transportdienstes in die in Kapitel 2 beschriebenen Ebenen der Internet-Protokolle. Alle Verfahren setzen auf dem Internet-Protokoll auf und bedienen sich der bestehenden Adressierungs- und Routingmechanismen, um die verschlüsselten Daten über das Internet weiterzuleiten [vgl. etwa Oppl97, Bhim96].

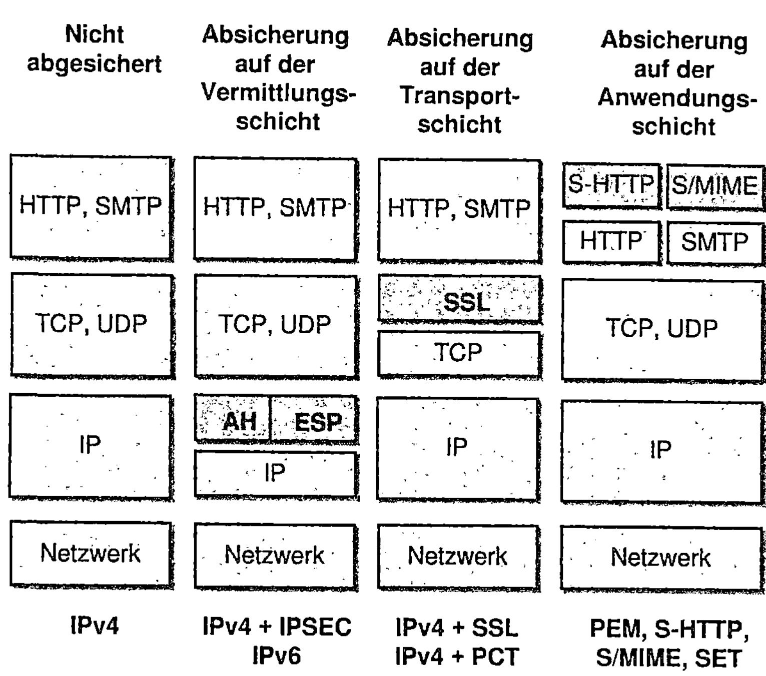

Abbildung 40
Absicherung der Internet-Protokolle

Absicherung auf Vermittlungsschicht

Findet die *Absicherung auf Vermittlungsschicht* statt, so werden die Protokollelemente der darüberliegenden Schicht – TCP-Segmente oder UDP-Datagramme – in verschlüsselter Form in IP-Datagramme eingebettet und übertragen. Beim Empfänger wird dieser Vorgang rückgängig gemacht und es werden die ursprünglichen Protokollelemente an die entsprechende Software weitergeleitet. Der Vorteil dieser Lösung liegt darin, daß bestehende Anwendungen nicht modifiziert werden. Die Absicherung erfolgt für Anwendungsprotokolle transparent durch die Netzwerksoftware. Der Nachteil dieser Variante ist, daß die rechenintensiven kryptographischen Verfahren gleichermaßen auf alle Anwendungsprotokolle angewendet werden müssen. Im Bereich der kryptographischen

Absicherung auf Vermittlungsschicht werden nun schon seit einem
Jahrzehnt unterschiedliche Verfahren geprüft und weiterentwickelt.
Mit der Schaffung eines einheitlichen Standards für diese Mechanismen wurde eine Arbeitsgruppe der IETF beauftragt. Die Entwürfe
dieser IPSEC-Arbeitsgruppe (von engl.: IP Security Protocol) werden in Abschnitt 6.2 näher beschrieben.

Eine Alternative dazu stellt die *Absicherung auf Transportebene*
dar. Diese Lösung stellt deshalb einen guten Kompromiß dar, da auf
der Transportschicht bereits mit Hilfe der in Abschnitt 2.6 beschriebenen Sockets zwischen den verschiedenen Diensten unterschieden
werden kann. Somit ist es im Gegensatz zur Absicherung auf Vermittlungsschicht möglich, gezielt einzelne Protokolle abzusichern
und andere unverschlüsselt abzuwickeln. Im Laufe der letzten Jahre
fand eine derartige Lösung durch den Einsatz in kommerzieller
WWW-Software weite Verbreitung: Das von *Netscape Communications* entwickelte SSL-Protokoll (von engl.: Secure Sockets Layer)
ist mittlerweile Bestandteil der beiden meistverbreiteten WWW-
Browser [siehe Abschnitt 6.3.1].

Als dritte Möglichkeit kommt die *Absicherung auf Anwendungsebene* in Betracht. Darunter ist die auf den Gegenstand der
Anwendung zurechtgeschnittene Integration der gewünschten kryptographischen Operationen in das Anwendungsprotokoll zu verstehen. Aus dem Blickwinkel der einzelnen Anwendung ist dies sicher
die optimale Lösung, da die Funktionalität exakt auf die Sicherheits-
bedürfnisse der Applikation abgestimmt werden kann. Die Entwicklung solcher Anwendungen ist jedoch aufwendiger und es besteht die Gefahr, daß von den einzelnen Anwendungsprotokollen
unterschiedliche Ansprüche an die Public-Key-Infrastruktur gestellt
werden. Ein Beispiel für die Absicherung auf Anwendungsebene ist
der im Kapitel 5 bereits beschriebene PEM-Standard zur Abwicklung elektronischer Mail oder auch die Durchführung kommerzieller
Transaktionen nach dem SET-Verfahren. Beide Konzepte verwenden X.509-Zertifikate, jedoch wie in Kapitel 5 beschrieben, mit un-
terschiedlichem Informationsgehalt, wodurch tatsächlich zwei getrennte Infrastrukturen betrieben werden müssen. Derartige Verfahren werden in Abschnitt 6.4 beschrieben.

7.2
Absicherung auf Vermittlungsschicht

Ziel der bereits angesprochenen IPSEC-Arbeitsgruppe der IETF ist
die Entwicklung des Sicherheitsprotokolls IPSP (von engl.: IP Security Protocol) und der Entwurf eines geeigneten Protokolls zur

Schlüsselverwaltung namens IKMP (von engl.: Internet Key Management Protocol).

Die Standardisierung des IPSP ist nahezu abgeschlossen und wird in unveränderter Form auch Bestandteil der nächsten Generation der Internet-Protokolle sein (IPv6). IPSP definiert zwei wesentliche Mechanismen zur kryptographisch abgesicherten Übertragung von Daten [vgl. Huit96]:

- Der *Authentifizierungs-Protokollkopf* (engl.: Authentication Header, AH) besteht aus einer digitalen Unterschrift der übertragenen Daten.

- Die *gekapselten verschlüsselten Daten* (engl.: Encapsulated Security Payload, ESP) beinhalten entweder das gesamte IP-Datagramm mit Ausnahme einiger während des Transportes modifizierter Felder im Protokollkopf, was als Tunnel-Modus (engl.: Tunnel Mode) bezeichnet wird, oder lediglich die Daten der darüberliegenden Protokollschicht, was auch Transport-Modus (engl.: Transport Mode) genannt wird.

Beide Mechanismen können gemeinsam oder unabhängig voneinander zur Anwendung kommen. Der alleinige Einsatz eines Authentifizierungs-Protokollkopfes ist vor allem in Ländern interessant, wo die Anwendung starker kryptographischer Verfahren zur Verschlüsselung der Daten auf Grund gesetzlicher Einschränkungen nicht möglich ist.

Die gegenwärtig in den Standards vorgesehenen Algorithmen sind MD5 für die digitale Unterschrift sowie DES mit einer Schlüssellänge von 56 Bit für die Verschlüsselung der Daten. Darüber hinaus liegen zur Zeit auch Entwürfe vor, die den Einsatz von SHA zur Authentifizierung und von Triple-DES zur Verschlüsselung vorsehen.

Die Berechnung der digitalen Unterschrift kann mit symmetrischen oder asymmetrischen Schlüsseln erfolgen. Im zweiten Fall ist neben der unveränderten Übertragung des Inhaltes auch die Nicht-Abstreitbarkeit des Absendevorganges gewährleistet, da nur der Absender über den privaten Schlüssel verfügt. Die Distribution dieser Schlüssel ist der Gegenstand des Protokolls zur Schlüsselverwaltung.

Der Einsatz eines Protokolls zur Schlüsselverwaltung ist keine zwingende Voraussetzung für den Einsatz von IPSP. Bei Absicherung innerhalb eines Intranet oder zur abgesicherten Verbindung zweier Intranets über das öffentliche Internet können die Schlüssel der Teilnehmer auch manuell konfiguriert werden. Erst der Einsatz im globalen Netzwerkverbund mit vorher unbekannten Kommunikationspartnern macht ein Protokoll zur Schlüsselverwaltung notwendig. Ziel eines derartigen Protokolls ist die Übetragung der zur gegenseitigen Authentifizierung der Kommunikationsparteien notwendigen Information sowie die Erzeugung und der Austausch eines Schlüssels für die aufzubauende Verbindung.

Die Standardisierungsbemühungen der IETF für ein Protokoll zur Schlüsselverwaltung sind noch im Gange. Gegenwärtig konzentrieren sich deren Bemühungen auf ein Protokoll namens ISAKMP (von engl.: Internet Security Association and Key Management Protocol), das einen sehr flexiblen Mechanismus beinhaltet, der den beteiligten Kommunikationsparteien folgende Funktionalität zur Verfügung stellen soll [vgl. MaSc97]:

ISAKMP

- Dynamische Aushandlung des zur erstmaligen Authentifizierung der Kommunikationspartner eingesetzten Zertifikat-Formates und asymmetrischen Verschlüsselungsverfahrens. Der ISAKMP-Entwurf geht genauso wie die meisten anderen Schlüsselverwaltungsprotokolle von einer funktionstüchtigen Public-Key-Infrastruktur aus.

- Darüber hinaus kann die Übertragung von Zertifikaten vorgesehen sein. Alternativ dazu können auch Verzeichnis-Server eingesetzt werden.

- Durchführung der erstmaligen Authentifizierung unter Einsatz des ausgehandelten Formates. Ergebnis dieser Phase ist eine abstrakte abgesicherte Verbindung (engl.: Security Association) zwischen den beiden Kommunikationspartnern. Diese kann in weiterer Folge benutzt werden, um Verbindungen mit unterschiedlichen Anforderungen betreffend die Verschlüsselung oder digitale Unterschrift realisieren zu können.

- Nach Abschluß dieser Verhandlungsphase ist die Identität der Kommunikationsparteien sichergestellt. Es findet der im letzten Absatz bereits angesprochene Schlüsselaustausch statt, dessen Aufgabe in der Festlegung des symmetrischen Schlüssels für eine bestimmte Sitzung liegt. Dieser Vorgang kann sich für die einzelnen Verbindungen zwischen zwei Rechnern wiederholen.

ISAKMP stellt die notwendigen Mechanismen zur Verfügung, um Sitzungs-Schlüssel zu erzeugen und zwischen den Kommunikationsparteien auszutauschen, fixiert für diesen Vorgang jedoch kein bestimmtes Schlüsselaustausch-Protokoll (engl.: Key Exchange Protocol). Das gegenwärtig favorisierte Konzept ist ein Protokoll namens Oakley, das auf dem Diffie-Hellman-Verfahren aufbaut [vgl. HaCa97].

Schlüsselaustausch
mit Oakley

Es ist eine wesentliche Eigenschaft von ISAKMP, daß der letzte Schritt, der eigentliche Schlüsselaustausch, mehrfach ausgeführt wird und auf der in den ersten Schritten durchgeführten Authentifizierung der Kommunikationsparteien aufbauen kann. Dies ist auch die Ursache für die hohe Komplexität der ISAKMP-Entwürfe, denn unabhängig von der im ISAKMP-Standard selbst festgelegten erstmaligen Authentifizierung muß das Verfahren in der Lage sein, auch den unterschiedlichen Ansprüchen der einzelnen Dienste gerecht zu werden.

Als Anwendungsmöglichkeiten der Absicherung auf Vermittlungsschicht bieten sich neben der Verschlüsselung der Kommunikation zwischen zwei Rechnern auch der Einsatz dieser Technik in den ebenfalls auf IP-Ebene arbeitenden Routern an. Zwei in diesen Zusammenhang vorstellbare Szenarien sind der Einsatz von Sicherheits-Gateways sowie die Errichtung von virtuellen privaten Netzwerken (engl.: Virtual Private Network, VPN).

Ein *Sicherheits-Gateway* hat die Aufgabe, ein sicheres lokales Netz nach außen hin abzusichern, wobei diese Absicherung auf den in diesem Abschnitt beschriebenen Verfahren beruhen kann. Ein sicheres Netz besteht lediglich aus Komponenten im eigenen Einflußbereich, von denen kein Angriff zu erwarten ist. Innerhalb dieses Bereiches wird auf kryptographische Absicherung der Internet-Protokolle verzichtet. Jede Verbindung zu einem unbekannten Rechner außerhalb des sicheren Netzes wird jedoch, wie in Abbildung 41 gezeigt, vom Sicherheits-Gateway kryptographisch abgesichert, wobei dieser auch für die Authentifizierung der internen Rechner zuständig ist. Durch eine derartige Konfiguration kann im internen Bereich auf die rechenintensiven kryptographischen Operationen verzichtet werden.

Ein weiteres Anwendungsgebiet der Absicherung auf Vermittlungsschicht ist die Einrichtung von *virtuellen privaten Netzen*. Dieses, ebenfalls in Abbildung 41 schematisierte Verfahren, dient dazu, zwei voneinander räumlich getrennte, sichere Bereiche miteinander über ein unsicheres, öffentliches Netz zu verbinden.

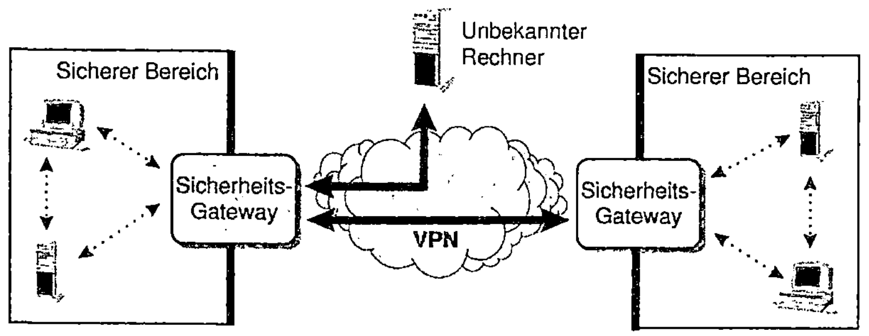

Routerhersteller sehen in zunehmendem Ausmaß die in dieser Technik liegenden Marktchancen. Bei den Produkten des Marktführers in diesem Bereich, dem amerikanischen Unternehmen *Cisco*, kommen sowohl IPSP als auch das in diesem Abschnitt beschriebene ISAKMP-Protokoll zur Schlüsselverwaltung zum Einsatz.

Die Absicherung der übertragenen Daten auf Vermittlungsschicht ist wegen des geringen Vermögens, auf die Bedürfnisse einzelner Anwendungen eingehen zu können, sicherlich nicht für alle Situationen die geeignete Lösung. Hat ein Dienst spezifische Anforderungen an die Übertragungssicherheit, so müssen diese, wie in den nächsten Abschnitten beschrieben, auf einer höheren Ebene realisiert werden. Einer Kombination von Absicherungsverfahren auf unterschiedlicher Ebene steht jedoch nichts im Wege.

7.3
Absicherung auf Transportschicht

Während sich die im letzten Abschnitt beschriebenen Verfahren noch in der Entwicklungs- und Standardisierungsphase befinden, findet die kryptographische Absicherung der Internet-Protokolle auf Transportschicht bereits in mehreren Produkten Einsatz.

7.3.1
Abgesicherte Internet-Dienste

Die Vorteile der Implementierung der kryptographischen Absicherung der übertragenen Daten auf der Transportschicht liegen in der Tatsache begründet, daß auf der Transportschicht im Gegensatz zur Vermittlungsschicht bereits zwischen den einzelnen Diensten unterschieden wird. Dadurch können, wie in Abbildung 42 gezeigt, wahlfrei einzelne Dienste abgesichert und andere unverschlüsselt eingesetzt werden.

Abbildung 42 zeigt ferner, daß es durchaus möglich und sinnvoll sein kann, denselben Dienst sowohl in einer abgesicherten als auch in einer nicht abgesicherten Variante anzubieten. Im Fall von WWW-Servern wird dieses Verfahren üblicherweise eingesetzt, um weniger sensitive Information für jedermann zugänglich machen zu können, während bei sicheren Transaktionen auf den sicheren Server verwiesen wird.

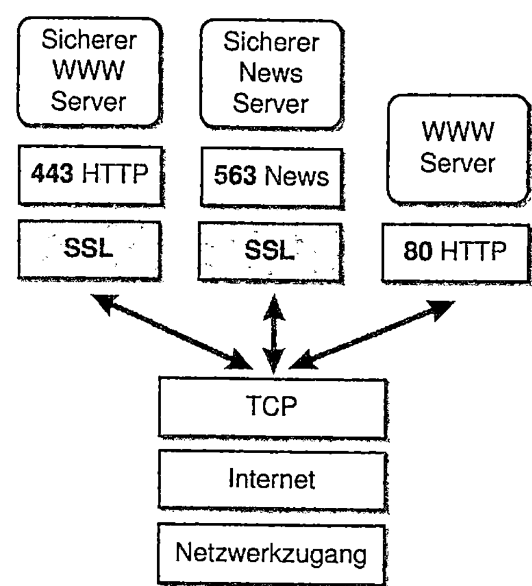

Die Funktionalität von SSL beispielsweise wird in der Form einer Programmierbibliothek zur Verfügung gestellt, welche die bestehenden Funktionsaufrufe zur Manipulation von Sockets durch SSL-spezifische Varianten ersetzt. Um somit eine kryptographische Absicherung auf der Transportschicht in eine Anwendung zu integrieren, muß diese leicht modifiziert werden können und daher auch im Quellcode vorliegen. Man beachte, daß dies bei einer Absicherung auf der Vermittlungsschicht nicht notwendig ist, diese wird für die Anwendung völlig transparent vollzogen.

Ein weiterer Nachteil der Realisierung der kryptographischen Absicherung auf der Transport-Ebene ist die Anforderung, daß dazu ein verläßliches, verbindungsorientiertes Transport-Protokoll wie TCP als Grundlage dienen muß. Somit können die in diesem Abschnitt beschriebenen Verfahren nicht eingesetzt werden, um UDP-basierte Dienste abzuwickeln.

7.3.2
SSL-Protokoll

Secure Sockets Layer (SSL) Im Zuge der dynamischen Entwicklung des kommerziellen Internet-Einsatzes wurde von Netscape ein Protokoll zur Absicherung der Datenübertragung auf Transportebene veröffentlicht und in die eigenen Produkte integriert. Dieses als *SSL* (von engl.: Secure Sockets Layer) bezeichnete Protokoll [vgl. FrKa96] beinhaltet sowohl die Definition der Protokollstrukturen zur Übertragung der verschlüsselten Daten als auch ein Verfahren für die Schlüssel-Akquisition.

Auf Grund der frühzeitigen Veröffentlichung von SSL existieren mittlerweile eine Reihe von frei verfügbaren Implementierungen, welche die Ergänzung bestehender Software um die von SSL gebotene Funktionalität leicht durchführbar machen. Ein Beispiel dafür ist das australische Softwarepaket *SSLeay,* das den in weiterer Folge beschriebenen Funktionsumfang von SSL vollständig implementiert und auf Grund des Herkunftslandes auch nicht den amerikanischen Exportbeschränkungen unterliegt [vgl. HuYo97].

SSL erfüllt die am Anfang dieses Kapitels aufgezählten Aufgaben eines abgesicherten Übertragungsdienstes mit Hilfe einer Vielzahl von teilweise alternativen kryptographischen Verfahren.

Tabelle 6 gibt einen Überblick über die in der 1996 veröffentlichten Version 3 des SSL-Standards vorgesehenen Verfahren. Ähnlich wie bei ISAKMP, jedoch mit geringeren Freiheitsgraden, können sich die Kommunikationspartner in der Initialisierungsphase eine gewünschte Kombination der unterstützten Verfahren und Schlüssellängen aushandeln. Dieser Mechanismus ermöglicht beispielsweise einem Server in der unbeschränkten Vollversion mit der Exportversion eines Browsers zu kommunizieren. Die asymmetrischen Verfahren werden in SSL nur zur Durchführung der Authentifizierung verwendet, während die weniger rechenintensiven symmetrischen Verfahren sowie die Hash-Algorithmen zur gesicherten Nutzdatenübertragung eingesetzt werden.

	Vollversion	Export-Version
Verschlüsselung	RC2 (128 Bit) RC4 (128 Bit) IDEA (128 Bit) DES (56 Bit) Triple-DES (168 Bit)	RC2 (40 Bit) RC4 (40 Bit) DES (40 Bit)
Integrität	MD5 (128 Bit Hash) SHA (160 Bit Hash)	MD5 (128 Bit Hash)
PK-Verfahren und Schlüsselaustausch	RSA , Fortezza Diffie Hellman (DSS, RSA oder anonym)	RSA (512 Bit) Diffie-Hellman (512 Bit) (DSS, RSA oder anonym)
Zertifikat	X.509 (Version 3)	X.509 (Version 3)

Analog zu den Verfahren auf der Vermittlungsschicht läßt sich auch SSL in zwei Definitionsbereiche untergliedern. Das *SSL-Record-Protokoll* definiert ähnlich wie das IPSP die Struktur der zu übertragenden verschlüsselten Daten sowie der zugehörigen digitalen Unterschrift. Das *SSL-Handshake-Protokoll* hat die Vorgänge während der Initialisierungsphase zum Gegenstand und behandelt folglich den Verfahrensabgleich, die gegenseitige Authentifizierung sowie den Schlüsselaustausch für die spätere Nutzdatenübertragung. Da diese Initialisierungsphase in erster Linie dem Aufbau des gegenseitigen Vertrauens dient, soll sie in weiterer Folge etwas genauer beschrieben werden.

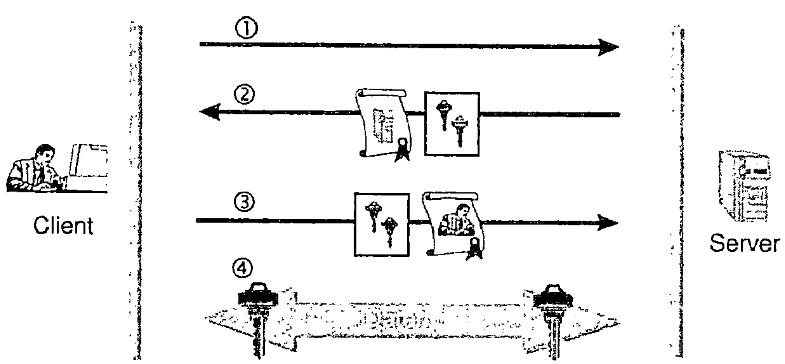

Initialisierungsphase von SSL

Unmittelbar nach Abschluß des TCP/IP-Verbindungsaufbaus findet die Initialisierungsphase von SSL, der sogenannte *SSL-Handshake* statt. Dieser Initialisierungsprozeß besteht aus einer Sequenz von Nachrichten, die sich bereits des SSL-Record-Protokolls als Grundlage bedienen. Im einzelnen finden dabei folgende Vorgänge statt (siehe auch Abbildung 43).

1. Der Client baut eine Verbindung zum Server auf, beginnt den Initialisierungsvorgang und schlägt unter anderem eine Reihe von unterstützten kryptographischen Verfahren vor.

2. Der Server antwortet mit einer Auswahl der geeigneten, von beiden Seiten unterstützten Verfahren und überträgt sein X.509-Zertifikat an den Client. Diese Nachricht wird vom Server mit dem zugehörigen privaten Schlüssel unterschrieben, wodurch er als rechtmäßiger Eigentümer des Zertifikates ausgewiesen ist. Der Server kann in diesem Schritt auch optional ein Zertifikat vom Client verlangen. Abhängig vom gewählten Schlüsselaustauschprotokoll sendet der Server zu diesem Zeitpunkt auch seinen Beitrag zur Erzeugung des Sitzungsschlüssels.

3. Nach erfolgreicher Überprüfung des Zertifikates des Servers überträgt der Client, falls er dazu aufgefordert wurde, sein Zertifikat und bedient sich ebenso wie der Server einer digitalen Unterschrift zur Sicherstellung seiner Identität. Unabhängig von der Authentifizierung des Benutzers wird in diesem Schritt jedenfalls auch vom Client entsprechend dem zum Einsatz kommenden

Schlüsselaustauschprotokoll die zur Erzeugung des Sitzungsschlüssels notwendige Information übertragen. Im einfachsten Fall handelt es sich dabei bereits um den symmetrischen Sitzungsschlüssel, der vom Client nach einem Zufallsverfahren erzeugt wurde. Seitens des Clients ist die Initialisierungsphase hiermit abgeschlossen.

4. Der Server überprüft gegebenenfalls das Zertifikat des Benutzers und bestätigt dem Client den erfolgreichen Abschluß der Initialisierungsphase. Diese Nachricht wird bereits mit den ausgehandelten Verfahren symmetrisch verschlüsselt und digital unterschrieben. Anschließend steht die sichere Verbindung dem Anwendungsprotokoll zur Verfügung.

Es soll an dieser Stelle nochmals explizit festgehalten werden, daß die Authentifizierung des Clients in SSL nur optional stattfindet. Als das Protokoll entwickelt wurde, stand die verläßliche Authentifizierung von Servern im Vordergrund, da die mit DNS-Namen verbundenen Unsicherheiten für den aufkommenden elektronischen Handel im Internet das größte Hindernis waren. Außerdem ist der Aufbau einer Public-Key-Infrastruktur zur Authentifizierung von Benutzern wesentlich komplexer als die Zertifizierung der vergleichsweise geringen Anzahl von sicheren Servern. Von diesen Rahmenbedingungen war die Entscheidung der Entwickler von SSL geprägt, die Authentifizierung des Benutzers lediglich als optionalen Bestand in das Protokoll zu integrieren.

Abschließend sei noch darauf hingewiesen, daß von Seiten der Entwickler der SSL-Standards keine Bestrebungen bestehen, die Überprüfung der Zertifikate in irgendeiner Form zu regeln. Wie bereits in Kapitel 5 erwähnt, ist im Fall von SSL der Aufbau und die Verwaltung einer entsprechenden Public-Key-Infrastruktur Sache der Anwendung.

1995 wurde von Microsoft eine erweiterte Version von SSL (damals in der Version 2) unter dem Namen *Private Communication Technology (PCT)* vorgestellt [vgl. BeLa96]. Die Erweiterungen betrafen einerseits das Repertoire an kryptographischen Verfahren, andererseits auch die Vorgänge in der Initialisierungsphase. Größtenteils sprachen diese Änderungen Detailaspekte an und sind mittlerweile in der neuen Version von SSL ebenfalls enthalten. SSL ist auch Grundlage der Entwürfe der TLS-Arbeitsgruppe (von engl.: Transport Layer Security) der IETF, die damit beauftragt ist, einen Standard für die Absicherung der Internet-Protokolle auf Transportschicht zu entwickeln [vgl. DiAl97].

Private Communication Technology (PCT)

7.4
Absicherung auf Anwendungsebene

Die im letzten Abschnitt beschriebene Absicherung der Datenübertragung auf Transport-Ebene dient der Absicherung der Verbindung auf der Ebene einzelner Kommunikationskanäle – wenn nun innerhalb einer Anwendung unterschiedliche Anforderungen an die kryptographische Absicherung bestehen, so können diese nur durch entsprechende Funktionalität des Anwendungsprotokolls selbst erfüllt werden.

PEM Ein Beispiel für die Durchführung der kryptographischen Absicherung auf Anwendungsebene wurde bereits im Kapitel 5 genannt: Der PEM-Standard für sichere elektronische Mail. Dieser definiert neben den auf SMTP aufbauenden Protokollelementen auch die in Abschnitt 5.3.1 beschriebene hierarchische Public-Key-Infrastruktur.

S/MIME Eine weitere Technik, die zur abgesicherten Übertragung von E-Mail-Nachrichten nach dem MIME-Standard eingesetzt werden kann ist das von zahlreichen Softwareherstellern (darunter Namen wie Microsoft, Lotus oder Netscape) unterstützte S/MIME-Verfahren. Die S/MIME-Standards definieren – ähnlich wie SSL – keine eigene Public-Key-Infrastruktur, sondern gehen davon aus, daß der Benutzer über Mittel verfügt, ein X.509-Zertifikat (mit beigefügten Kreuzzertifikaten) zu validieren.

In diesem Abschnitt soll schlußendlich ein weiteres Verfahren dieser Kategorie kurz vorgestellt werden: Das S-HTTP-Protokoll zur Absicherung WWW-basierter Transaktionen, das eine Alternative zu der im letzten Abschnitt beschriebenen Absicherung von HTTP mit SSL darstellt [vgl. ReSc96, MaAr96].

S-HTTP Bei S-HTTP handeln sich Server und Client die Absicherung der Übertragung für jede Verbindung neu aus. Während jedoch im Fall von SSL das Ergebnis dieser Phase des Verbindungsaufbaus nicht beeinflußt werden kann, ist es beim Einsatz von S-HTTP möglich, Mindestanforderungen an die Absicherung der Verbindung zu stellen. Dies ermöglicht die Anpassung der eingesetzten Absicherung an die jeweilige Anwendung:

- Unwichtige Dokumente können im Klartext und ohne digitale Unterschrift übertragen werden.

- Bei verbindlichen Daten kann der Client eine Unterschrift oder auch Verschlüsselung des Dokumentes vom Server fordern.

- Auch der Server kann beispielsweise beim Ausfüllen eines Formulares durch den Benutzer eine digitale Unterschrift der Angaben durch den Benutzer verlangen.

Auf diese Weise ist abhängig von der Natur der übertragenen Daten jede beliebige Kombination von Unterschrift und Verschlüsselung mit den gängigen kryptographischen Verfahren möglich. Eine wichtige Konsequenz dieses Mechanismus ist die Tatsache, daß mit S-HTTP eine digitale Unterschrift erstellt werden kann, die tatsächlich zur *Sicherstellung der Nicht-Abstreitbarkeit des Absendevorganges* eingesetzt werden kann. Im Fall von SSL, wo nach dem anfänglichen Schlüsselaustausch ein symmetrischer Algorithmus zum Einsatz kommt, ist dies nicht möglich.

Die Unterschiede zwischen der Absicherung von HTTP mit SSL und der Absicherung auf Anwendungsebene, wie im Fall von S-HTTP, liegen also darin, daß erstere transparent alle übertragenen Daten mit dem anfangs ausgehandelten Sitzungsschlüssel verschlüsselt, während zweitere die tatsächlichen Sicherungsbedürfnisse der Anwendung reflektiert.

Der Vorteil der Absicherung auf Transportebene liegt darin, daß Anwendungen nur einer geringfügigen Modifikation bedürfen. Die Programmierschnittstelle und das Protokoll selbst bleiben unverändert. Im Fall der Absicherung auf Anwendungsebene muß das abzusichernde Anwendungsprotokoll selbst modifiziert werden.

8 Zugriffskontrolle

Die Gewährleistung der Integrität und der Vertraulichkeit der übertragenen Nachrichten sowie die Authentifizierung der Benutzer und Dienste bilden die Grundlage für die in diesem Kapitel beschriebenen Zugriffskontrollmechanismen für WWW-basierte Informationssysteme. In der in Kapitel 4 beschriebenen Sicherheitsarchitektur wurde die mit der Erfüllung dieser Aufgabe bezeichnete Komponente als Autorisierungsdienst bezeichnet: Ihr Ziel ist es, die Zugriffe der Benutzer auf Ressourcen zu überwachen, auf deren Rechtmäßigkeit in Bezug auf einen Bestand an Zugriffsrechten zu überprüfen und gegebenenfalls den Zugriff zu verhindern. *Autorisierungsdienst*

Es ergeben sich mehrfache Berührungspunkte mit anderen Diensten: Eine grundlegende Voraussetzung für die Erfüllung der eben beschriebenen Aufgabe ist die Authentifikation des zugreifenden Benutzers und der betroffenen Ressource. Zwischen *Authentifizierungsdienst* und Autorisierungsdienst besteht daher ein enges Abhängigkeitsverhältnis. Die Spezifikation der Zugriffsrechte wird durch die vom *Gruppendienst* verwalteten Gruppen-, Rollen- oder Bereichszuordnungen wesentlich vereinfacht. Erst das Zusammenspiel dieser drei Komponenten ermöglicht die aussagekräftige Spezifikation von Zugriffsrechten sowie die Durchführung der Zugriffskontrolle. *Interaktion mit Authentifizierungs- und Gruppendienst*

Zugriffskontrollmechanismen für WWW-Informationssysteme waren lange Zeit ein von kommerziellen wie von wissenschaftlichen Entwicklungsbemühungen vernachlässigtes Gebiet. Der Grund dafür liegt im eben beschriebenen Zusammenspiel der einzelnen Komponenten einer Sicherheitsarchitektur. Lange Zeit erfolgte der Zugriff auf HTTP-Server entweder anonym oder war bestenfalls an die Eingabe eines im Klartext übertragenen Kennwortes gebunden. *Zugriffskontrolle für WWW-Informations- systeme*

Die in Kapitel 5 beschriebenen Mechanismen zur Authentifizierung von Benutzern und Diensten existieren erst seit kurzer Zeit. Damit und mit den in Kapitel 6 angeführten Verfahren zur abgesicherten Übertragung wird erstmals eine wirkungsvolle Zugriffskontrolle auch für Internet-Protokolle möglich.

Diesem Sachverhalt wird auch durch den Aufbau dieses abschließenden Kapitels Rechnung getragen: In Abschnitt 8.1 werden die theoretischen Grundlagen von Zugriffskontrollsystemen vorgestellt und anhand einiger praktischer Beispiele gezeigt. Besonderes Augenmerk wird dabei den vielversprechenden *rollenbasierten Zugriffskontrollmodellen* gewidmet. In Abschnitt 8.2 werden dann bestehende Möglichkeiten zur Durchführung der Zugriffskontrolle in WWW-basierten Informationssystemen und die den kommerziellen Lösungen zugrundeliegenden Konzepte aufgezeigt.

Der letzte Abschnitt beschäftigt sich mit den im akademischen und kommerziellen Bereich stattfindenden Forschungsbemühungen. Der Grund, warum diesen im vorliegenden Kapitel auffallend viel Platz eingeräumt wird, liegt im offensichtlichen Handlungsbedarf, der in diesem dynamischen Bereich die Entwicklung zahlreicher neuer Technologien stimuliert. Nicht ohne Grund titulierte Sandhu, prominenter Verfechter rollenbasierter Sicherheitsmodelle, einen im Jahr 1996 gehaltenen Vortrag mit *„Access Control: The Neglected Frontier"*.

8.1
Zugriffskontrollmodelle

Der Themenbereich der Zugriffskontrolle wurde bereits in Kapitel 4 bei der Beschreibung der Sicherheitsarchitektur eines WWW-Informationssystems angesprochen. An dieser Stelle wurden auch die Anforderungen an einen Zugriffskontrollmechanismus beschrieben und anhand einer Definition aus dem „Orange Book" des amerikanischen Verteidigungsministeriums die grundlegende Terminologie vorgestellt [vgl. Seite 67]. In diesem Abschnitt sollen diese Konzepte verfeinert und ein Überblick über die Möglichkeiten zur Durchführung der Zugriffskontrolle gegeben werden.

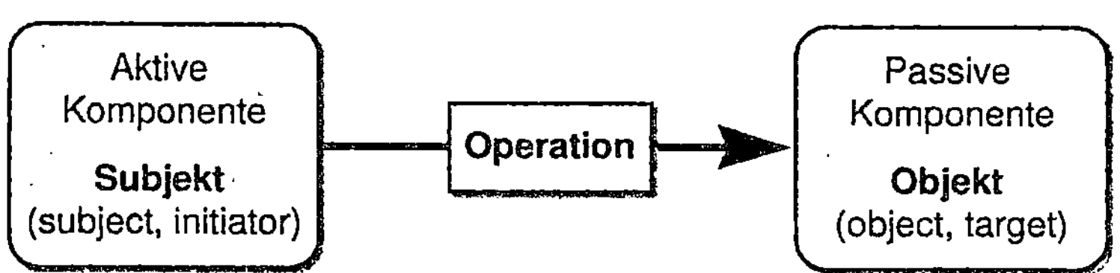

Abbildung 44 zeigt zusammenfassend nochmals die Grundlage jeglicher Mechanismen zur Durchführung der Zugriffskontrolle. Man spricht in diesem Zusammenhang meist von *Subjekten*, die eine bestimmte *Operation* auf ein bestimmtes *Objekt* durchführen wollen.

Sinn des Zugriffskontrollmechanismus ist es, diese Operation nur dann zu gestatten, wenn das Subjekt über die notwendigen Zugriffsrechte verfügt.

Bei einem Subjekt (engl.: Subject, Initiator) handelt es sich um einen Benutzer, den Prozeß eines Benutzers oder den Agenten eines Benutzers. Unter einem Objekt (engl.: Object, Target) ist ein beliebiges Datenobjekt oder eine Systemressource wie beispielsweise ein Drucker zu verstehen. Der Objekttyp bestimmt auch die auf das Objekt durchführbaren *Operationen*.

Beispiele für Zugriffe wären das Lesen einer Datei auf der Festplatte oder das Einfügen eines Datensatzes in eine bestimmte Tabelle einer Datenbank. Beispiele aus dem Bereich der Internet-Protokolle wären das Ausführen eines CGI-Scripts auf einem WWW-Server, das Abfragen eines HTML-Dokumentes mit HTTP oder das Verschicken eines Beitrages in einer bestimmten News-Gruppe.

Bei der Gestaltung der Zugriffskontrolle können zwei verschiedene Bereiche unterschieden werden:

1. Zum einen geht es darum, im Fall eines Zugriffes die Autorisierung des zugreifenden Subjektes für die gewünschte Operation auf das Zielobjekt zu überprüfen und gegebenenfalls den Zugriff zu verhindern. Diese Zugriffsentscheidung wird von einer abstrakten *Zugriffskontrollfunktion* auf der Basis von *Zugriffskontrollinformation* getroffen. Unterschiedliche Zugriffskontrollmechanismen können nach der Repräsentation der Zugriffskontrollinformation unterschieden werden.

2. Zum anderen muß festgelegt werden, welches Subjekt über das Recht verfügt, besagte Zugriffskontrollinformation zu administrieren. Mögliche Strategien reichen von einem zentralen Systemadministrator, der als einziger befugt ist, Zugriffsrechte zu modifizieren, bis hin zum dezentralen Eigentümerkonzept, das mit jedem Objekt einen Eigentümer assoziiert, der die Zugriffsrechte verwaltet. Diese Dimension eines Zugriffskontrollmechanismus soll als *Steuerungskonzept* bezeichnet werden.

Zum Zweck der Schematisierung bestehender Mechanismen zur Durchführung der Zugriffskontrolle werden sogenannte *Zugriffskontrollmodelle* unterschieden. Diese können anhand der unterschiedlichen Ausprägungen der eben genannten Eigenschaften beschrieben werden. In weiterer Folge werden einige typische Konzepte zur Verwaltung der Zugriffskontrollinformation sowie mögliche Steuerungsmodelle vorgestellt.

8.1.1
Repräsentation der Zugriffskontrollinformation

Die Zugriffskontrollinformation drückt aus, welches Subjekt mit welcher Operation auf welches Objekt zugreifen darf. Diese Information kann in der Form einer Matrix dargestellt werden, deren Zeilen aus den Subjekten und deren Spalten aus den Objekten bestehen, wobei die einzelnen Felder jeweils die erlaubten Operationen beinhalten. Diese Form der Repräsentation von Zugriffskontrollinformation bezeichnet man auch als Zugriffskontrollmatrix (engl.: Access Control Matrix).

Zugriffskontrollmatrix (Access Control Matrix)

Diese Art der Darstellung weist jedoch einige offensichtliche Nachteile auf: Aus einer größeren Anzahl von Objekten und Subjekten resultiert ein hoher Bedarf an Speicherkapazität. Darüber hinaus besitzen die Subjekte in den meisten Fällen nur auf eine kleine Untermenge der Objekte Zugriffsrechte. Die Zugriffskontrollmatrix eines typischen Systems besteht daher zu einem großen Teil aus leeren Feldern.

Das wichtigste Argument gegen eine Verwaltung der Zugriffsrechte in der Form einer Zugriffskontrollmatrix ist jedoch die Tatsache, daß die Administration der einzelnen Zugriffsrechte auf diese Weise zu einem komplexen und fehleranfälligen Vorhaben wird. Die in weiterer Folge vorgestellten Repräsentationsformen sowie die in Abschnitt 8.1.3 beschriebenen Generalisierungsmechanismen haben alle das Ziel, die Administration von Zugriffsrechten zu vereinfachen.

ITU-T X.812

Die in weiterer Folge präsentierte Einteilung von Zugriffskontrollmodellen nach der Struktur der Zugriffskontrollinformation geht zurück auf die ITU-T-Empfehlung X.812, die auch von der ISO unverändert übernommen wurde. Grundlage dieser Klassifikation ist die Tatsache, daß Zugriffskontrollinformation in erster Linie als Attribut des Subjektes oder als Attribut des Objektes verwaltet werden kann. Als weitere Quelle kommt schließlich, wie in Abbildung 45 dargestellt, noch der vom eigentlichen Zugriff unabhängige Kontext in Frage. Anhand dieser Repräsentation von Zugriffskontrollinformation lassen sich typische Zugriffskontrollmodelle darstellen.

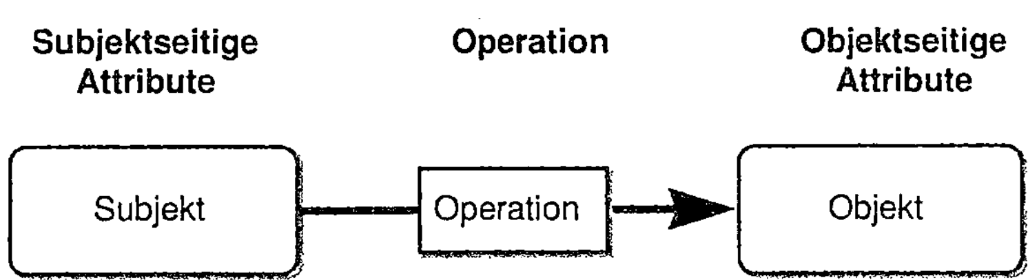

Wird mit einem Objekt eine Liste von Paaren, die jeweils aus einem Subjekt sowie einer Operation bestehen, assoziiert, so spricht man von einer *Zugriffskontrolliste* (engl.: Access Control List, ACL). Die für ein bestimmtes Objekt geltende Zugriffskontrolliste ergibt sich unmittelbar als eine Spalte der Zugriffskontrollmatrix. Aufgabe der Zugriffskontrollfunktion ist in diesem Fall, zu überprüfen, ob das aus einem Zugriff resultierende Subjekt-Operation-Paar in der Liste enthalten ist. In diesem Fall gibt es keine subjektseitige Zugriffskontrollinformation. Die objektseitigen Attribute bestehen aus den Zugriffskontrolllisten.

Wird mit einem Subjekt eine Liste von Paaren, die jeweils aus einem Objekt sowie einer Operation bestehen, assoziiert, so spricht man von einer *Fähigkeitsliste* (engl: Capabilities). Diese stellt somit eine Zeile der Zugriffskontrollmatrix dar. Um einen Zugriff zu überprüfen, muß folglich die Fähigkeitsliste eines Subjektes nach der gewünschten Operation und dem Zielobjekt durchsucht werden. Die subjektseitige Zugriffskontrollinformation besteht in diesem Fall aus der Fähigkeitsliste, während objektseitig keine zusätzlichen Attribute verwaltet werden müssen.

Eine andere Art der Zugriffskontrollinformation stellen die sogenannten *Markierungen* (engl: Labels) dar. Diese sind als Überbegriff für die Klassifikation von Subjekten und Objekten in unterschiedliche Sicherheitskategorien zu verstehen. Als subjektseitiges Attribut wird in diesem Fall die *Ermächtigung* (engl: Clearance) geführt, während objektseitig eine sogenannte *Klassifikation* (engl.: Classification) verwaltet wird. Ein aus dem militärischen Bereich stammendes Beispiel für Markierungen wäre etwa die Einteilung in *Unclassified, Confidential, Secret* und *Top Secret*.

Aufgabe der Zugriffskontrollfunktion ist in diesem Fall, auf Grund der Markierungen des Subjektes und des Objektes über die Gültigkeit einer bestimmten Operation zu entscheiden. Eine mögliche Entscheidungsregel mag beispielsweise lauten, daß ein Subjekt nur dann Lesezugriff auf ein Objekt erhält, wenn seine Berechtigung über der Klassifikation des Objektes liegt.

Man erkennt aus diesem Beispiel auch, daß im Fall eines auf Markierungen aufbauenden Zugriffskontrollmechanismus die Aufgabe der Zugriffskontrollfunktion nicht lediglich auf ein bloßes Durchsuchen einer Fähigkeits- oder Zugriffskontrolliste beschränkt ist, sondern daß der angewandten Entscheidungsregel eine grundlegende Bedeutung zukommt. Aus diesem Grund werden diese Zugriffskontrollmodelle auch als *regelbasierte Sicherheitsmodelle* bezeichnet.

Als letzte Quelle von Zugriffskontrollinformation ist in Abbildung 45 schließlich auch der *Kontext* eines Zugriffes dargestellt. Die Auswertung von Kontextinformation dient in erster Linie als Ergänzung der anderen Typen von Zugriffskontrollinformation. So kann beispielsweise ein Zugriffsrecht auf eine bestimmte Tageszeit eingeschränkt werden.

Es ist wichtig festzuhalten, daß die in den vorangegangenen Absätzen beschriebenen Typen von Zugriffskontrollmechanismen einander nicht gegenseitig ausschließen. Vielmehr ist es möglich und sinnvoll, komplexere Zugriffskontrollfunktionen zu realisieren, die unterschiedliche Typen von Zugriffskontrollinformation einsetzen.

Die hier gezeigte Einteilung beinhaltet keine Aussagen über die Speicherung der Zugriffskontrollinformation. So kann ein System beispielsweise Zugriffskontrollisten verwenden, um den Zugriff auf Dateien zu regeln, es ist jedoch nicht gesagt, ob diese nun tatsächlich bei den Objekten im Dateisystem aufbewahrt oder aus einem zentralen Repository bezogen werden. Die Einteilung stellt vielmehr darauf ab, mit welcher Komponente die Zugriffskontrollinformation assoziiert wird.

8.1.2
Steuerungsmodelle

Die im vorangehenden Abschnitt beschriebenen Repräsentationsformen der Zugriffskontrollinformation sagen noch nichts über das eingesetzte *Steuerungsmodell* aus: Dieses legt fest, welche Subjekte das Recht haben, die Zugriffskontrollinformation zu modifizieren und dadurch Zugriffsrechte zu vergeben oder zu entziehen.

Generell lassen sich, wie in Abbildung 46 dargestellt, in diesem Zusammenhang zwei unterschiedliche *administrative Rechte* unterscheiden:

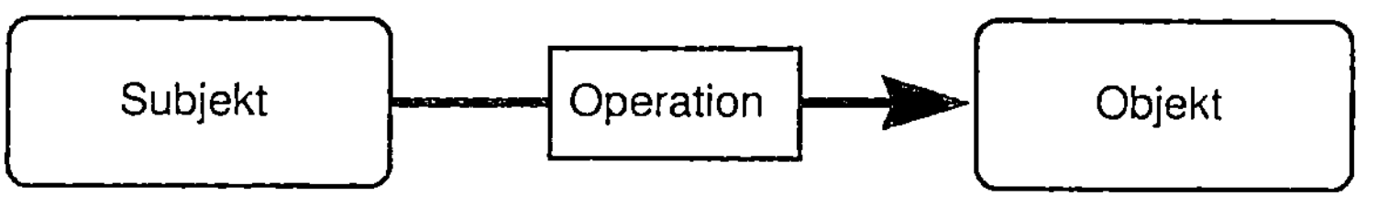

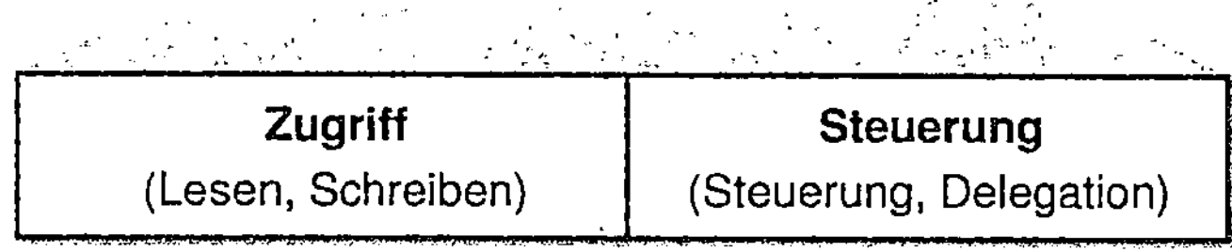

Abbildung 46
Administrative Privilegien

- Das *Steuerungsprivileg* gestattet einem Subjekt die Vergabe von Zugriffsrechten auf ein Objekt.

- Das *Delegationsprivileg* erlaubt einem Subjekt zusätzlich zum Steuerungsprivileg noch die Weitergabe desselben an andere Subjekte. Auf diese Weise kann es folglich dazu kommen, daß zur Vergabe der Zugriffsrechte auf ein Objekt mehrere Subjekte befugt sind.

Durch die Zuweisung dieser administrativen Rechte an bestimmte Subjekte lassen sich unterschiedliche Steuerungsmodelle realisieren, wobei wiederum typische Konstruktionen identifiziert werden können. Die folgende Klassifikation stammt aus einem Begleitdokument zum Orange Book des NCSC (TG-003):

Das *zentrale Steuerungsmodell* geht davon aus, daß lediglich ein einziges Subjekt das Steuerungsprivileg für alle Objekte besitzt. Dieser Systemadministrator ist alleine in der Lage, eine Modifikation der Zugriffsrechte vorzunehmen.

Zentrales Steuerungsmodell

Das *Eigentümerkonzept* geht davon aus, daß jedes Objekt genau einen Eigentümer hat. Dieses Subjekt, üblicherweise der Erzeuger des Objektes, besitzt das Steuerungsprivileg für „sein" Objekt. Vom Delegationsprivileg wird nach dem Eigentümerkonzept kein Gebrauch gemacht. Innerhalb eines derartigen Systems ist es daher auch schwierig, zwei oder mehreren gleichberechtigten Subjekten Zugriffsrechte auf ein Objekt zu geben.

Eigentümerkonzept

Das *hierarchische Steuerungsmodell* basiert auf einer Hierarchie von Subjekten sowie auf einem ebenfalls hierarchisch strukturierten Objektraum. Das Subjekt an der Spitze der Hierarchie (der Systemadministrator) gibt Steuerungs- und Delegationsrechte an die ihm direkt untergeordnete Ebene von Subjekten weiter. Diese können innerhalb des ihnen zugewiesenen Objektbereiches die Hierarchie weiter verfeinern.

Hierarchisches Steuerungsmodell

Dieses Steuerungsmodell kann eingesetzt werden, um die hierarchische Aufbauorganisation eines Unternehmens abzubilden. Ein wesentlicher Aspekt dieses Modells ist jedoch, daß es einen hierarchischen Gruppierungsmechanismus für Objekte, wie beispielsweise ein Verzeichnis, benötigt. Derartige Generalisierungsmechanismen sind Gegenstand des Abschnittes 8.1.3.

Ein weiteres Steuerungsmodell stellt das *Laissez-Faire-Konzept* dar. Dieses geht davon aus, daß ein Objekt nicht einen einzelnen Eigentümer hat, sondern daß mehrere Subjekte mit Steuerungs- oder auch Delegationsberechtigung die Zugriffsrechte für das betroffene Objekt kontrollieren. Unter diesem Modell kann es, wenn ein Delegationsprivileg einmal vergeben wurde, schwierig sein, die Kontrolle über ein Objekt zu behalten.

8.1.3
Generalisierungsmechanismen

Es wurde bereits angesprochen, daß ein Vorteil der in Abschnitt 8.1.1 gezeigten unterschiedlichen Repräsentationen von Zugriffskontrollinformation in der Reduktion der Datenmenge und somit in einer Erleichterung der Administration liegt. Dieses Ziel kann auch durch den Einsatz von Generalisierungsmechanismen wie Gruppen, Rollen oder Verzeichnissen erreicht werden.

Die zugrundeliegende Idee ist es, die Spezifikation von Subjekten oder Objekten in der Zugriffskontrollinformation durch entsprechende Generalisierungskonzepte zu ersetzen. So bezieht sich beispielsweise ein Eintrag einer Zugriffskontrolliste nicht mehr auf einen bestimmten Mitarbeiter einer Firma, sondern auf die Gruppe *Controlling*. Dadurch wird allen Mitarbeitern, die der Gruppe Controlling zugeordnet sind, der Zugriff mit der angegebenen Operation gewährt. Abbildung 47 schematisiert gängige Generalisierungsmechanismen.

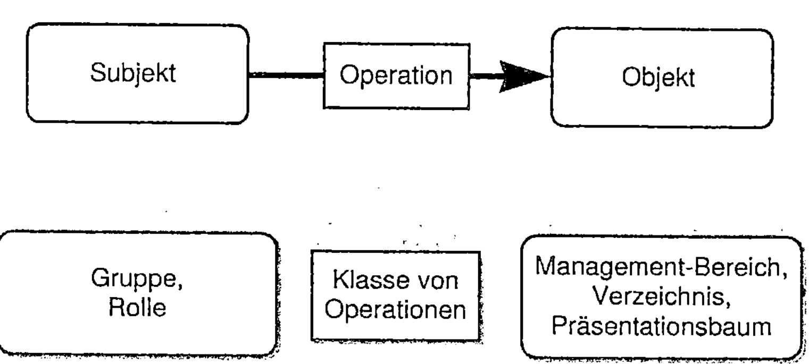

Jeder Generalisierungsmechanismus stellt selbst ein Objekt im Bereich des Zugriffskontrollmechanismus dar: Das Steuerungsmodell legt daher auch fest, welches Subjekt befugt ist, den Generalisierungsmechanismus zu modifizieren. Dies kann beispielsweise gleichbedeutend sein mit dem Recht, einen Benutzer zu einer Gruppe oder eine Datei zu einem Verzeichnis hinzuzufügen.

Gruppierungs-
konzepte

Gruppierungskonzepte wie beispielsweise *Benutzergruppen* oder *Management-Bereiche* werden in zahlreichen Betriebssystemen zur Vereinfachung der Spezfikation von Zugriffsregeln eingesetzt. Diese Konzepte sind entweder einstufiger Natur oder können zur Bildung einer hierarchischen Struktur eingesetzt werden. Ein gutes Beispiel eines einstufigen Gruppierungskonzeptes für Subjekte sind die weithin bekannten UNIX-Benutzergruppen. Die in zahlreichen Betriebssystemen eingesetzten Verzeichnisse stellen beispielsweise einen hierarchischen Generalisierungsmechanismus für Objekte dar.

Rollen

Ein vergleichsweise neuer Generalisierungsmechanismus, welchem in der wissenschaftlichen Literatur gegenwärtig viel Beachtung geschenkt wird, sind *Rollen*. Da der Einsatz von Rollen einige zusätzliche Vorteile mit sich bringt, werden die Charakteristika *rollenbasierter Zugriffskontollmodelle* in Abschnitt 8.1.5 ausführlicher beschrieben.

Klassen von
Operationen

Abbildung 47 zeigt ferner auch die Möglichkeit auf, Operationen zu Klassen zusammenzufassen. Auf diese Weise können beispielsweise Operationen in die Klassen nicht-destruktive Lesezugriffe und möglicherweise destruktive Schreibzugriffe eingeteilt werden und als solche in der Zugriffskontrollinformation spezifiziert werden.

Präsentationsbaum
(Presentation Tree)

Der in Abbildung 47 als Generalisierungsmechanismus für Objekte angeführte Präsentationsbaum (engl: *Presentation Tree*) ist abschließend ein Beispiel für Neuentwicklungen, die durch das Entstehen neuer Objekttypen ausgelöst werden. Unter einem Präsentationsbaum ist ein durch Hyperlinks verbundener Baum von Hypertext-Dokumenten zu verstehen. Dieser Generalisierungsmechanismus wurde speziell für die Spezifikation von Zugriffsrechten auf Hypertext-Dokumente im WWW entwickelt [vgl. Abschnitt 8.3.2.2].

8.1.4
Gängige Zugriffskontrollmodelle

Orange Book,
NCSC

Während in den letzten drei Abschnitten die Bausteine eines Zugriffskontrollmodells beschrieben wurden, sollen an dieser Stelle zwei häufig herangezogene Referenzmodelle betrachtet werden: Die im Laufe dieses Abschnittes vorgestellten Anforderungen an eine *wahlfreie* und eine *regelbasierte* Zugriffskontrolle wurden vom amerikanischen Verteidigungsministerium in den „Trusted Computer System Evaluation Criteria (TCSEC)" definiert. Dieser auch als

„Orange Book" bezeichnete Standard bildet die Grundlage der Zertifizierung sicherer Computersysteme durch das National Computer Security Center (NCSC).

Die im Orange Book enthaltenen Bestimmungen sind in erster Linie auf Betriebssysteme direkt anwendbar. Die Auslegung in einer Netzwerkumgebung ist in einem weiteren Standard des amerikanischen Verteidigungsministeriums geregelt: Die „Trusted Network Interpretation of the Trusted Computer System Evaluation Criteria", oder kurz das „Red Book" genannt. Ein entsprechendes Dokument gibt es auch für die Anwendung der im Orange Book enthaltenen Bestimmungen auf Datenbanksysteme: Die „Trusted Database Management System Interpretation of the Trusted Computer System Evaluation Criteria", die auch als „Purple Book" bezeichnet werden.

8.1.4.1
Wahlfreie Zugriffskontrolle (DAC)

Discretionary
Access Control
(DAC)

Das Modell der wahlfreien Zugriffskontrolle (engl.: Discretionary Access Control, DAC) beruht auf zwei wesentlichen Grundannahmen:

- Jedes Objekt hat einen Eigentümer. Typischerweise ist dies das erzeugende Subjekt.

- Jeder Eigentümer kann nach freiem Ermessen (nach eigener Diskretion, daher der Begriff „Discretionary") anderen Subjekten Zugriff auf seine Objekte gewähren.

Computersysteme, die diesen Anforderungen genügen, können um C1- und, wenn einige zusätzliche Bestimmungen erfüllt sind, auch um C2-Zertifizierung ansuchen.

Ein DAC-basiertes System kann sowohl mit Hilfe von Zugriffskontrolllisten als auch mit Fähigkeitslisten realisiert werden. Als Steuerungsmodell kommt typischerweise das Eigentümer-Modell oder ein hierarchisches Modell zum Einsatz. Ein hierarchisches Steuerungsmodell kann in diesem Fall so angelegt werden, daß über den einzelnen Subjekten noch ein privilegierter Administrator steht, der ebenfalls die Steuerungs- und Delegationsrechte an allen Objekten besitzt.

8.1.4.2
Regelbasierte Zugriffskontrolle (MAC)

Mandatory
Access Control
(MAC)

Um die nächsthöhere Klassifikation des NCSC zu erlangen, muß ein Computersystem zusätzlich zur wahlfreien Zugriffskontrolle auch noch einen regelbasierten Zugriffskontrollmechanismus unterstützen (engl.: Mandatory Access Control, MAC, Multilevel Security). Systeme, die den im Orange Book spezifizierten Anforderungen an einen regelbasierten Zugriffskontrollmechanismus entsprechen, können um B1- oder durch Erfüllung einiger zusätzlicher Bestimmungen auch um B2-Zertifizierung ansuchen.

Die Grundidee der regelbasierten Zugriffskontrolle ist die *Kontrolle des Informationsflusses*. Dieses Ziel steht in einem Widerspruch zu dem, der diskreten Zugriffskontrolle zugrundeliegenden, Eigentümerprinzip: In einem DAC-basierten System kann jedes Subjekt mit Zugriffsberechtigung auf schützenswerte Information diese ungehindert an andere Subjekte seiner Wahl weitergeben. In einem regelbasierten Zugriffskontrollsystem unterliegt der Informationsfluß hingegen nicht ausschließlich der Kontrolle der beteiligten Subjekte, sondern wird von der Zugriffskontrollfunktion eingeschränkt.

Die von einem MAC-basierten System eingesetzte Zugriffskontrollinformation liegt in der Form von Markierungen vor. Im Orange Book sind sowohl *hierarchische Markierungen* (wie in Abschnitt 8.1.1 beschrieben) als auch der Einsatz von *Kategorien* vorgesehen.

Es ist Aufgabe der Zugriffskontrollfunktion sicherzustellen, daß ein Subjekt nur dann *Lesezugriff* auf ein Objekt hat, wenn seine Ermächtigung die Klassifikation des Objektes *dominiert*. Dies ist dann der Fall, wenn die Berechtigung eines Subjektes der Klassifikation des Objektes entspricht oder überlegen ist, und wenn die mit dem Subjekt assoziierten Kategorien diejenigen des Objektes beinhalten (im Englischen wird dies prägnant formuliert: „No read up").

Ein kurzes Beispiel soll diesen Sachverhalt erläutern: Ein Subjekt mit Berechtigung *„SECRET - APOLLO, SIRIUS"* hat beispielsweise auf ein Objekt mit der Klassifikation *„CONFIDENTIAL - APOLLO"* Lesezugriff, nicht jedoch auf die Objekte *„TOP SECRET - SIRIUS"* oder *„CONFIDENTIAL - MERKUR"*.

Anders verhält es sich mit dem Schreibzugriff: Ein Subjekt erhält nur dann Schreibzugriff, wenn seine Ermächtigung von der Klassifikation des Objektes dominiert wird (engl.: „No write down"). Diese Regel impliziert, daß ein Subjekt zwar ein Objekt „geheimer" machen, jedoch nicht die Klassifikation des Objektes durch Erstellung einer Kopie verringern kann. Man bezeichnet diese Eigenschaft auch als *-Eigenschaft (engl.: *-property, sprich star-property). Die hier beschriebene Zugriffskontrollfunktion nennt man nach den Entwicklern des zugrundeliegenden formalen Modells auch das *Modell von Bell und LaPadula*.

Kontrolle des
Informationsflusses

Hierarchische
Markierungen und
Kategorien

Bell-LaPadula-
Modell

*-property

8.1.4.3
Anwendung der TCSEC-Kriterien

Zahlreiche Mehrbenutzerbetriebssysteme erfüllen die Anforderungen an diskrete Zugriffskontrollmechanismen und sind daher C2-zertifiziert. Darüber hinaus gibt es von einigen dieser Systeme auch „sichere" Varianten, die über ein Zertifikat der B-Stufe verfügen. (Beispiele für diese Kategorie wären etwa *Trusted Solaris* von Sun Microsystems oder *HP-UX CMW* von Hewlett Packard). In Abschnitt 8.1.6 werden die Charakteristika kommerziell eingesetzter Zugriffskontrollmechanismen anhand zweier Beispiele nochmals illustriert.

Kritik an den TCSEC-Kriterien

Die durch das Orange Book propagierte Zweiteilung in wahlfreie und regelbasierte Zugriffskontrollsysteme wurde in der Vergangenheit in der wissenschaftlichen Literatur wiederholt kritisiert. Die Argumente konzentrieren sich auf die Tatsache, daß auf diese Weise zwei aus einer Vielfalt von möglichen Zugriffskontrollmodellen zu Referenzlösungen gemacht wurden. Die Entwicklung und der Einsatz alternativer Lösungen, die für bestimmte Problemstellungen eventuell besser geeignet wären, wird dadurch nicht gefördert.

Ein weiterer Kritikpunkt an MAC-basierten Systemen liegt in der Tatsache begründet, daß im praktischen Einsatz ein Mechanismus zum Deklassifizieren von Objekten existieren muß. Folgt man den in Abschnitt 8.1.4.2 angeführten Regeln, so werden Objekte im Laufe ihrer Existenz nie deklassifiziert, sondern mit jedem Schreibzugriff eines höher berechtigten Subjektes auf die höhere Sicherheitsklasse angehoben. Dies führt im Extremfall beispielsweise dazu, daß ein Benutzer mit TOP-SECRET-Berechtigung ein Dokument nicht mit der Rechtschreibhilfe auf Fehler überprüfen kann, ohne daß dieses in weiterer Folge ebenfalls als TOP SECRET klassifiziert wird.

Zusammenfassend läßt sich daher festhalten, daß im kommerziellen Einsatz die wahlfreie Zugriffskontrolle dem einzelnen Benutzer sehr viel Freiraum läßt, während regelbasierte Systeme, mit denen eine wirksame Informationsflußkontrolle realisiert werden kann, die betroffenen Benutzer häufig über Gebühr einschränken.

8.1.5
Rollenbasierte Zugriffskontrollmodelle

Role Based Access Control (RBAC)

Rollenbasierte Zugriffskontrollmodelle (engl.: Role Based Access Control, RBAC) sind ein Konzept, das in den letzten Jahren in der wissenschaftlichen Literatur sehr viel Beachtung gefunden hat [vgl. SaCo96].

In Abbildung 47 auf Seite 138 wurde der Begriff der Rolle bereits als ein Generalisierungsmechanismus für Subjekte vorgestellt. Die Grundidee rollenbasierter Zugriffskontrollmodelle ist die Repräsentation einer bestimmten Aufgabe und der damit einhergehenden Zugriffsrechte durch eine Rolle. Die gewünschten Rollen können einem Subjekt seinem Tätigkeitsfeld entsprechend auf flexible Weise zugeordnet oder entzogen werden. Darüber hinaus beinhalten nahezu alle Entwürfe von rollenbasierten Zugriffskontrollmodellen ein Sitzungskonzept. Ein Subjekt kann aus dem ihm zur Verfügung stehenden Set von möglichen Rollen für *eine bestimmte Sitzung* wiederum eine oder mehrere *aktive Rollen* auswählen.

Rollenbasierten Zugriffskontrollmodellen werden mehrere im kommerziellen Einsatz vorteilhafte Eigenschaften zugeschrieben.

Die Aufgaben und Kompetenzen der einzelnen Stellen innerhalb der Organisation können durch ein *Rollenmodell* abgebildet werden. Ist dieses Rollenmodell *hierarchisch strukturiert*, so werden Zugriffsberechtigungen von den allgemeinen an spezialisierte Rollen *vererbt*.

Das in Abbildung 48 dargestellte Beispiel eines hierarchischen Rollenmodells zeigt die beiden Rollen *Qualitätskontrolle* sowie *Programmentwicklung*, die beide Zugriffsberechtigungen von der allgemeineren Rolle *Projektmitglied* erben. Die Rolle *Projektleitung* baut ihrerseits wieder auf den beiden speziellen Rollen auf und verfügt somit durch den Vererbungsmechanismus über die Summe der jeweiligen Berechtigungen.

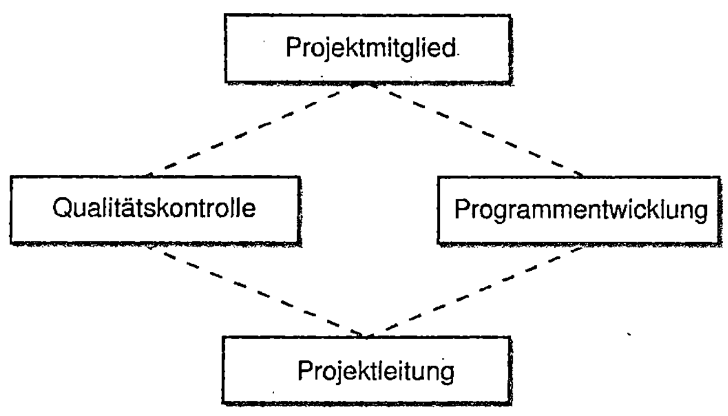

Die Aufgabenbereiche innerhalb einer Organisation und die damit verbundenen Zugriffsrechte ändern sich weniger häufig als die Zuweisung der Aufgaben zu den Mitarbeitern. Folglich kann mit Hilfe eines rollenbasierten Zugriffskontrollmodells die Administration der Zugriffskontrollinformation durch Abstraktion von den betroffenen Subjekten wesentlich vereinfacht werden.

Dezentrale Zuweisung von Rollen

Die Verwaltung eines rollenbasierten Zugriffskontrollmechanismus umfaßt zwei unterschiedliche Aufgabenbereiche:

- Die *Definition der Rollen* mit den damit einhergehenden Zugriffsberechtigungen in der Form eines Rollenmodells

- Die *Zuweisung* von Rollen zu Subjekten.

In größeren Systemen können diese Aufgaben von unterschiedlichen Personen durchgeführt werden. Während die zentrale Systemadministration die technisch anspruchsvollere Aufgabe der Definition von Rollen übernimmt, kann die Zuweisung zu den einzelnen Mitarbeitern auf dezentrale Weise durch das lokale Management erfolgen.

Einschränkungen (Constraints)

Die im letzten Punkt angesprochene Delegation des Zuordnungsrechtes von Rollen zu Mitarbeitern kann durch *Einschränkungen* (engl.: Constraints) weiter ausgestaltet werden. Diese Bedingungen, deren Einhaltung vom Zugriffskontrollmechanismus überwacht wird, stellen Basisbestimmungen dar, die durch die Zuweisung oder das Ausüben von Rollen nicht verletzt werden dürfen. Auf diese Weise kann das Rollenmodell um unterschiedliche Grundprinzipien angereichert werden:

- Mehrere Rollen können als *einander gegenseitig ausschließend* definiert werden. Da einem Subjekt nur jeweils eine dieser Rollen *zugewiesen* werden kann, bezeichnet man diese Einschränkung auch als *statische Aufgabentrennung* (engl.: Static Separation of Duties). Auf diese Weise kann durch die Zuweisung einer sehr wichtigen Aufgabe an zwei einander gegenseitig ausschließende Rollen das *Vier-Augen-Prinzip* durch die Spezifikation entsprechender Einschränkungen in das System integriert werden.

- Die eben beschriebene Einschränkung kann sich jedoch auch auf das aktive Set beziehen: In diesem, als *dynamische Aufgabentrennung* (engl.: Dynamic Separation of Duties) bezeichneten Fall, werden die jeweils für eine Sitzung geltenden Auswahlmöglichkeiten eines Subjektes eingeschränkt.

- Mehrere Rollen können als *voneinander abhängig* definiert werden. Somit kann einem Subjekt eine Rolle nur unter der Voraussetzung einer zweiten Rolle zugewiesen werden.

- Die *Anzahl der Benutzer*, denen eine bestimmte Rolle zugewiesen werden darf, kann beschränkt werden. Beispielsweise kann nur ein Subjekt die Rolle eines Abteilungsleiters innehaben.

- Umgekehrt kann auch die *Anzahl der Rollen*, die von einem Subjekt geführt werden dürfen, durch entsprechende Bedingungen eingeschränkt werden.

Ein rollenbasiertes Zugriffskontrollmodell läßt sich auch anhand der in den Abschnitten 8.1.1 und 8.1.2 beschriebenen Aspekte charakterisieren:

- Als *Generalisierungsmechanismus* für Subjekte kommen Rollen zum Einsatz. Generalisierungskonzepte für Objekte (Verzeichnisse, Management-Bereiche) sind denkbar und in einigen Modellen auch enthalten.

- Die Zugriffskontrollinformation wird in der Form von *Fähigkeitslisten* verwaltet, welche die einer bestimmten Rolle zugeordneten Zugriffsberechtigungen beinhalten. Dies wird auch als ein wesentlicher Unterschied zu den – beispielsweise in UNIX-Betriebssystemen eingesetzten – Benutzergruppen angesehen: In einem rollenbasierten Sicherheitsmodell ist der zur Erhebung der Inhaber einer bestimmten Rolle benötigte Aufwand vergleichbar mit jenem, der zur Ermittlung der mit einer Rolle verbundenen Zugriffsberechtigungen notwendig ist. Auf die typischen UNIX-Benutzergruppen trifft dies nicht zu: Zur Ermittlung der mit einer Gruppe assoziierten Rechte müssen das gesamte Dateisystem traversiert und die Zugriffsrechte der einzelnen Objekte untersucht werden.

- Wie bereits beschrieben weist ein RBAC-Modell, was die subjektseitige Zugriffskontrollinformation betrifft, ein *zentrales Steuerungsmodell* auf. Als typisches Charakteristikum ist die Möglichkeit der Delegation des Zuweisungsrechtes von Rollen anzuführen.

Man erkennt an dieser Beschreibung bereits, daß ein rollenbasiertes Zugriffskontrollmodell sich nicht a priori als ein wahlfreies oder ein regelbasiertes Modell einordnen läßt. Die Charakteristika beider Systeme, so wie in Abschnitt 8.1.4 beschrieben, lassen sich mit den vorangegangenen Merkmalen kombinieren.

Die hier beschriebenen Vorteile rollenbasierter Zugriffskontrollmodelle reflektieren die im kommerziellen Bereich vorherrschende Erwartungshaltung an dieses Konzept: Rollen werden von der Firma ORACLE seit der Version 7 ihres Datenbanksystems zur Administration der Zugriffsrechte eingesetzt und sind auch in den Entwürfen für den neuen SQL3-Standard enthalten.

Wie im weiteren Verlauf dieses Kapitels erkennbar, werden Rollen auch im Bereich der Zugriffskontrollmodelle für WWW-Informationssysteme häufig eingesetzt.

8.1.6
Zwei kommerzielle Zugriffskontrollmodelle

Die in den letzten Abschnitten präsentierte Beschreibung der Eigenschaften und Typologien von Zugriffskontrollmodellen soll nun durch die Vorstellung zweier kommerziell eingesetzter Lösungen abgerundet werden. In diesem Abschnitt werden die Zugriffskontrollmechanismen des C2-zertifizierten Betriebssystems *Microsoft Windows NT Workstation* sowie des B1-zertifizierten Datenbanksystems *Trusted ORACLE7* kurz gegenübergestellt.

Windows NT Workstation
Das Betriebssystem Windows NT bietet eine Reihe von Generalisierungsmechanismen [vgl. etwa Micro96]: Subjekte können zu Benutzergruppen zusammengefaßt werden, während mit Hilfe von Container-Objekten (vergleichbar mit Verzeichnissen) die verwalteten Objekte hierarchisch strukturiert werden können. Die möglichen Zugriffsoperationen sind vom betroffenen Objekttyp abhängig, können jedoch einer von drei Kategorien, sogenannten generischen Operationen (*generic_read*, *generic_write* und *generic_execute*), zugeordnet werden. Darüber hinaus gibt es an die 30 Systemprivilegien, die sich nicht auf ein bestimmtes Objekt, sondern auf das System als Ganzes beziehen und beispielsweise das Recht umfassen, ein Backup oder einen Neustart durchzuführen. Diese Systemprivilegien sowie die generischen Operationen auf bestimmte Objekte können den einzelnen Benutzern oder den Benutzergruppen zugewiesen werden.

Die zwei in Abschnitt 8.1.2 beschriebenen Steuerungsoperationen sind in der Form zweier Operationen (*WRITE_DAC* und *WRITE_OWNER*) implementiert, die auf alle Objektklassen anwendbar sind. Die Zugriffsrechte werden in der Form von Zugriffskontrolllisten verwaltet, die im NT-Dateisystem NTFS abgespeichert werden. Systemprivilegien und Gruppenzuweisungen werden gemeinsam mit anderer, die Benutzer betreffende Information in einer Benutzerdatenbank abgelegt.

Das Steuerungsmodell basiert auf dem Eigentümerkonzept und erlaubt daher dem erzeugenden Subjekt die selbständige Vergabe von Zugriffsrechten auf das betroffene Objekt. Ein spezielles Systemprivileg (*SeTakeOwnershipPrivilege*) ermöglicht Systemadministratoren die Eigentümerschaft über jedes beliebige Objekt zu übernehmen. Tabelle 7 faßt die beschriebenen Charakteristika zusammen.

Trusted ORACLE7
Trusted ORACLE7 ist eine besonders abgesicherte Variante des Datenbanksystems der Firma ORACLE, die den Einsatz eines regelbasierten Zugriffskontrollsystems unterstützt [vgl. Orac92, Orac96].

Diese Funktionalität wird *zusätzlich* zu dem in jeder ORACLE-Datenbank implementierten DAC-Modell eingesetzt.

Microsoft Windows NT Workstation	
Generalisierungs-mechanismen	Benutzergruppen, generische Operationen, Container-Objekte
Operationen	Durch Objekt definiert; 30 Systemprivilegien
Steuerungsoperationen	
Steuerung	Operation *WRITE_DAC*
Delegation	Operation *WRITE_OWNER*
Zugriffskontroll-information	Zugriffskontrollisten
Steuerungsmodell	Eigentümer
NCSC-Klassifikation	DAC (C2)

Bei ORACLE-Datenbanken kommt bereits seit Version 7 ein rollen-basiertes Zugriffskontrollmodell zum Einsatz. Die möglichen Zugriffsrechte setzen sich aus 70 Systemprivilegien (beispielsweise das *create user* oder *alter database* Privileg) und den vom Objekttyp abhängigen Objektprivilegien zusammen. Als Beispiel dafür können die Privilegien *insert*, *update* oder *alter* angeführt werden, die sich auf eine bestimmte Tabelle oder einen View beziehen können.

Darüber hinaus verwaltet Trusted ORACLE7 automatisch für jedes Subjekt und Objekt (selbst für jede Zeile einer Tabelle) eine hierarchische Markierung sowie eine beliebige Anzahl von Kategorien. Wenn ein Zugriff überprüft wird, dann kommen exakt die im Abschnitt 8.1.4.2 beschriebenen Regeln zum Einsatz.

Das Steuerungsmodell beruht auf dem Eigentümerkonzept innerhalb der durch das MAC-Modell vorgegebenen Schranken. Was die Markierungen betrifft, so muß ein zentrales Steuerungsmodell zur Anwendung kommen: Nur ein Administrator ist befugt, die Markierungen zu modifizieren.

Was Steuerungsoperationen betrifft, stellt das Datenbanksystem die SQL-Befehle *grant* und *revoke* zur Vergabe von Privilegien und auch zur Zuweisung von Rollen an Benutzer zur Verfügung. Um von diesen Befehlen Gebrauch machen zu können oder um Rollendefinitionen modifizieren zu können, sind spezielle Systemprivilegien notwendig (wie *alter any role* oder *grant any role*). Darüber hinaus gibt es in Trusted ORACLE7 6 zusätzliche Systemprivilegien zur Verwaltung der Markierungen (beispielsweise *READUP* oder *WRITEDOWN*). Die Vergabe all dieser Privilegien kann durch einen Zusatz zum Befehl *grant* auch an andere Subjekte delegiert werden.

Die Zugriffskontrollinformation wird in der Form von Fähigkeits-listen abgespeichert: In speziellen Systemtabellen werden vom Datenbanksystem die einem Benutzer zugewiesenen Rollen sowie die mit einer Rolle verbundenen Privilegien verwaltet. Tabelle 8 charakterisiert nochmals das hier beschriebene Zugriffskontrollmodell.

Trusted ORACLE7	
Generalisierungs-mechanismen	Rollen
Operationen	6 Objektprivilegien, 60 Systemprivilegien
Steuerungsoperationen	
Steuerung	SQL-Befehle *grant* und *revoke,* Privilegien zur Rollendefinition und Rollenzuweisung, 6 Privilegien zur Kontrolle der Markierungen
Delegation	Zusatz *admin/grant option* bei Rechtevergabe
Zugriffskontroll-information	Fähigkeitslisten
Steuerungsmodell	Zentral (Markierungen) und Eigentümer
NCSC-Klassifikation	DAC und MAC (B1)

8.2
Zugriffskontrolle in WWW-Informationssystemen

Mit dem zunehmenden Einsatz von Internet-Technik im unternehmensinternen Netz entstand auch der Wunsch nach einem verläßlichen Zugriffskontrollmechanismus. Diese Entwicklung ersieht man beispielsweise daraus, daß das Protokoll HTTP in der ersten, noch nicht durch ein Standarddokument abgedeckten Version 0.9 über keinerlei Methoden zur Authentifizierung verfügte. Die ursprüngliche Aufgabe des Protokolls war es, Information für jedermann gleichermaßen zugänglich zu machen.

Erst in der Version 1.0 des Hypertext Transfer Protocol, die im Mai 1996 als RFC veröffentlicht wurde, war die in Abschnitt 2.4.4.2 vorgestellte Basic Authentication enthalten. Diese erlaubt es, einen Zugriff auf ein MIME-Objekt an die erfolgreiche Authentifizierung eines Benutzers durch Benutzername und Kennwort zu binden. Die mit diesem Verfahren einhergehenden Sicherheitsprobleme wurden in Kapitel 2 ausführlich beschrieben.

Somit war HTTP auf dem gleichen Stand wie andere Internet-Dienste: Dateitransfer mit FTP, Mail-Verarbeitung mit POP3 oder die Terminalemulation TELNET sind nur einige Beispiele von Diensten, die sich der Übertragung von Benutzername und Kennwort zur Authentifizierung bedienten.

8.2.1
Elementare Zugriffskontrollmechanismen

Mit der Verfügbarkeit der Basic Authentication entstanden die ersten Zugriffskontrollmechanismen von WWW-Servern, die jetzt noch weit verbreiteten Einsatz finden. Diese Konzepte weisen üblicherweise folgende Charakteristika auf:

Zugriffskontrolle aufbauend auf Basic Authentication

- Authentifizierung von Benutzern mit Hilfe von IP-Adresse, DNS-Name oder Benutzername und Kennwort (Basic Authentication).

- Lokale Durchführung der Zugriffskontrolle durch den WWW-Server.

- Zugriffskontrollinformation wird im Zuge der Konfiguration des Servers mit Hilfe von Kennwort- und Gruppendateien spezifiziert.

In allen WWW-Server-Produkten wird die Zugriffskontrollinformation in der Form von Zugriffskontrollisten abgespeichert. Als Generalisierungskonzept für Subjekte stehen dem Administrator üblicherweise Benutzergruppen zur Verfügung, wobei die Zuordnung von Kennwörtern und Gruppen zu Subjekten über Konfigurationsdateien erfolgt. Durch die Spezifikation von Zugriffskontrollisten kann der Zugriff auch auf *bestimmte Operationen* des HTTP-Protokolls beschränkt werden. Dies ist insofern von Bedeutung, da den Subjekten häufig der Lesezugriff mit der GET-Operation gestattet, der Schreibzugriff mittels PUT-Operation jedoch verweigert wird.

Objekte können zum einen mit Hilfe der auch im URL enthaltenen Verzeichnisse gruppiert werden. Dies ermöglicht die Spezifikation von Zugriffskontrollisten, die für ein Verzeichnis im Dateisystem des WWW-Servers gelten. Zum anderen können Verzeichnisse zu einem Sicherheitsbereich (engl.: Realm) zusammengefaßt werden. Der Begriff *Realm* entstammt der Definition von HTTP und bedeutet soviel wie Sicherheitsbereich.

Gruppierung von Objekten zu einem Realm

Abbildung 49 zeigt schematisch diese Mechanismen der elementaren Zugriffskontrolle. Dem hier beschriebenen Zugriffskontrollmechanismus liegt ein zentrales Steuerungsmodell zu Grunde. Um die mit einem Objekt oder einem Bereich assoziierte Zugriffskontrollinformation zu modifizieren, benötigt man Zugriff auf die entsprechenden Konfigurationsdateien des WWW-Servers.

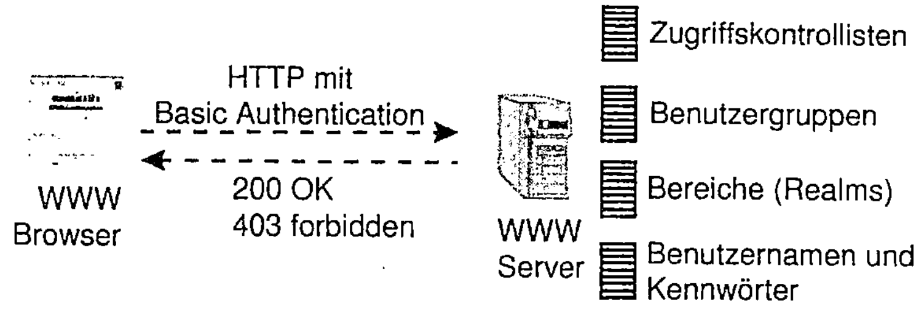

Die Nachteile der hier beschriebenen Lösung liegen in erster Linie in der unverschlüsselten Übertragung von Benutzername und Kennwort. In einem kommerziellen Umfeld ist die Freigabe des Zugriffes auf geheime Information mit diesem Mechanismus nicht zu verantworten. Darüber hinaus sind bei Betrieb mehrerer Server die dezentrale Verwaltung und die daraus resultierende mehrfache Speicherung der Zugriffskontrollinformation nachteilig. Dies kann zur Folge haben, daß Information wie Kennwörter, Gruppen- oder Bereichszugehörigkeit dupliziert werden müssen und Konsistenzprobleme auftreten.

Das zentrale Steuerungsmodell trägt den modernen Einsatzgebieten von WWW-Informationssystemen in einem Intranet noch nicht Rechnung: Hier liegt noch die Idee des Systemadministrators als Eigentümer aller Daten zugrunde. In einer Organisation, in der mehrere Subjekte aus unterschiedlichen Arbeitsgruppen WWW-Dokumente mit HTTP routinemäßig erstellen und abfragen wollen, wird dieses Modell zur Verwaltung der Zugriffsrechte schnell unübersichtlich.

8.2.2
Zugriffskontrollmechanismen mit zentralem Repository

Diesen Unzulänglichkeiten trägt auch die Entwicklung kommerzieller Produkte Rechnung: Einige der im letzten Abschnitt angeführten Probleme lassen sich mit Hilfe der in diesem Buch beschriebenen Techniken auf zuverlässige Weise lösen. Werden die zugrundeliegenden Übertragungswege kryptographisch abgesichert, so verringert sich das Risiko der Übertragung von Benutzername und Kennwort. Erfolgt die Authentifizierung des Benutzers mit Hilfe von Zertifikaten, so reduzieren sich die mit dem Einsatz von Kennwörtern einhergehenden Probleme weiter.

8.2.2.1
Einsatz von Benutzer-Verzeichnissen

Die Möglichkeit der verläßlichen Authentifizierung von Benutzern
sowie der Bedarf an einer zentralen Administration der Zugriffskontrollinformation führte zur Entwicklung von Zugriffskontrollmechanismen, die sich in zunehmendem Ausmaß eines zentralen Datenbestandes bedienen und sich der in Kapitel 4 beschriebenen Referenzarchitektur nähern. Abbildung 50 zeigt, wie ein Zugriffskontrollmechanismus mit Hilfe eines zentral gewarteten Datenbestandes an
Gruppen- und Benutzerinformation ausschauen kann.

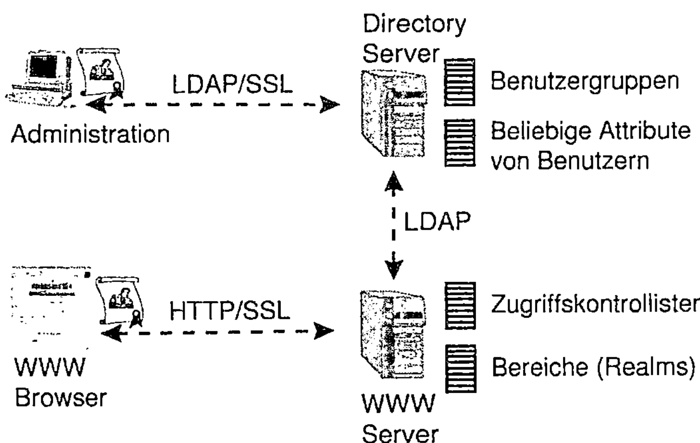

Als Standard für den Zugriff auf Verzeichnisdienste scheint sich im
Internet das in Kapitel 6 beschriebene Protokoll LDAP durchzuset-
zen. In der in Abbildung 50 dargestellten Konfiguration wird mit
Hilfe des Protokolls LDAP auf ein zentrales Repository zugegriffen.
Dieser Zugriff kann ohne Authentifizierung des Client erfolgen,
wenn lediglich Gruppenzugehörigkeit oder Benutzerattribute abgefragt werden sollen.

Soll jedoch der Datenbestand im Sicherheits-Repository mittels
LDAP modifiziert werden, so ist eine Authentifizierung des zugreifenden Subjektes unumgänglich. In diesem Fall muß auch dieses
Protokoll durch eines der in Kapitel 7 beschriebenen Verfahren abgesichert werden. Eine einfache Möglichkeit, die gewünschten Sicherheitsmechanismen mit dem LDAP-Protokoll in seiner gegenwärtigen Form zu verbinden, stellt die Absicherung auf der Transportebene der Internet-Protokolle dar (siehe Abschnitt 7.3). In der
Version 3 des LDAP-Standards ist die Authentifizierung des Benutzers mit einem X.509-Zertifikat sowie die Übertragung über SSL
(LDAP/SSL) optional vorgesehen [vgl. Kapitel 6].

Diese Kombination zwischen LDAP und X.509-Zertifikaten bringt einen zusätzlichen Vorteil: Beide Konzepte haben ihren Ursprung in den OSI-Standards und verwenden daher zur Identifikation von Benutzern und Diensten den in diesen Dokumenten definierten *Distinguished Name.* In Kapitel 6 wurde bereits ausgeführt, daß diese Variante eines weltweit eindeutigen Namens sich wegen der strikt hierarchischen Struktur im praktischen Einsatz nicht bewährt hat. Die mit der Version 3 der X.509-Zertifikate eingeführten alternativen Namen dienten schließlich genau dazu, eine wirklich verbreitete Bezeichnung des zertifizierten Subjektes oder Dienstes in das Zertifikat zu integrieren (wie beispielsweise die E-Mail-Adresse oder einen DNS-Namen).

Der im Zertifikat enthaltene eindeutige Name dient jedoch gleichzeitig auch als Primärschlüssel beim Zugriff auf einen Eintrag mittels LDAP. Wie man aus Abbildung 50 erkennt, muß der WWW-Server lediglich den DN aus dem Zertifikat des Subjektes extrahieren und kann damit eine Abfrage an den LDAP-Server durchführen. Auf diese Weise können alle mit diesem Benutzer assoziierten Attribute (wie E-Mail-Adresse, Gruppenzugehörigkeit oder Abteilung) auf einfache Weise abgefragt werden. Die Kombination zwischen X.509-Zertifikaten und LDAP als Zugriffsmechanismus auf das Sicherheits-Repository ist somit ein logischer Schritt.

Ein Vorteil der Tatsache, daß die mit einem Subjekt assoziierten Attribute im zentralen Repository aufbewahrt werden, liegt auch in der einfacheren Widerrufbarkeit von Zuordnungen. Soll ein Subjekt aus einer Benutzergruppe entfernt werden, so wird eine derartige Änderung durch Modifikation des entsprechenden Eintrages im Sicherheits-Repository sofort wirksam. Wird eine solche Information beispielsweise direkt in das Zertifikat integriert, so kann die Korrektur nur durch Widerruf des Zertifikates mittels Sperrlisten erfolgen, was ein ungleich komplexerer Vorgang ist.

Die Authentifizierung des Benutzers beim Sicherheits-Repository ebnet auch den Weg für die Realisierung eines der in Abschnitt 8.2 beschriebenen Steuerungsmodelle: Auf diese Weise kann den Benutzern Zugriff auf einzelne Einträge im Sicherheits-Repository gewährt und der Steuerungsprozeß dezentralisiert werden. Gegenwärtig begnügen sich die angebotenen Produkte noch mit der in Abbildung 50 dargestellten zentralen Speicherung von Benutzerattributen. Eine Entwicklungstendenz, die sich jedoch bereits abzeichnet, ist die zunehmende Zentralisierung der Zugriffskontrollinformation in einem zentralen Sicherheits-Repository. Damit stehen in steigendem Ausmaß auch die notwendigen Mechanismen für die Realisierung unterschiedlicher Steuerungsmodelle zur Verfügung.

Eine der Hauptaufgaben eines zentralen Sicherheits-Repository ist die Verhinderung der Mehrfachspeicherung von Zugriffskontrollinformation. Dies kann natürlich nur dann erreicht werden, wenn möglichst viele Internet-Dienste die zentral gespeicherte Information nutzen. In diesem Sinne sollten nicht nur alle WWW-Server von diesem Mechanismus Gebrauch machen, sondern ebenfalls möglichst viele der sonstigen Internetdienste. Die im Verzeichnis gespeicherten Zertifikate können von Mail-Anwendungen benutzt werden, um das Zertifikat und damit den öffentlichen Schlüssel eines Adressaten zu erhalten. Mail-Applikationen profitieren darüber hinaus auch von den im Repository enthaltenen Gruppenzuordnungen, die direkt als Adressaten eingesetzt werden können.

Die in diesem Abschnitt angesprochenen Komponenten sind in der beschriebenen Weise sowohl als kommerzielle Produkte als auch in der Form von Public-Domain-Software erhältlich. Letztere kann den kommerziellen Pendants in Konfiguration, Wartungsfreundlichkeit und Zuverläßlichkeit zwar unterlegen sein, um einen Probebetrieb durchzuführen, ist sie jedoch bestens geeignet. Im Produktionsbetrieb dürfte die fehlende Wartung durch den Hersteller das größte Hindernis für den Einsatz frei erhältlicher Software sein.

Verbreitete kommerzielle WWW-Server-Produkte sind der *Enterprise Server* von Netscape sowie der *Internet Information Server* von Microsoft. Beide unterstützen den Einsatz von HTTP über SSL und die Authentifizierung von Benutzern durch X.509-Zertifikate. Server-Zertifikate für beide Softwareprodukte können von mehreren Zertifizierungsstellen bezogen werden.

Der Netscape Enterprise-Server unterstützt seit der Version 3.0 den Einsatz eines LDAP-Servers als zentrales Repository für Gruppendefinitionen und kann diese genauso wie andere im LDAP-Server gewartete Attribute der Benutzer als Zugriffskontrollinformation einsetzen.

Apache, der beliebteste WWW-Server im Bereich der frei verfügbaren Software, ist unter dem Namen Apache-SSL auch in einer sicheren Version erhältlich, die sich der australischen SSL-Bibliothek *SSLeay* bedient. Auf diese Weise kann bereits ein selbständig zertifizierter, SSL-basierter WWW-Server mit Unterstützung von Benutzer-Zertifikaten kostenlos in Betrieb genommen werden.

Apache-SSL ist mit einigen Erweiterungen und gebündelt mit einem Wartungsvertrag auch als kommerzielles Paket unter dem Namen *Stronghold* erhältlich. Im Gegensatz zu Apache-SSL wird ein Stronghold-Server auch von kommerziellen Zertifizierungsstellen als ein zertifizierbares Softwareprodukt angesehen. Für europäische Organisationen ist ferner die Tatsache von Bedeutung, daß Stronghold auch aus Großbritannien vertrieben wird und folglich in keinerlei Weise den US-Exportbeschränkungen unterliegt.

Auch *LDAP-Server* sowie Zusatzmodule, die den Zugang zu proprietären Benutzerdatenbanken über LDAP ermöglichen sollen, finden sich in zunehmendem Ausmaß in den Produktankündigungen der Softwarehersteller. Ein gut dokumentierter, frei verfügbarer LDAP-Server ist an der *University of Michigan* verfügbar, ein Beispiel aus dem Bereich der kommerziellen Software ist der *Netscape Directory Server*, der auch LDAP über SSL unterstützt [vgl. Abschnitt 6.2].

8.2.2.2
Unternehmensinterne Zertifikatverwaltung

Mit dem zunehmenden Einsatz von X.509-Zertifikaten im Intranet stellt sich im kommerziellen Einsatz natürlich auch für die betroffenen Organisationen die Frage, ob Zertifikate von einer öffentlichen Zertifizierungsstelle, wie etwa VeriSign, bezogen oder selbst erstellt werden sollen.

Die Dienste einer Zertifizierungsstelle sind kostenpflichtig, und die Registrierung von Benutzern und Diensten erfordert naturgemäß einen gewissen Aufwand. Die Gegenleistung besteht in erster Linie darin, daß durch das Zertifikat einer weithin bekannten Zertifizierungsstelle der Übergang zum öffentlichen Bereich erleichtert wird.

Wird die Zertifikatverwaltung vom Unternehmen selbst betrieben, so muß folglich auch die Registrierung selbständig durchgeführt werden. Die Zertifizierung erfolgt jedoch unverzüglich und kann den Sicherheitsanforderungen der betroffenen Organisation angepaßt werden.

Software zur Erstellung und Verwaltung von X.509-Zertifikaten ist seit kurzem sowohl in der Form von kommerziellen Produkten als auch – mit einigen Einschränkungen – als frei verfügbare Software erhältlich. Der Funktionsumfang solcher Produkte umfaßt typischerweise die folgenden Bereiche:

- Erstellung von X.509v3-Zertifikaten mit gewünschter Laufzeit.

- Durchführung des Widerrufs von Zertifikaten durch periodische Erstellung von Sperrlisten.

- Verwaltung der Zertifikatdatenbank, der Seriennummern und der Sperrlisten.

- Verwaltung von Kreuzzertifikaten und Zertifizierungsinfrastrukturen.

- Wartung der Zertifikate und Sperrlisten in Verzeichnisservern.

Für den Transfer von Zertifikaten zwischen Zertifizierungsstelle und Verzeichnisserver bietet sich wiederum LDAP über SSL als geeignetes Protokoll an, da für diese Operation eine starke Authentifizierung benötigt wird. Ergänzt man die in Abbildung 50 gezeigte Infrastruktur um diese Komponente, so ergibt sich das in Abbildung 51 dargestellte Bild.

Diese Konfiguration beinhaltet lediglich einen einzigen Internet-Server, der Information aus dem Sicherheits-Repository bezieht. Tatsächlich kann auch ein Mail-Server, der Benutzerzertifikate und Gruppendefinitionen übernimmt, oder jeder beliebige andere Server-Dienst von dieser Information profitieren.

Kommerzielle Software für die Zertifikatverwaltung gibt es ebenfalls von den beiden großen Softwarehäusern Microsoft und Netscape. In beiden Fällen wird das Produkt unter dem Namen *Certificate Server* vertrieben, beide Pakete unterstützen die Übertragung von Zertifikaten in ein LDAP-Verzeichnis sowie die Verwaltung von X.509-Zertifikaten.

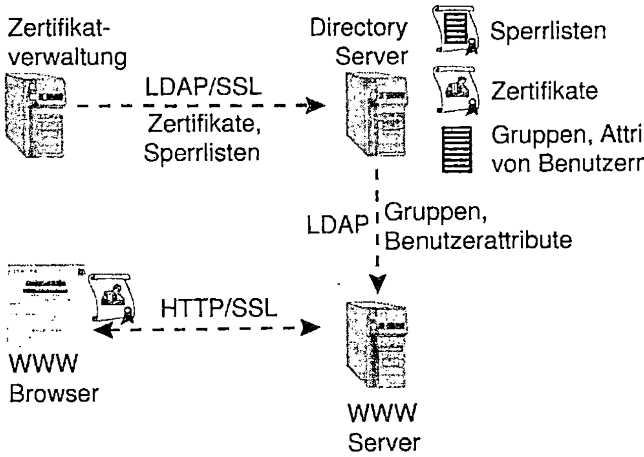

Eine innovative Softwarelösung ist auch von dem kanadischen Softwarehaus *Xcert Software* zu haben: Das unter dem Namen *Sentry* verkaufte Produktpaket umfaßt sowohl eine Software zur Verwaltung von X.509-Zertifikaten als auch einen LDAP-Server, mit dem über LDAP/SSL kommuniziert werden kann. Erweiterungsmodule, welche die Durchführung der Zugriffskontrolle auf Basis der im LDAP-Server enthaltenen Information erlauben, sind für alle gängigen sicheren WWW-Server verfügbar.

Einen ähnlichen Weg geht das amerikanische Softwarehaus *Entrust Technologies*, dessen Produkte ebenfalls die Absicherung von WWW-Informationssystemen mit Hilfe der Standards X.509 und LDAP zum Gegenstand haben. Neben einer Software zur Zertifikatsverwaltung und einem LDAP-Server beinhaltet diese Lösung auch eine Implementierung des ISAKMP-Protokolls zur Schlüsselverwaltung und kann daher mit bestehenden Router- oder Firewall-Produkten eingesetzt werden [vgl. Abschnitt 7.1].

Die zur Zertifikatverwaltung notwendige Funktionalität ist auch Bestandteil der australischen SSL-Software *SSLeay*. Da jedoch Mechanismen zur Verwaltung größerer Zertifikatsbestände fehlen, kann diese Lösung bestenfalls für einen experimentellen Probebetrieb eingesetzt werden [vgl. HuYo97].

8.2.2.3
Erweiterung des Sicherheitsbereiches

Ein Aspekt, der bei der Beschreibung von Zugriffskontrollmechanismen für WWW-Informationssysteme nicht unerwähnt bleiben darf, ist die Erweiterung des eigenen Sicherheitsbereiches. Diese kann auf zwei Arten erfolgen:

1. Externen Benutzern wird der Zugriff auf Informationsressourcen im eigenen Sicherheitsbereich gewährt.

2. Zwei getrennt administrierte Sicherheitsbereiche möchten in loser Kooperation den jeweils fremden Benutzern Zugriff auf eigene Informationsressourcen gestatten.

Diese Erweiterungen des lokal administrierten Sicherheitsbereiches ergeben sich in erster Linie aufgrund der Tatsache, daß sowohl im unternehmensinternen Bereich als auch im globalen Internet dieselbe Technik eingesetzt wird. Auch die im letzten Abschnitt beschriebenen Techniken (X.509-Zertifikate, LDAP, SSL) basieren alle auf offenen oder publizierten Standards; die Interoperabilität zwischen den Softwarelösungen unterschiedlicher Hersteller ist folglich größtenteils gegeben.

Zwei weitere Mechanismen der im letzten Abschnitt beschriebenen Konzepte vereinfachen jedoch die Erweiterung des eigenen Sicherheitsbereiches.

Zum einen kann der Einsatz von eindeutigen Namen in Verbindung mit X.509-Zertifikaten und LDAP-Verzeichnissen, auch wenn dies für den Benutzer völlig transparent geschieht, als ein Vorteil angesehen werden. Auf diese Weise kann ein abgegrenzter Teil des Verzeichnisses auf einen zweiten Server ausgelagert oder zwei getrennte Verzeichnisdienste zusammengeführt werden.

Zum anderen sind die in Kapitel 5 beschriebenen Mechanismen *Kreuzzertifizierung* der Kreuzzertifizierung sowie das Entstehen öffentlicher Zertifizierungsinfrastrukturen zu nennen. Durch ein einziges Kreuzzertifikat kann ein Unternehmen beispielsweise alle von einer öffentlichen Zertifizierungsstelle zertifizierten Benutzer bis zu einem gewissen Grad in den eigenen Sicherheitsbereich eingliedern. Auf die gleiche Weise können auch im Fall der Verbindung zweier Sicherheitsbereiche die Zertifikate des jeweils anderen Bereiches anerkannt werden.

8.3
Forschungsprojekte und Entwicklungstendenzen

In diesem Abschnitt werden einige ausgewählte Forschungsprojekte vorgestellt, die nach Ansicht des Autors die Entwicklungsbemühungen und unterschiedlichen Ansätze im Bereich der Zugriffskontrolle für WWW-Informationssysteme charakterisieren. Die vorgestellten Konzepte lassen sich in drei Kategorien zusammenfassen:

- In Abschnitt 8.3.1 werden zwei Projekte beschrieben, die den Einsatz von rollenbasierten Sicherheitskonzepten für WWW-Informationssysteme zum Gegenstand haben.

- In Abschnitt 8.3.2 werden Zugriffskontrollmechanismen für WWW-Informationssysteme vorgestellt, die sich zwar in die in Kapitel 4 beschriebene Rahmenarchitektur einordnen lassen, die jedoch eigene Verfahren zur Realisierung der einzelnen Komponenten beinhalten.

- Im letzten Abschnitt dieses Kapitels werden die Möglichkeiten aufgezeigt, die sich mit dem Einsatz von innovativen Zertifizierungstechniken wie SDSI und SPKI ergeben.

8.3.1
Rollenbasierte Zugriffskontrollmodelle für
WWW-Informationssysteme

In Abschnitt 8.1.5 wurde bereits darauf hingewiesen, daß rollenbasierte Konzepte im kommerziellen Einsatz als ein vorteilhaftes Zugriffskontrollmodell angesehen werden. Folglich ist es nicht verwunderlich, daß einige Projekte sich mit dem Einsatz dieser Mechanismen als Grundlage der Zugriffskontrolle von WWW-basierten Informationssystemen beschäftigen.

8.3.1.1
RBAC/Web

Das RBAC/Web-Projekt des amerikanischen *National Institute of Standards and Technology (NIST)* zielt auf eine möglichst reibungslose Ergänzung bestehender WWW-Technik um rollenbasierte Sicherheitskonzepte ab [vgl. BaCi97]. Der Schwerpunkt des Projektes liegt auf der Entwicklung und dem Einsatz des rollenbasierten Zugriffskontrollmodells. Die Beschreibung der Repräsentation von Zugriffskontrollinformation und Generalisierungsmechanismen konzentriert sich daher eher auf den Subjektbereich.

Von den in Abschnitt 8.1.5 beschriebenen Eigeschaften rollenbasierter Zugriffskontrollmodelle unterstützt RBAC/Web Rollenhierarchien, Kardinalitäten sowie die statische und dynamische Aufgabentrennung.

Die von einem Benutzer in einer Sitzung ausgeübten Rollen werden als das *Set aktiver Rollen* bezeichnet. Liegt keine dynamische Aufgabentrennung vor, so ergibt sich das Set aktiver Rollen automatisch aus der Menge aller diesem Benutzer zugewiesenen Rollen. Liegt eine dynamische Aufgabentrennung vor, so muß der Benutzer das Set aktiver Rollen über eine WWW-Schnittstelle mit Hilfe der Sitzungsverwaltung zusammenstellen. Auf diese Weise kann die Einhaltung aller RBAC-Constraints vom System überwacht werden. Abbildung 52 zeigt das Zusammenspiel der Komponenten von RBAC/Web.

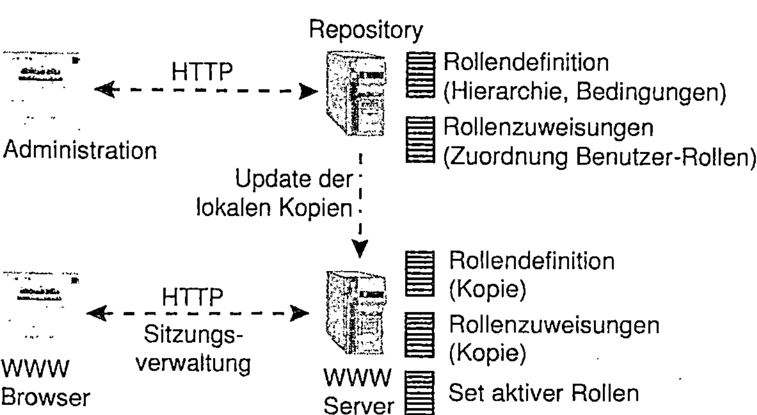

Die Funktionalität von RBAC/Web steht in der Form eines Moduls für gängige WWW-Server unter UNIX oder Windows NT zur Verfügung (beispielsweise für die Netscape-Produkte, den Microsoft Internet Information Server oder auch Apache). Für andere Server-produkte kann besagtes Modul auch als CGI-Script angesprochen werden, was jedoch neben der umständlicheren Adressierung auch einen Performance-Verlust mit sich bringt.

Das RBAC/Web-Modul übernimmt zum einen die eben beschriebenen Aufgaben der Sitzungsverwaltung und überprüft zum anderen mit Hilfe der lokal verfügbaren Zugriffskontrollinformation die Zugriffsberechtigung des Benutzers. Auf welche Weise die zur Realisierung der Sitzungsverwaltung notwendige Lösung der Zustandsproblematik erfolgte, kann aus den vorhandenen Publikationen nicht ersehen werden.

Die mit den einzelnen Rollen assoziierten Zugriffsrechte sind die Protokollanforderungen von HTTP (wie GET, PUT, POST oder HEAD). Objekte im Sinne der Zugriffskontrolle sind die durch den URL spezifizierten MIME-Entitäten.

Der zugrundeliegende Authentifizierungsmechanismus wird durch den Web-Server determiniert: RBAC/Web kann sowohl in Kombination mit der Basic Authentication als auch mit einer Authentifizierung über X.509-Zertifikate eingesetzt werden. An das RBAC/Web-Modul wird lediglich der Name des authentifizierten Benutzers weitergegeben.

Im RBAC/Web-Modell ist der Einsatz eines zentralen Repository vorgesehen, in dem mit Hilfe eines WWW-basierten Administrationswerkzeuges die Rollendefinitionen sowie die Rollenzuweisungen gewartet werden können. Eine Änderung dieses Datenbestandes bewirkt eine Neuverteilung der Konfiguration an die einzelnen Web-Server, wo diese dann in der Form von Konfigurationsdateien eingesetzt wird. Auf welche Weise dieser Replikationsmechanismus realisiert wurde, geht aus den Publikationen der RBAC/Web-Projektgruppe nicht hervor.

Die RBAC/Web betreffenden Veröffentlichungen des NIST erschienen im Jahre 1997, der an dieser Stelle beschriebene Prototyp war zum gegenwärtigen Zeitpunkt noch nicht verfügbar.

8.3.1.2
Security Management System (SMS)

Das an der Wirtschaftsuniversität Wien entwickelte SMS (von engl.: Security Management System) hat den Entwurf eines Zugriffskontrollmechanismus für WWW-Informationssysteme im weiteren Sinne zum Ziel [vgl. Nuss97]. Es soll damit möglich sein, nicht nur mehrere WWW-Server, sondern auch andere Internet-Dienste in dieses Modell zu integrieren.

Das Zugriffskontrollmodell baut auf Rollen als subjektseitiger Generalisierungsmechanismus und Management-Bereichen als Gruppierungskonzept für Objekte auf. Die Struktur der Zugriffskontrollinformation sind Fähigkeitslisten, die mit den einzelnen Rollen assoziiert sind.

Die Überwachung der einzelnen Zugriffe erfolgt mit Hilfe eines Zugriffsmonitors, der ausgehend von der Zugriffskontrollinformation im Repository die Zugriffe gestattet oder ablehnt. Im Gegensatz zu den verteilten Konfigurationsdateien, die im Fall von RBAC/Web zum Einsatz kommen, werden beim SMS alle Zugriffskontrollentscheidungen von diesem Zugriffsmonitor getroffen. Als Entscheidungsgrundlage stehen dem Zugriffsmonitor dabei das in der Form eines LDAP-Servers gewartete Repository zur Verfügung. Ein Administrationswerkzeug ermöglicht die Wartung des Datenbestandes im LDAP-Server.

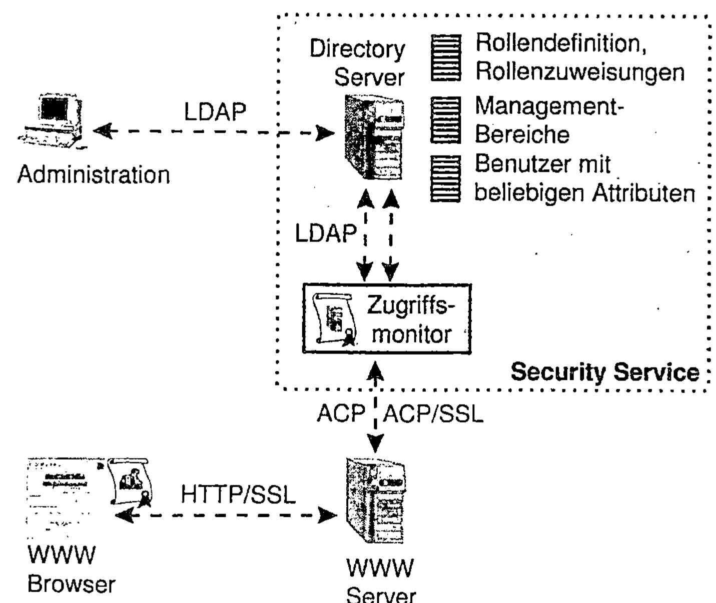

Abbildung 53
Komponenten des
SMS-Prototyps

Die einzelnen Komponenten des SMS werden nachfolgend beschrieben (siehe auch Abbildung 53).

- Die Authentifizierung der Benutzer erfolgt mit Hilfe von X.509-Zertifikaten, die Übertragung wird mit Hilfe eines geeigneten Verfahrens abgesichert (beispielsweise SSL). Der Einsatzbereich von SMS beschränkt sich jedoch nicht auf HTTP.

- Für den eingesetzten WWW-Server (ein Apache-SSL) wurde ein neues Autorisierungsmodul entwickelt, das die Zugriffskontrolle mittels einer Anfrage an den Zugriffskontrollmonitor durchführt.

- Zur Kommunikation zwischen dem WWW-Server und dem Zugriffsmonitor wurde ein einfaches, zustandsloses Protokoll namens *ACP* (von engl.: Access Control Protocol) entwickelt, dessen Definition im wesentlichen aus zwei Elementen besteht:

  1. Eine Anfrage, die vom Server an den Zugriffsmonitor geschickt wird und gleichzeitig ein den Zugriff beschreibendes 6-Tuple überträgt (Protokoll, Anforderung, Servername, Subjekt, Subjekt-CA, Objekt). Die Elemente Subjekt und Subjekt-CA sind die aus dem X.509-Zertifikat des Benutzers extrahierten eindeutigen Namen des Benutzers sowie des Ausstellers.

  2. Eine Antwort, die dem anfragenden Server mitteilt, ob der Zugriff vom Zugriffsmonitor genehmigt wurde oder nicht.

Das Protokoll ACP wurde sowohl in einer unsicheren TCP-Version als auch in einer mit Hilfe von SSL abgesicherten Version (ACP/SSL) implementiert. Die Motivation für die Entwicklung der unsicheren Variante war die Tatsache, daß im Fall einer lokalen Replikation des Zugriffsmonitors beim überwachten Internet-Server die rechenintensive kryptographische Absicherung nicht nötig ist.

- Der Zugriffsmonitor ist in der Form eines selbständigen Server-Dienstes realisiert. Er bedient sich eines lokalen LDAP-Verzeichnisses als Repository, um die Zugriffskontrollinformation auszulesen. Der Zugriffsmonitor beinhaltet die Scripting-Sprache TCL, die sowohl zur Gestaltung der Zugriffskontrollfunktion als auch zur Spezifikation von Bedingungen eingesetzt werden kann.

- Für die Wartung des Datenbestandes im LDAP-Server steht ein Administrationswerkzeug, der sogenannte *Security Entry Navigator*, zur Verfügung.

Man erkennt, daß das SMS eine sich durchaus abzeichnende Entwicklung, nämlich den Einsatz eines LDAP-Servers als zentrales Repository für Rollendefinitionen, vorwegnimmt. Der als Zwischenebene eingeführte Zugriffskontrollmonitor und das Protokoll ACP dienen lediglich dazu, die für die Zugriffskontrollfunktion benötigte Logik einzuführen.

Der Einsatz von LDAP bringt neben der in Abschnitt 8.2.2.3 beschriebenen guten Erweiterungsmöglichkeit auch den Vorteil, daß die Leistung von stark belasteten Servern jederzeit durch eine lokale Replikation erhöht werden kann. Die bestehenden Replikationsme-

LDAP-Verzeichnis als Repository

chanismen des Verzeichnis-Servers erlauben die automatische Synchronisation der Datenbestände. Das dem LDAP-Server zugrundeliegende Datenmodell wird in Abbildung 54 dargestellt.

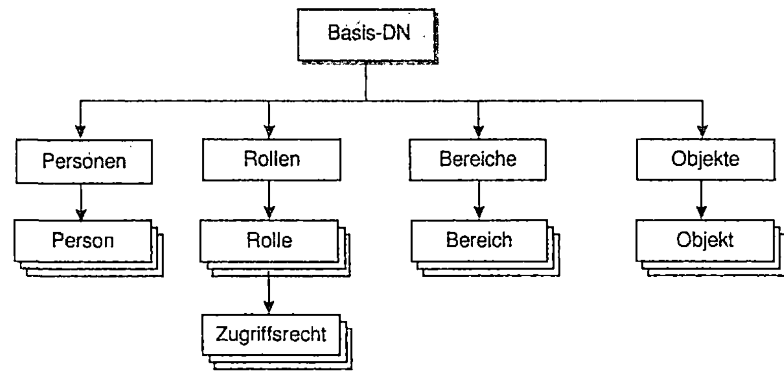

Distinguished Name als identifizierendes Attribut

Da sich der LDAP-Server der X.500-Standards als Grundlage bedient, werden innerhalb des SMS die Einträge mit ihren eindeutigen Namen (dem *Distinguished Name* nach X.500) referenziert. Von dieser Eigenschaft wird auch im SMS Gebrauch gemacht: Die in den Benutzer-Zertifikaten enthaltenen Namen referenzieren den zugehörigen Eintrag im LDAP-Server. Insofern wird hier also im eingeschränkten Bereich der Verzeichnis-Server auf genau jene Art und Weise eingesetzt, die ursprünglich von den X.500-Standards vorgesehen war.

Der Umgang mit eindeutigen Namen kann jedoch nicht als benutzerfreundlich bezeichnet werden. Beispielsweise darf eine Zuweisung einer Person zu einer Rolle nicht dadurch geschehen, daß der eindeutige Name der Person von Hand in die Datenbank eingetragen werden muß. Ein grafisches Administrationswerkzeug, der bereits angesprochene *Security Entry Navigator (SEN)*, ermöglicht die Wartung aller vom SMS verwalteten Daten. Abbildung 55 zeigt, wie eine Rollenhierarchie mit Hilfe des SEN modifiziert werden kann.

Die Implementierung des SMS-Prototyps sowie des in Abbildung 55 dargestellten Administrationswerkzeuges SEN erfolgte unter UNIX mit Hilfe der Entwicklungsumgebung Wafe [vgl. NeNu93]. Wie in Abbildung 53 dargestellt beinhaltet die Implementierung ein Modul für den sicheren WWW-Server Apache-SSL, kann jedoch prinzipiell für jeden Internet-Dienst eingesetzt werden, der die Authentifizierung der Benutzer mit X.509-Zertifikaten ermöglicht.

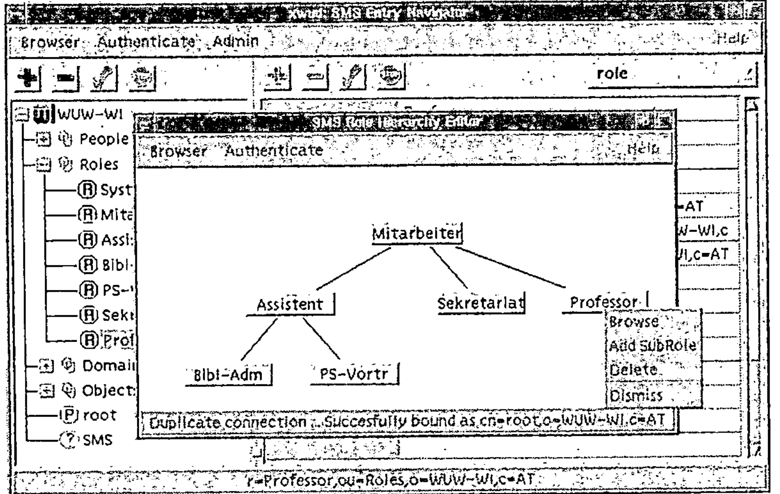

Abbildung 55
Security Entry Navigator

8.3.2
Eigenständige Sicherheitsarchitekturen

Während die im letzten Abschnitt vorgestellten Forschungsprojekte
auf bereits kommerziell etablierten Internet-Standards wie SSL oder
X.509-Zertifikaten aufbauen, werden in weiterer Folge zwei Projekte
vorgestellt, die auch zur Realisierung des Authentifizierungsdienstes
oder der abgesicherten Übertragung eigene Wege eingeschlagen
haben. Auch derartige Forschungsprojekte werden für die Weiterentwicklung der bestehenden Verfahren interessante Impulse liefern
können.

8.3.2.1
DCE-Web

Das von der Open Software Foundation entwickelte Distributed
Computing Environment wurde bereits in Kapitel 4 kurz angerissen.
Während DCE eigene Mechanismen zur Authentifizierung von Benutzern und Diensten oder zur Gewährleistung der Integrität einer
übertragenen Nachricht bereitstellt, gibt es am *OSF Research Institute* auch ein Forschungsprojekt namens DCE-Web, dessen Ziel es
ist, die Sicherheitsarchitektur von DCE für WWW-Informationssysteme zugänglich zu machen. Abbildung 56 zeigt die Komponenten von DCE-Web [vgl. Lewo95].

Distributed Computing Environment

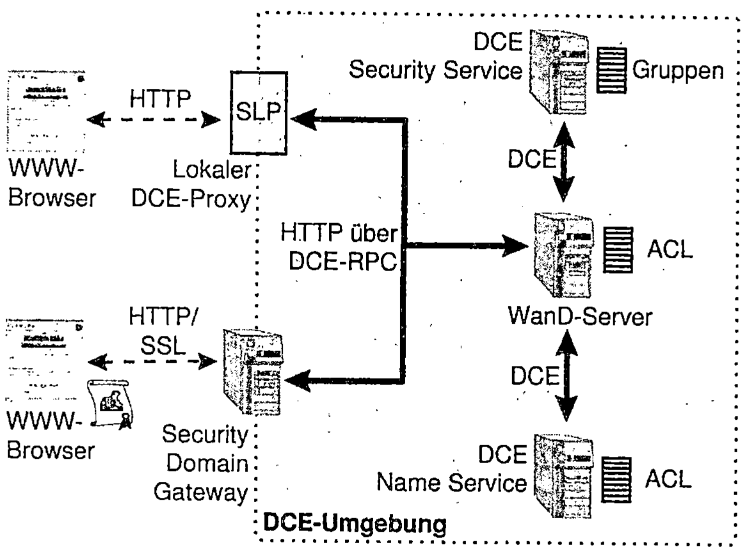

HTTP über DCE-RPC

Eine Hauptkomponente von DCE-Web ist der Einsatz von *HTTP über DCE*. Diese Lösung ist vergleichbar mit dem Schichtenaufbau von HTTP über SSL: Das Hypertext Transfer Protocol liegt in diesem Fall nicht direkt über TCP, sondern benutzt die DCE-Ebene als eingeschobene Schicht. Dadurch können die Sicherheitsmechanismen von DCE auf transparente Weise in das Protokoll HTTP integriert werden. Nach dem grundlegenden Mechanismus zum Transport von Anwendungsprotokollen unter DCE, den *Remote Procedure Calls (RPC)*, wird diese Variante von HTTP hier als HTTP über DCE-RPC bezeichnet.

WanD-Server

Als Server-Software sowohl für HTTP als auch für HTTP über DCE-RPC dient der *WanD-Server* (von engl.: Web and DCE Server). Der Zugriff auf den WanD-Server kann auf zwei Arten erfolgen:

Secure Local Proxy (SLP)

1. Steht dem Benutzer ein gewöhnlicher WWW-Browser ohne Benutzerzertifikat zur Verfügung, so wird ein Proxy-Server (der *Secure Local Proxy, SLP*) eingesetzt, der am Client-Rechner des Benutzers abläuft. Durch den Einsatz des Gateways am lokalen Rechner werden die mit dem Einsatz der Internet-Protokolle verbundenen Sicherheitsrisiken ausgeschaltet. Der Proxy setzt die in HTTP an einen DCE-Web-Server gerichteten Anforderungen auf den DCE-RPC-Transportmechanismus um. Der Proxy übernimmt mit Hilfe von HTML-Formularen auch die Durchführung der DCE-Authentifizierung des Benutzers. Dieses Verfahren, das hier nicht in allen Details beschrieben werden soll, beruht auf dem

Einsatz symmetrischer kryptographischer Algorithmen und vermeidet so die unverschlüsselte Übertragung des Kennworts.

2. Der *Security Domain Gateway* wird analog zum SLP eingesetzt und ist in der Lage, HTTP über SSL-Verbindungen auf HTTP über DCE-RPC-Verbindungen umzusetzen. Die Authentifizierung durch X.509-Zertifikate wird vom Gateway durch eine entsprechende DCE-Authentifizierung ersetzt.

Security Domain Gateway

Mit der Umsetzung der Kommunikation über TCP/IP auf die DCE-Ebene und der Durchführung einer DCE-konformen Authentifizierung des Benutzers können in weiterer Folge vom angesprochenen Server die bestehenden DCE-Dienste in Anspruch genommen werden. Die beiden Gateway-Produkte unterstützen beispielsweise das *DCE-Name-Service*, das es erlaubt, eine Ressource anhand ihres abstrakten Namens zu identifizieren. Auf diese Weise kann die mit dem Einsatz von URLs einhergehende absolute Adressierung mit Rechnernamen vermieden werden. Ebenso profitieren alle über DCE-RPC angesprochenen Server-Dienste von den bestehenden DCE-Zugriffskontrollmechanismen.

Das gesamte Sicherheitskonzept von DCE beruht ausschließlich auf *symmetrischen* kryptographischen Verfahren, wobei ein zentraler Sicherheitsdienst, das DCE-Security-Service, für die Verwaltung der Schlüssel eingesetzt wird. Dieser Dienst übernimmt neben der erstmaligen Authentifizierung von Benutzern und Diensten auch die Verwaltung von Benutzerinformation und von Gruppendefinitionen.

Zugriffskontrollinformation wird in DCE in der Form von Zugriffskontrollisten spezifiziert. Als Generalisierungsmechansimus für Subjekte stehen die bereits angesprochenen Benutzergruppen zur Verfügung. Die Verwaltung der Zugriffskontrollisten wird von DCE lokal, also direkt beim Anwendungs-Server durchgeführt. Dessen Aufgabe beschränkt sich allerdings auf die Definition der möglichen Operationen (im Fall des WanD-Servers die einzelnen HTTP-Anforderungen) sowie die Bereitstellung der Zugriffskontrollisten über eine DCE-Programmierschnittstelle. Die Verwaltung sowie die Auswertung der Zugriffskontrollinformation erfolgt durch DCE-Dienste [vgl. etwa RoKe92].

Zugriffskontroll-modell von DCE

Die Kombination von Internet-Technik mit dem Distributed Computing Environment zeigt, wie die Stärken beider Verfahren vereinigt werden können: Der Einsatz symmetrischer Verfahren im abgegrenzten unternehmensinternen Bereich erfordert ungleich weniger Rechenaufwand als die permanente Authentifizierung mit Hilfe von Zertifikaten und asymmetrischen Verfahren. Dem stehen die globalen Einsatzmöglichkeiten der X.509-Zertifikate durch gezielt betriebenes Vertrauensmanagement sowie die – im Vergleich zu DCE – breite Verfügbarkeit dieser Mechanismen gegenüber.

Das DCE-Web-Projekt ist seit dem Jahr 1996 abgeschlossen und die hier beschriebenen Komponenten sowie einige wissenschaftliche Artikel sind beim OSF Research Institute erhältlich.

8.3.2.2
Dezentrale Autorisierung mit Capabilities

In den letzten Abschnitten wurden bereits einige unterschiedliche Ansätze zur Gestaltung und Verwaltung der Zugriffskontrollinformation in WWW-Informationssystemen vorgestellt: Die dabei eingesetzten Verfahren waren Zugriffskontrollisten sowie rollenbasierte Mechanismen.

In diesem Abschnitt wird ein Projekt am französischen Forschungszentrum CCETT beschrieben, das den Einsatz von Fähigkeitslisten vorsieht [vgl. Kaha95a, Kaha96a]. Dieses Projekt stellt auch eine Überleitung zu den im nächsten Abschnitt auf konzeptioneller Ebene vorgestellten Delegationsmechanismen SDSI und SPKI dar.

Präsentationsbaum, Dokumente und Datenobjekte

Das hier dargestellte Modell beruht auf einer Strukturierung des Objektraums mit Hilfe von Präsentationsbäumen, Hypertext-Dokumenten und Datenobjekten. Ein *Präsentationsbaum* (engl.: Presentation Tree) ist ein inhaltlich zusammenghöriges Set von Hypertext-Dokumenten mit einem definierten Einstiegspunkt. Unter einem *Hypertext-Dokument* wird ein Verbunddokument im HTML-Format verstanden, das zusätzlich noch aus mehreren, durch Links eingebundenen *Datenobjekten* bestehen kann. Diese Datenobjekte müssen nicht verpflichtend am selben Server wie die Hypertext-Dokumente verfügbar sein, dürfen jedoch als zwingendes Charakteristikum keine weiteren Links aufweisen. Hypertext-Dokumente und Datenobjekte werden in dieser Terminologie auch unter dem Begriff *Knoten* zusammengefaßt.

Ein Präsentationsbaum kann als ein objektseitiger Generalisierungsmechanismus betrachtet werden: Zugriffsrechte auf einen Präsentationsbaum sind gleichbedeutend mit Zugriffsrechten auf dessen Hypertext-Dokumente und Datenobjekte.

Capabilities und delegierte Capabilities

Voraussetzung für die Inbetriebnahme des hier beschriebenen Zugriffskontrollmodells ist die Erzeugung von Capabilities für jeden Knoten durch einen Sicherheitsadministrator. Unter einer *Capability* wird in diesem Zusammenhang eine digital unterschriebene Zugriffserlaubnis verstanden, die noch nicht ein begünstigtes Subjekt beinhaltet.

In diesem Modell werden mit jedem Knoten Capabilities für die von diesem Dokument aus über Links direkt erreichbaren Knoten assoziiert. Die Capabilities für die Einstiegsknoten von Präsentationsbäumen werden im Autorisierungsserver abgelegt. Die Capabilities für sonstige Knoten sind direkt bei den entsprechenden Servern gespeichert. Ein wesentlicher Aspekt in diesem Modell ist die Tatsache, daß ein Benutzer mit diesen Capabilities noch nichts anfangen kann: Erst eine an ihn *delegierte Capability* ermöglicht dem Benutzer einen Zugriff.

Dieser Zugriff muß stets über den Einstiegsknoten eines Präsentationsbaumes erfolgen; eine Einschränkung, die in einer weiterentwickelten Version des Modells umgangen wurde. Nach erfolgreicher Authentifizierung des Benutzers beim Autorisierungs-Server und Angabe des gewünschten URLs wird *an den Benutzer die entsprechende Capability delegiert* (siehe Abbildung 57). Dieses digital unterschriebene Zertifikat berechtigt nun diesen Benutzer zum Zugriff auf den Einstiegsknoten des Präsentationsbaumes.

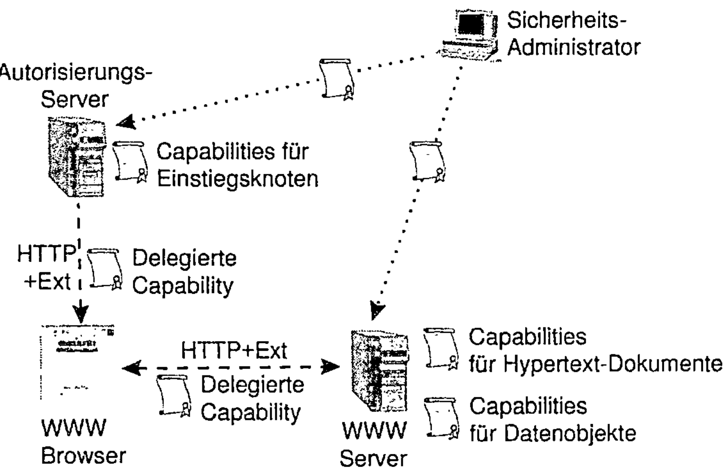

Erfolgt der Zugriff auf dieses Dokument, so wird vom betroffenen Server die Authentizität des Benutzers, die Unterschrift der delegierten Capability sowie die Tatsache überprüft, ob der Benutzer tatsächlich mit dem Begünstigten der delegierten Capability übereinstimmt. Ist dies der Fall, so wird zum einen der Zugriff auf den Einstiegsknoten gewährt, zum anderen werden die mit diesem Knoten assoziierten Capabilities an den zugreifenden Benutzer delegiert. Wird auf ein Datenobjekt zugegriffen, so werden keine weiteren Capabilities an den Benutzer delegiert.

Die Vorteile dieses Modells im Vergleich zu anderen Zugriffskontrollmechanismen liegen in zwei Bereichen:

- Die gesamte Zugriffskontrollinformation — abgesehen von der Definition der Präsentationsbäume — wird durch den Autorisierungs-Server an einem zentralen Ort verwaltet.

- Die Durchführung der Zugriffskontrolle erfordert nur im Fall des Zugriffes auf ein Einstiegsdokument eines Präsentationsbaumes einen zusätzlichen Verbindungsaufbau zum Autorisierungs-Server. Alle weiteren Zugriffe erfolgen ohne weitere Intervention des Autorisierungs-Servers.

Die Problembereiche des Modells sind in erster Linie die Frage der Gültigkeitsdauer der Capabilities und der delegierten Capabilities, die stärkere Rechenbelastung durch die Erstellung und Überprüfung digitaler Unterschriften sowie die Wartung der Capabilities in den einzelnen WWW-Servern.

Ein Prototyp dieses Modells existiert in der Form eines modifizierten NCSA Web-Servers und Browsers (NCSA-Mosaic) sowie einer auf Anwendungsprotokollebene mit Hilfe von zusätzlichen HTTP-Header-Feldern eingeführten Absicherungsschicht. Diese erlaubt auch den Austausch von Capabilities und die Durchführung der Authentifizierung von Benutzern und Servern mittels asymmetrischer kryptographischer Verfahren.

8.3.3
Zugriffskontrolle mit Zertifikaten: SDSI und SPKI

Dem im letzten Abschnitt beschriebenen Projekt liegen offensichtlich andere Mechanismen zu Grunde als den Verfahren, die auf X.509-Zertifikaten aufbauen: Auch die dort eingesetzten Capabilities sind eine Form von Zertifikat, das jedoch nicht die Identität einer Person bestätigt, sondern ein Zugriffsrecht auf eine bestimmte Ressource zertifiziert.

Betrachtet man weiters die historische Entwicklung der in Kapitel 5 beschriebenen Zertifizierungsmechanismen, so läßt sich eine Tendez weg von den reinen Identitäts-Zertifikaten hin zu einem flexibleren Autorisierungsinstrument erkennen. Als Anhaltspunkte für diese Entwicklung seien die Versuche der PKIX-Arbeitsgruppe, eine global einsetzbare Zertifizierung von Anwendungsbereichen eines X.509-Zertifikates zu entwickeln, oder die Integration zusätzlicher Eigenschaften eines Kaufmannes in ein SET-Zertifikat genannt.

Unabhängig von dieser Entfremdung der X.509-Zertifikate vom ursprünglich vorgesehenen Einsatzgebiet wird auch deren aufwendiges Verkodierungsverfahren häufig kritisiert, welches das Einlesen und Auswerten eines X.509-Zertifikates zu einem rechenintensiven Unterfangen macht. Aus diesem Grund wurden in den letzten zwei Jahren zwei völlig neue Zertifizierungskonzepte namens SDSI und SPKI entwickelt, die in weiterer Folge vorgestellt werden sollen.

Beide Standards sind unabhängig von bestimmten kryptographischen Verfahren und können mit mehreren asymmetrischen und symmetrischen Algorithmen eingesetzt werden.

Beide Konzepte definieren neue Formate und Protokolle zum Austausch der Zertifikate. Die Veröffentlichungen zeigen jedoch einen im Vergleich zu X.509-Zertifikaten veränderten Fokus: Beide Entwürfe betrachten das Zertifikat als einen Mechanismus zur Durchführung der Zugriffskontrolle und zur Delegation von Zugriffsrechten.

Das zugrundeliege Konzept ist die Spezifikation von Zugriffskontrollinformation in der Form von Zertifikaten. Diese können die Identität der Subjekte, Gruppen- und Rollenzugehörigkeit oder auch Zugriffskontroll- oder Fähigkeitslisten beinhalten. Die Aufgabe der Zugriffskontrollfunktion ist es in diesem Fall, auszuwerten, ob die in den Zertifikaten (unter Berücksichtigung der Aussteller) vorhandene Zugriffskontrollinformation für den gewünschten Zugriff ausreicht.

Da beide Verfahren zahlreiche Gemeinsamkeiten aufweisen, und die Forschungsgruppen miteinander regen Kontakt haben, verwundert es nicht, daß die Entwürfe einander zunehmend ähnlicher wurden: Ein gemeinsamer Entwurf von SDSI und SPKI wurde bereits angekündigt.

Beide Verfahren sind Gegenstand von aktiven Forschungsbemühungen, vom kommerziellen Einsatz jedoch noch weit entfernt. Trotzdem gibt der gute Ruf der an diesen Projekten beteiligten Personen und die rege Aktivität der SPKI-Arbeitsgruppe Grund zur Annahme, daß dieser Forschungsbereich mit innovativen und vielversprechenden Konzepten aufwarten wird.

8.3.3.1
Verteilte Sicherheits-Infrastruktur: SDSI

SDSI (von engl.: Simple Distributed Security Infrastructure) wird als Forschungskooperation zwischen Ron Rivest, einem der drei Mitentwickler des RSA-Verfahrens, und Butler Lampson, Mitarbeiter von Microsoft, am Massachussetts Institute of Technology (MIT) entwickelt [vgl. RiLa96].

Die Entwürfe sollen hier nicht in voller Länge wiedergegeben werden; wichtig für diese Arbeit sind in erster Linie die dem Design von SDSI zugrundeliegenden Ideen. SDSI versteht sich, wie bereits der Name sagt, als ein flexibles Instrument zur Realisierung der Zugriffskontrolle innerhalb eines Unternehmens: Der Einsatzbereich dieses Konzeptes geht daher weit über die bloße Bindung der Identität eines Benutzers an einen öffentlichen Schlüssel hinaus.

Zertifikatstypen

Neben den bekannten Identitäts-Zertifikaten sieht SDSI folglich auch Zertifikate zur Bindung allgemeiner Attribute an bestimmte Werte sowie Gruppen- und Rollen-Zertifikate vor. Letztere bestätigen beispielsweise durch die digitale Unterschrift des Ausstellers die Zugehörigkeit eines Benutzers zu einer Gruppe oder einer Rolle. Bei allen diesen Zertifikaten ist die Integration applikationsspezifischer Erweiterungen möglich.

Aussteller

Prinzipiell kann nach den SDSI-Entwürfen ähnlich wie beim PGP-Vertrauensmodell jeder Benutzer als Zertifizierungsstelle agieren. Die Entwickler räumen jedoch ein, daß die digitale Unterschrift einiger ausgewählter Aussteller von überragender Bedeutung sein wird. Die Hintergründe dafür liegen in den Befugnissen und deren Delegation innerhalb der realen Welt, die mit Hilfe der Zertifikate abgebildet werden. Einer von zahlreichen Benutzern akzeptierten Zertifizierungsstelle wird daher im Gegensatz zu einer Privatperson eine Sonderstellung eingeräumt: Sie kann auf Grund des in sie gesetzten Vertrauens „globale Namen" für Personen oder Dienste vergeben.

Lokale und globale Namensräume

SDSI geht von der Existenz lokaler Namensräume aus, die gegebenenfalls durch Angabe des Kontextes verbunden werden können. Eine Sonderstellung wird jedoch den globalen Namensräumen bestehender Public-Key-Infrastrukturen sowie den DNS-Namen eingeräumt.

Online-Orientierung

Jeder Benutzer muß die von ihm ausgegebenen Zertifikate jederzeit online zur Verfügung stellen können. Im Gegensatz zu X.509 gibt es nach SDSI keine Sperrlisten. Hingegen können Zertifikate durch eine online durchgeführte Abfrage bestätigt werden.

S-Expressions

SDSI-Zertifikate entsprechen in der Form sogenannten *S-Ausdrücken* (engl.: S-Expressions), die dem Aufbau nach verschachtelten Listen gleichkommen. Diese Repräsentationsform, die ihren Ursprung in der Programmiersprache LISP hat, kann mit verhältnismäßig geringem Aufwand verarbeitet, übertragen oder in lesbare Form konvertiert werden.

Abbildung 58 *Beispiel SDSI-Zertifikat*

```
( Cert:
  ( Local-Name: WI-employees )
  ( Value: ( Group: "Stefan Nusser", "Martin Bichler" ) )
  ( Description: "Mitarbeiter an der Abteilung WI" )
  ( Signed:
    ( Object-hash: ( SHA-1 #a825b3 ) )
    ( Date: 1997-03-24:10.000-0500 )
    ( Signature: #87265 ) ) )
```

Abbildung 58 zeigt ein Beispiel für ein SDSI-Zertifikat in der Form einer S-Expression, das eine lokale Gruppe mit zwei Mitgliedern definiert und neben einem Kommentar mit der Unterschrift des Ausstellers versehen ist.

8.3.3.2
Simple Public Key Infrastructure (SPKI)

Ähnliche Ziele wie SDSI verfolgt auch das von Carl Ellison, einem Mitarbeiter der Firma CyberCash, geleitete Projekt SPKI (von engl.: Simple Public Key Infrastructure), dessen Grundlagen mittlerweile von der SPKI-Arbeitsgruppe der IETF weiterentwickelt werden [vgl. ElFr97]. Wie bereits in der Einleitung zu diesem Abschnitt erwähnt, wurde in den letzten Monaten eine Vereinheitlichung der beiden Entwürfe durchgeführt: Die SPKI-Entwürfe sehen mittlerweile die Verkodierung der Zertifikate in der Form von S-Expressions vor.

Auch in den SPKI-Standards wird ein Zertifikat nicht ausschließlich zur Bindung eines öffentlichen Schlüssels an den Namen einer Person verwendet, sondern vielmehr als ein Mechanismus zur Delegation von Rechten eines Ausstellers an den Inhaber des Zertifikates, also an denjenigen, der über den zugehörigen privaten Schlüssel verfügt. Die Entwürfe der SPKI-Arbeitsgruppe konzentrieren sich in erster Linie auf diese Delegation von Rechten (engl.: Delegation Of Authority).

In der ersten Version des Standards sind bereits einige konkrete Beispiele für eine solche Delegation enthalten. Auf diese Weise kann dem Inhaber eines Zertifikates der Zugriff auf eine bestimmte Ressource mit einem spezifizierten Internet-Protokoll gewährt werden. SPKI-Zertifikate können folglich nicht nur die Authentifizierung eines Benutzers, sondern auch die Autorisierung des Zugriffes durchführen.

Beispielsweise kann mittels eines SPKI-Zertifikates einem Benutzer das Recht übertragen werden, mit TELNET auf einem bestimmten Server unter einer angegebenen Benutzerkennung zu arbeiten. Wird beim Verbindungsaufbau zum Server ein solches Zertifikat präsentiert, so ist die Autorisierung für den gewünschten Zugriff unabhängig von der Identität des Benutzers sichergestellt.

SPKI sieht explizit die Integration anderer Zertifikatformate vor. Hierzu zählen beispielsweise Formate nach den X.509-Standards, aber auch die von SET eingesetzten spezifischen Erweiterungen. Bezüglich der Gültigkeitsdauer werden von der SPKI-Arbeitsgruppe keinerlei Einschränkungen festgelegt. Von „ewig" gültigen Zertifikaten bis zu solchen, die ähnlich dem in SDSI vorgeschlagenen Konzept mit jedem Male neu ausgestellt werden müssen, sind alle

Varianten offen. Man erkennt, daß auch bei den SPKI-Entwürfen die Entwicklung eines allgemein einsetzbaren Mechanismus zur Übertragung von Autorität im Vordergrund steht.

8.4
Zusammenfassung

In diesem abschließenden Kapitel wurde ein großer Bogen von Themenbereichen behandelt, die sich unter dem Begriff „Zugriffskontrolle" subsummieren lassen. Rückblickend wollen wir nochmals die folgenden Entwicklungstendenzen festhalten:

- Im Bereich der WWW-Informationssysteme sind die ersten Zugriffskontrollmechanismen im Entstehen, welche aufbauend auf der Authentifizierung der Benutzer und Dienste mit Hilfe von X.509-Zertifikaten eine zentrale Wartung der für alle Dienste relevanten Zugriffskontrollinformation vorsehen: Eigenschaften von Benutzern und Gruppendefinitionen werden in einem zentralen LDAP-Verzeichnis abgespeichert und sind allen Anwendungen zugänglich.

- In Forschungsprojekten wird diese Entwicklung weiter fortgesetzt: Vielversprechend sind *rollenbasierte Sicherheitskonzepte.* Deren Implementierung beruht auf einem zentralen Repository zur Abspeicherung der Rollendefinitionen (Rollenhierarchie, assoziierte Zugriffsrechte und Einschränkungen) und der Rollenzuordnungen. Das für rollenbasierte Sicherheitskonzepte typische Steuerungsmodell (Zentrale Wartung der Rollendefinitionen und dezentrale Zuordnung) bewährt sich im kommerziellen Umfeld.

- Im wissenschaftlichen Bereich konzentrieren sich die Forschungsaktivitäten auf den Einsatz von Zertifikaten als flexibles Instrument zur *Spezifikation und Delegation von Zugriffskontrollinformation.*

Der Bereich der Zugriffskontrollmechanismen für WWW-Informationssysteme, insofern ist man sich in der Literatur einig, stellt ein vielversprechendes Gebiet sowohl wissenschaftlicher als auch kommerzieller Entwicklungsaktivitäten dar.

Glossar

Das nachfolgende Glossar enthält kurze Erklärungen zu den wichtigsten Begriffen der in diesem Buch behandelten Themenbereiche.

AH (Authentication Header)

> Bestandteil von →IPSP. Felder im Protokollkopf zur Übertragung einer digitalen Unterschrift der im Datagramm enthaltenen Daten. Siehe auch →ESP.

ARP (Address Resolution Protocol)

> →Internet-Protokoll der Netzwerkzugangsschicht, das der Auflösung von →Internet-Adressen zu Adressen des Protokolls der Sicherungsschicht in Broadcast-Netzen (siehe auch →Ethernet) dient.

Asymmetrische Verschlüsselung (Public-Key-Kryptographie)

> Bezeichnung für kryptographische Verfahren, die auf dem Einsatz von *Schlüsselpaaren* beruhen. Eine mit dem einen Schlüssel eines Schlüsselpaares verschlüsselte Nachricht kann nur mit dem zugehörigen zweiten Schlüssel entschlüsselt werden. Ein Schlüssel des Paares wird in der Regel öffentlich bekanntgemacht. Wird mit diesem *öffentlichen Schlüssel* eine Nachricht verschlüsselt, so wird deren Uneinsehbarkeit sichergestellt, da sie nur mit dem zugehörigen privaten Schlüssel entschlüsselt werden kann. Wird im Gegensatz dazu mit dem privaten Schlüssel verschlüsselt, so können diese Verfahren zur Erstellung von →digitalen Unterschriften eingesetzt werden. Siehe auch →RSA.

Authentifizierung

> Verifizierung der Identität eines Kommunikationspartners und Sicherstellung, daß diese Identität über die Dauer einer Kommunikationsbeziehung erhalten bleibt.

Basic Authentication

Einfacher Mechanismus zur →Authentifizierung des Benutzers, der seit der Version 1.0 Bestandteil von →HTTP ist und auf der Übertragung von Benutzername und Kennwort beruht.

Brute-Force-Angriff

Versuch einen mit einem bekannten Verfahren verschlüsselten Klartext durch Ausprobieren aller möglichen Schlüssel zu entschlüsseln. Die Dauer eines Brute-Force-Angriffes hängt wesentlich von der eingesetzten Schlüssellänge ab.

Capabilities

Siehe →Fähigkeitsliste.

Chaining

Im Zusammenhang mit dem →X.500-Directory gebrauchter Begriff für den von einem →DSA selbständig durchgeführten Vorgang des Weiterreichens einer Anfrage an einen anderen DSA.

CPS (Certificate Policy Statement)

Geschäftsbedingungen einer →Zertifizierungsstelle, die unter anderem Aufschluß über die Voraussetzungen für die Ausstelung eines Zertifikates geben.

DAC (Discretionary Access Control)

→Zugriffskontrollmodell, das in den →TCSEC als Voraussetzung für das Erreichen der C-Zertifizierung definiert ist. Die →Zugriffskontrollinformation liegt entweder in der Form von →Zugriffskontrollisten oder von →Fähigkeitslisten vor. In DAC-Systemen wird typischerweise das Eigentümerkonzept oder das hierarchische →Steuerungsmodell eingesetzt.

DAP (Directory Access Protocol)

OSI-Protokoll für den Zugriff auf das →X.500-Directory. Eine ähnliche Funktionalität bietet das auf Internet-Technik aufbauende Protokoll →LDAP.

DES (Data Encryption Standard)

Symmetrisches Verschlüsselungsverfahren mit einer konstanten Schlüssellänge von 56 Bit und veröffentlichtem Algorithmus. Wird in den USA bereits seit 1976 als Regierungsstandard für nichtklassifizierte Kommunikation eingesetzt.

DIB (Directory Information Base)

Gesamtheit der in den →DSAs des →X.500-Directory gewarteten Information.

Digitale Unterschrift

Mechanismus zur Gewährleistung der →Authentizität einer Nachricht durch Ergänzung um einen kryptographischen Code. Wird bei Verwendung von Verfahren der →asymmetrischen Verschlüsselung mit dem privaten Schlüssel erstellt.

Digital-ID

Siehe auch →Zertifikat.

DIT (Directory Information Tree)

Auf die logische Struktur der Information abstellende Bezeichnung der Gesamtheit der im →X.500-Directory enthaltenen Daten.

DN (Distinguished Name, eindeutiger Name)

Eindeutige Bezeichnung eines Eintrags im →X.500-Directory. Setzt sich aus den Werten der teilqualifizierenden Attribute aller Einträge im Pfad bis zum Ursprung des Directory zusammen (zB: cn=Stefan Nusser, ou=WI, o=WU-Wien, c=AT). Kommt auch in →X.509-Zertifikaten zum Einsatz.

DNS (Domain Name System)

Auf dem Transportprotokoll →UDP aufbauendes →Internet-Protokoll, das die Abfrage von und die Kommunikation zwischen DNS-Servern definiert. Ziel des DNS ist die Zuordnung von →Internet-Adressen zu DNS-Rechnernamen und umgekehrt. Siehe auch →DNS-Spoofing.

DNS-Spoofing

Angriff auf das →DNS. Ermöglicht einem Angreifer, unter einem fremden DNS-Namen aufzutreten.

DSA (Directory System Agent)

Bezeichnung der Directory-Server, welche die Information im verteilten →X.500-Directory beinhalten.

DUA (Directory User Agent)

Bezeichnung einer Client-Applikation im Zusammenhang mit dem →X.500-Directory.

Eindeutiger Name

Nach X.500. Siehe →DN.

ESP (Encapsulated Security Payload)

Bestandteil des →IPSP. Protokolldefinition zur verschlüsselten Übertragung eines IP-Datagrammes (*Tunnel Mode*) oder des darüberliegenden Transportprotokolls (*Transport Mode*). Siehe auch →AH.

Ethernet

LAN-Protokoll der OSI-Ebene 2, das zur lokalen Vernetzung von Computern eingesetzt wird und Datenübertragungsgeschwindigkeiten von bis zu 10 Mbit/s (*10Base2*, *10BaseT*) oder 100 Mbit/s erlaubt (*Fast-Ethernet*). Da Ethernet ein Broadcast-Netz ist, sind alle Ethernet-Rahmen für jede angeschlossene Station sichtbar und können mit einem →Paketfilter abgehört werden.

Fähigkeitsliste (Capabilities)

Form der Repräsentation von →Zugriffskontrollinformation. Besteht aus einer Liste von Paaren, die mit einem Subjekt jeweils ein Objekt und die darauf ausführbaren Operationen assoziiert. Ergibt sich auch als eine Zeile der →Zugriffskontrollmatrix. Anstelle von Objekt und Subjekt können gegebenenfalls →Generalisierungsmechanismen treten.

Generalisierungsmechanismen

Werden bei der Spezifikation von →Zugriffskontrollinformation eingesetzt, um von den betroffenen Subjekten oder Objekten zu abstrahieren. Beispiele sind Benutzergruppen, Verzeichnisse oder Rollen (siehe auch →RBAC).

Hash-Verfahren

Einweg-Funktion, die aus einer beliebigen Menge von Daten eine Prüfsumme fixer Länge, den sogenannten *Message Digest*, berechnet. Beispiele sind MD2, MD4 und MD5.

HTML (Hypertext Markup Language)

Im WWW eingesetzte Beschreibungssprache von HyperText-Dokumenten. Beinhaltet neben der Struktur des Dokumentes auch die mit Hilfe von →URLs angegebenen Hypertext-Verbindungen zu anderen Dokumenten oder auch anderen →Internet-Diensten.

HTTP (Hypertext Transfer Protocol)

Auf dem Transportprotokoll →TCP aufbauendes →Internet-Protokoll, das zur Übertragung von →MIME-Entitäten dient. Wird in erster Linie im WWW für den Transfer von →HTML-Dokumenten und darin enthaltenen Multimedia-Komponenten eingesetzt. Eine Authentifizierung des Benutzers kann durch Angabe von Benutzername und Kennwort (siehe auch →Basic Authentication) erfolgen.

ICE-TEL

Projekt, das als Teil des TELEMATICS-Programmes der EU den Aufbau einer anwendungsunabhängigen →Public-Key-Infrastruktur in Europa zum Ziel hat. Im Rahmen des ICE-TEL-Projektes kommen →X.509-Zertifikate und auch die →X.509-Erweiterungsfelder zum Einsatz.

IDEA

Symmetrisches kryptographisches Verfahren mit einer Schlüssellänge von 128 Bit und veröffentlichtem Algorithmus.

IETF (Internet Engineering Task Force)

Gremium, das die Weiterentwicklung der Internet-Technik durchführt. Die Aktivitäten der IETF finden in Arbeitsgruppen statt, die sich bestimmten Themenbereichen widmen. Zur Koordination der Tätigkeit einer IETF-Arbeitsgruppe werden →Internet-Drafts oder im fortgeschrittenen Standardisierungsprozeß auch →RFCs eingesetzt.

Integrität

In der Telekommunikation: Nachweis der unveränderten Übertragung einer Nachricht.

Internet-Adresse (IP-Adresse)

Durch das →Internet-Protokoll definierte, weltweit eindeutige Adresse einer Station im Internet. Die IP-Adresse besteht aus 4 Bytes, die durch Punkte voneinander getrennt sind und läßt sich in eine für den →Routingvorgang benötigte Netzadresse und eine Host-ID unterteilen. Eine Erweiterung des zunehmend enger werdenden Adreßraumes ist durch →IPv6 vorgesehen. Da die IP-Adresse nicht unveränderlich mit einer bestimmten Station verbunden ist (siehe →ARP), kann sie nur sehr eingeschränkt zur Identifikation von Rechnern eingesetzt werden.

Internet-Dienst

Synonym für →Internet-Protokoll der Anwendungsebene.

Internet-Draft

Formloses, befristet gültiges Arbeitsdokument im Standardisierungsprozeß der Internet-Technik. Wird häufig zu Dokumentation der Aktivitäten von →IETF-Arbeitsgruppen eingesetzt.

Internet-Protokoll

1. Das Internet-Protokoll (IP) ist der zentrale Standard der Protokollfamilie TCP/IP auf der Vermittlungsebene und beschreibt unter anderem das Format der →Internet-Adresse und den →Routingvorgang.

2. Im Plural: Gesamtheit aller Protokolle für den Datenaustausch im Internet. Der vierschichtige Aufbau dieser Protokollfamilie umfaßt auf unterster Ebene Standards für den *Netzwerkzugang* (beispielsweise →ARP, →SLIP oder →PPP) auf der *Vermittlungsschicht* das zentrale Internet-Protokoll (IP, siehe oben) und auf der *Transportschicht* die Protokolle →TCP und →UDP. Auf der Anwendungsebene werden schließlich Internet-Dienste wie →HTTP, →POP3, →LDAP oder →SMTP definiert.

IP-Address-Spoofing

Auftreten eines Rechners unter einer falschen →Internet-Adresse. Wird zumeist durch Modifikation der Absender-Adresse im IP-Datagramm erreicht.

IPRA (Internet Policy Registration Authority)

Oberste →Zertifizierungsstelle der in den →PEM-Standards beschriebenen →Public-Key-Infrastruktur. Ihre Aufgabe ist die Zertifizierung der →PCAs.

IPSP (IP Security Protocol)

Von der IPSEC-Arbeitsgruppe der →IETF entwickelte Standards zur Absicherung der →Internet-Protokolle auf Vermittlungsschicht, die auch in die Entwicklung von →IPv6 Eingang finden. Umfassen Protokolldefinitonen (→AH und →ESP) sowie ein Protokoll zur Schlüsselverwaltung (→ISAKMP).

IPv6

Nächste Generation der →Internet-Protokolle. Die Entwürfe beinhalten unter anderem die Absicherung der Internet-Protokolle in Übereinstimmung mit dem →IPSP sowie eine Erweiterung der Adreßinformation im IP-Datagramm von 4 auf 6 Bytes und dadurch eine Vergrößerung des Adreßraumes.

ISAKMP (Internet Security Association and Key Management Protocol)

> Entwurf für ein Protokoll zur Schlüsselverwaltung, das mit dem →IPSP eingesetzt werden soll. Beruht auf der Verwaltung abstrakter *Security Associations*, die nach einer anfänglichen →Authentifizierung der Kommunikationspartner zur wiederholten Herstellung von Verbindungen mit unterschiedlichem Sicherheitsniveau eingesetzt werden können.

ITU-T (International Telecommunication Union - Telecommunications Standardization Sector)

> Den UN zugehöriges Gremium, das internationale Normen (sogenannte „Empfehlungen") im Bereich der Telekommunikation entwickelt und veröffentlicht. Ging aus dem 1993 umstrukturierten CCITT (von franz.: Comité Consultatif International Télégraphique et Téléphonique) hervor. Veröffentlicht unter anderem die →OSI-Standards.

Kreuzzertifikat (Cross Certificate)

> Zertifikat, das von einer →Zertifizierungsstelle für eine weitere Zertifizierungsstelle ausgestellt wird. Führt zur Bildung von →Vertrauensketten nach einem →Vertrauensmodell.

Kryptoanalyse

> Teilzweig der →Kryptologie, der sich mit der Analyse und Bewertung von kryptographischen Verfahren befaßt.

Kryptographie

> Teilzweig der →Kryptologie, der sich mit dem Ver- und Entschlüsseln von Nachrichten befaßt.

Kryptologie

> Wissenschaft, deren Aufgabengebiet das „Verheimlichen von Nachrichten" ist. Umfaßt die →Kryptographie und die →Kryptoanalyse.

LDAP (Lightweight Directory Access Protocol)

> Auf dem Transportprotokoll →TCP aufbauendes →Internet-Protokoll für den Zugriff auf Directory-Server. LDAP ist dem OSI-Protokoll →DAP nachempfunden, ist jedoch wegen der geringeren Komlexität sowie der Verkodierung aller Daten in der Form von Zeichenketten weniger rechenintensiv. Das hierarchische Informationsmodell des →X.500-Directory und die Identifizierung von Einträgen mit →DN kommen unverändert zum Einsatz.

MAC (Mandatory Access Control)

> Variante eines →regelbasierten Zugriffskontrollmodells, die in den →TCSEC zur Erreichung der B-Zertifizierung von Softwareprodukten vorgesehen ist. Die dort beschriebene →Zugriffskontrollfunktion erlaubt Lesezugriff nur, wenn die Klassifikation des Subjektes höher oder gleich jener des Objektes ist und Schreibzugriff nur im umgekehrten Fall. Durch diese Informationsflußkontrolle soll verhindert werden, daß klassifizierte Information an nicht berechtigte Subjekte preisgegeben wird.

Markierungen (Labels)

> Spezifikation von Zugriffskontrollinformation in der Form einer Klassifikation von Subjekten und Objekten in verschiedene Sicherheitsklassen. Ein Beispiel dafür ist die im militärischen Bereich verbreitete Einteilung in *Unclassified*, *Confidential*, *Secret* und *Top Secret*. Wird in →regelbasierten Zugriffskontrollmodellen eingesetzt.

MIME (Multipurpose Internet Mail Extensions)

> Verfahren zur Spezifikation unterschiedlicher (auch zusammengesetzter) Dokumenttypen und Verkodierungsverfahren, das für den Einsatz mit E-Mail (siehe auch →SMTP) entwikkelt wurde. Ab Version 1.0 des Protokolls →HTTP wird MIME auch dort zur Spezifikation der Metadaten eingesetzt.

Orange Book

> Siehe →TCSEC.

OSI-Modell (Open Systems Interconnection)

> Siebenschichtiges Modell für den Datenaustausch in offenen Systemen. Standards der unteren vier Ebenen (*Transportsystem*) decken Bereiche wie Übertragungsmedien, Zugangsverfahren, Wegewahl oder Transportadressen ab. Die oberen drei Schichten (*Anwendungssystem*) behandeln zum einen Funktionalität wie Sitzungsmanagement und Datentransformation, zum anderen werden auch Anwendungsdienste standardisiert. Bedeutung erlangte das OSI-Modell in erster Linie als Referenzarchitektur zur Einordnung von Netzwerkprotokollen. Dokumentiert in der Form von Empfehlungen der →ITU-T, die zum Großteil auch als ISO-Standards übernommen wurden.

Paketfilter (Paket Sniffer)

> Software zum Abhören von Rahmen in einem Broadcast-Netz wie beispielsweise →Ethernet.

PCA (Policy Certification Authority)

➤ Zertifizierungsstelle der zweiten Ebene der in den ➤PEM-Standards definierten ➤Public-Key-Infrastruktur. Alle einer PCA untergeordneten Zertifizierungsstellen stellen ➤Zertifikate nur für den von der PCA definierten Aufgabenbereich aus. Wenn von einer PEM-Anwendung bei der Bildung einer ➤Vertrauenskette das Zertifikat einer fremden PCA eingesetzt werden muß, so erfordert dieser Schritt eine aktive Bestätigung durch den Benutzer. Dieser akzeptiert damit bewußt den Einsatz eines Zertifikates, das für einen unterschiedlichen Aufgabenbereich ausgestellt wurde.

PCT (Private Communication Technology)

Von Microsoft entwickelte Variante des Protokolls ➤SSL, die keine wesentlichen Ergänzungen zu SSL in der Version 3 bietet.

PEM (Privacy Enhanced Mail)

Standard für die kryptographisch abgesicherte Übertragung von E-Mail über das ➤Internet-Protokoll ➤SMTP. Zur ➤Authentifizierung der teilnehmenden Personen kommen ➤X.509-Zertifikate in der Version 1 zum Einsatz. Die Standards sehen den Aufbau einer ➤Public-Key-Infrastruktur nach dem zentralen ➤Vertrauensmodell vor, die jedoch nie vollständig realisiert wurde. An der Spitze der Hierarchie steht die weltweit einmalige ➤IPRA, die wiederum die ➤Zertifizierungsstellen der zweiten Ebene (genannt ➤PCA) zertifiziert. Die PCAs können über beliebig viele weitere Ebenen von Zertifizierungsstellen die Identitätszertifikate für Personen ausstellen.

PGP (Pretty Good Privacy)

Software zur ➤symmetrischen und ➤asymmetrischen Verschlüsselung von Daten. Wird im Internet häufig zur Übertragung von E-Mail über das ➤Internet-Protokoll ➤SMTP eingesetzt. PGP ist im Quellcode verfügbar und für den privaten Einsatz kostenlos erhältlich. Die Authentifizierung von Personen erfolgt mit Hilfe von ➤Zertifikaten, die jedoch im Gegensatz zu ➤X.509-Zertifikaten von allen beteiligten Personen ausgestellt werden können. Das resultierende ➤Vertrauensmodell, wird auch als *Web of Trust* bezeichnet.

PKIX (Public Key Infrastructure X.509)

Arbeitsgruppe der ➤IETF, die Standards für den einheitlichen Einsatz von ➤X.509-Zertifikaten und der ➤X.509v3-Erweiterungsfelder im Internet entwickelt.

POP3 (Post Office Protocol, Version 3)

Auf dem Transportprotokoll →TCP aufbauendes →Internet-Protokoll, das zum Abholen von E-Mail-Nachrichten von einem Mail-Server dient. Der Benutzer wird durch die Angabe von Benutzername und Kennwort →authentifiziert.

Port-Nummer (Dienstnummer)

Bestandteil des Protokollkopfes von TCP-Segmenten oder UDP-Datagrammen; dient der eindeutigen Zuordnung zu einem Anwendungsprozeß. Server-Dienste haben eine standardisierte Dienstnummer, während Client-Anwendungen sich einer vorübergehend zugewiesenen Port-Nummer bedienen. Eine Port-Nummer bildet gemeinsam mit einer →Internet-Adresse einen →Socket.

PPP (Point-To-Point Protocol)

→Internet-Protokoll der Netzwerkzugangsschicht, das der Übertragung von Datagrammen unterschiedlicher Protokolle der OSI-Ebene 3 über serielle Leitungen dient. PPP ist im Gegensatz zu →SLIP multiprotokollfähig und unterstützt die Möglichkeit der Übergabe protokollspezifischer Parameter sowie die Durchführung einer Authentifizierung.

Public-Key-Infrastruktur (PKI)

Bezeichnung für eine oder mehrere →Zertifizierungsstellen und die von diesen ausgestellten →Kreuzzertifikate. Das Ziel einer PKI ist, daß eine zertifizierte Entität (Person, Dienst) das →Zertifikat einer anderen Entität durch Bildung einer →Vertrauenskette zu einer →vertrauensmaximalen Zertifizierungsstelle validieren kann. Anhand der Gestalt dieser Vertrauensketten können unterschiedliche Arten von →Vertrauensmodellen unterschieden werden.

Public-Key-Kryptographie

Siehe →Asymmetrische Verschlüsselung.

RBAC (Rollenbasierte Zugriffskontrollmodelle)

→Zugriffskontrollmodelle, die Rollen als subjektseitigen →Generalisierungsmechanismus einsetzen und die →Zugriffskontrollinformation in der Form von mit den Rollen assoziierten →Fähigkeitslisten verwalten. Das charakteristische →Steuerungsmodell von rollenbasierten →Zugriffskontrollmodellen beruht auf einer zentralen Durchführung der Rollendefinition durch die Systemadministration, während die Zuweisung von Rollen zu Subjekten dezentralisiert wird.

RC2, RC4, RC5

Von Ron Rivest für die RSA Data Security entwickelte symmetrische Verschlüsselungsverfahren mit variabler Schlüssellänge. RC2 und RC4 unterliegen bei einer Schlüssellänge von bis zu inklusive 40 Bit einem beschleunigten Verfahren zur Gewährung der Exportgenehmigung in den USA.

Referral

Im Zuge einer Abfrage des →X.500-Directory von einem →DSA retournierte Referenz an einen anderen DSA.

Regelbasiertes Zugriffskontrollmodell

Bezeichnung für →Zugriffskontrollmodelle, die auf →Zugriffskontrollinformation in der Form von →Markierungen aufbauen. Die →Zugriffskontrollfunktion muß in diesem Fall unter Einsatz einer bestimmten Regel determinieren, ob ein bestimmter Zugriff gewährt wird. Ein Beispiel dafür ist die in den →TCSEC für das Erlangen einer B-Zertifizierung vorgesehene →MAC.

RFC (Request For Comment)

Vom *Internet Architecture Board* herausgegebene Norm. Zentrales Dokument im Standardisierungsprozeß der Internet-Technik. Der Status eines RFCs (von *Informational* über *Proposed Standard* bis *Internet Standard*) gibt Aufschluß über den Stellenwert des Textes.

Routing

Weiterleiten von IP-Datagrammen über unterschiedliche Netze der OSI-Ebene 2 hinweg bis zum Zielnetz. Der Routingvorgang wird in der Regel von *Internet-Routern* durchgeführt, die untereinander Adreßinformation mit Hilfe von Routing-Protokollen austauschen.

RSA

Von Ron Rivest, Adi Shamir und Leonard Adleman entwickeltes, weit verbreitetes →asymmetrisches Verschlüsselungsverfahren. Der Algorithmus von RSA ist veröffentlicht, das Copyright liegt bei der Gesellschaft *RSA Data Security*.

S/MIME

Auf dem →MIME-Standard aufbauende Erweiterung zur Übertragung von verschlüsselten und/oder digital unterschriebenen E-Mail-Nachrichten über das →Internet-Protokoll

→SMTP. Zur Authentifizierung der Kommunikationsparteien sind →X.509-Zertifikate vorgesehen.

SDSI (Simple Distributed Security Infrastructure)

Am MIT betriebenes Forschungsprojekt, das den Entwurf eines neuen Zertifikatformates und von Protokollen zum Austausch dieser →Zertifikate beinhaltet. Ziel des Projektes ist die Schaffung von flexiblen Mechanismen für die Realisierung einer verteilten Sicherheitsinfrastruktur. SDSI-Zertifikate sind keine Identitätszertifikate, wie sie in den →X.509-Standards behandelt werden, sondern können beispielsweise neben einer Gruppen- oder Rollenzugehörigkeit auch eine bestimmte Zugriffsberechtigung beinhalten. Eine Besonderheit dieser Entwürfe ist — im Gegensatz zu X.509-Zertifikaten — der Einsatz von lokalen Namensräumen sowie von S-Expressions zur Verkodierung der Zertifikate. Die Entwicklung von SDSI wird gegenwärtig mit den →SPKI-Entwürfen in Einklang gebracht.

Secure-DNS

Erweiterung des →DNS, die in erster Linie die →Authentifizierung der an der Auflösung eines Namens beteiligten DNS-Server durch →digitale Unterschriften zum Ziel hat. Zu diesem Zweck soll die bestehende Infrastruktur der verteilten DNS-Datenbank mit Hilfe von →Kreuzzertifikaten nachgebildet werden. Die resultierende →Public-Key-Infrastruktur kann in einem weiteren Schritt auch als Mechanismus zur Verteilung von Identitätszertifikaten eingesetzt werden.

SET (Secure Electronic Transactions)

Von den Kreditkartengesellschaften Visa und Mastercard entwickelter Standard zur sicheren Abwicklung von Kreditkartentransaktionen zwischen Verkäufer, Käufer und Clearing-Stelle über die →Internet-Protokolle. Beruht auf dem Einsatz von →X.509-Zertifikaten sowie →X.509v3-Erweiterungsfeldern und baut auf einer →Public-Key-Infrastruktur nach einem zentralen → Vertrauensmodell auf.

S-HTTP (Secure-HTTP)

Erweiterung von →HTML und →HTTP, welche die Übertragung von verschlüsselten und/oder digital unterschriebenen →MIME-Entitäten in beide Richtungen vorsieht. Diese Absicherung von HTTP auf der Anwendungsebene erlaubt den applikationsspezifischen Einsatz kryptographischer Verfahren.

SLIP (Serial Line Internet Protocol)

→Internet-Protokoll der Netzwerkzugangsschicht, das der Übertragung von IP-Datagrammen über serielle Leitungen dient. Wird zunehmend durch →PPP abgelöst.

SMTP (Simple Mail Transfer Protocol)

Auf dem Transportprotokoll →TCP aufbauendes →Internet-Protokoll, das zur Übermittlung von E-Mail dient. Eine Authentifizierung des Benutzers wird nicht durchgeführt.

Socket

Bezeichnung eines Endpunktes einer Datenübertragung über →Internet-Protokolle. Besteht aus einer →Internet-Adresse und einer →Port-Nummer.

Sperrliste (Certificate Revocation List, CRL)

Von einer →Zertifizierungsstelle periodisch veröffentlichte Liste von ungültigen Zertifikaten. Die Publikation der Sperrliste erfolgt in elektronischer Form und mit →digitaler Unterschrift durch die ausstellende Zertifizierungsstelle. Die →X.509-Standards definieren unter anderem auch das Format von Sperrlisten.

SPKI (Simple Public Key Infrastructure)

Projekt der SPKI-Arbeitsgruppe der →IETF zur Entwicklung eines neuen Standards für →Zertifikate und zugehörigen Protokolldefinitionen. Ähnlichkeiten mit →SDSI; ein gemeinsamer Entwurf eines Standards ist abzusehen. Die Entwürfe von SPKI stellen in erster Linie auf die Durchführung der →Zugriffskontrolle in einem verteilten Informationssystem ab und bieten daher eine Vielfalt von Möglichkeiten zur Zertifizierung von →Zugriffskontrollinformation.

SSL (Secure Sockets Layer)

Von Netscape entwickeltes Verfahren zur Absicherung der Internet-Protokolle auf der Transportschicht. Auf diese Weise können einzelne Anwendungsdienste (wie etwa →HTTP oder →LDAP) ohne Modifikation um →symmetrische Verschlüsselung der Nutzlast und →Authentifizierung der Kommunikationspartner mit Hilfe von →X.509-Zertifikaten ergänzt werden.

Steuerungsmodell (Control Model)

Legt als Bestandteil des →Zugriffskontrollmodells fest, wer das Recht hat, die →Zugriffskontrollinformation zu modifizieren und die eingesetzten →Generalisierungsmechanismen zu verwalten. Möglichkeiten reichen vom Eigentümerkonzept über das hierarchische Steuerungsmodell bis hin zur zentralen Administration.

Symmetrische Verschlüsselung

Bezeichnung für kryptographische Verfahren, die auf dem Einsatz des gleichen Schlüssels zur Ver- und Entschlüsselung von Daten beruhen. Beispiele sind →DES, →RC4 oder →IDEA.

TCP (Transmission Control Protocol)

Verbindungsorientiertes Kommunikationssteuerungsprotokoll auf Transport-Ebene aus der Familie der →Internet-Protokolle. Übernimmt die Sequenzierung der einzelnen Segmente, die Korrektur etwaiger Übertragungsfehler und die Durchführung der Flußkontrolle.

TCP/IP

Bezeichnung für die Familie der → Internet-Protokolle, die auf die zentrale Bedeutung der Protokollstandards →TCP und IP (→Internet-Protokoll) abstellt.

TCSEC (Trusted Computer System Evaluation Criteria)

Vom amerikanischen National Computer Security Center (NCSC) für das Department of Defense (DoD) veröffentlichter Standard, der Kriterien für die Bewertung der Sicherheit von Softwareprodukten behandelt. Wird auch als „Orange Book" bezeichnet. Dort werden die Anforderungen an →DAC und →MAC definiert.

UDP (User Datagram Protocol)

Verbindungsloses Kommunikationssteuerungsprotokoll auf Transportebene aus der Familie der Internet-Protokolle.

URL (Uniform Resource Locator)

Format zur einheitlichen Spezifikation eines Internet-Dienstes sowie eines Datenobjektes und etwaiger für den Zugriff notwendiger Parameter.

Vertrauenskette (Chain of Trust, Zertifizierungspfad)

Serie von →Kreuzzertifikaten, welche die zur Überprüfung eines Zertifikates notwendige Verbindung zu einer →vertrauensmaximalen Zertifizierungsstelle herstellen.

Vertrauensmaximale Zertifizierungsstelle (Most Trusted CA)

Zertifizierungsstelle, derern öffentlicher Schlüssel oder selbstunterschriebenes Zertifikat auf einem sicheren Kommunikationsweg in den Besitz eines Benutzers gelangte.

Vertrauensmodell (Trust Model)

Typische Struktur von durch →Kreuzzertifizierung entstehenden →Vertrauensketten und →vertrauensmaximalen Zertifizierungsstellen. Ein Beispiel ist das *zentrale Vertrauensmodell*, das einen hierarchischen Aufbau mit einer einzigen vertrauensmaximalen Zertifizierungsstelle an der Spitze aufweist.

X.500-Directory

In der X.500-Serie von →ITU-T-Empfehlungen wird ein verteilter Verzeichnisdienst definiert, in dem weltweit Personen und Ressourcen katalogisiert werden können. Einzelne Einträge im Verzeichnis werden anhand ihres →DN identifiziert.

Das Directory besteht aus mehreren Servern (→DSAs), von denen jeder einen Teil der logischen Baumstruktur (→DIT) beinhaltet. Ein Benutzer kann mit Hilfe einer Client-Anwendung (→DUA) und dem OSI-Protokoll →DAP über jeden beliebigen Server den gesamten Baum abfragen. Bei Bedarf wird die Anfrage vom kontaktierten Server mittels →Referral oder →Chaining weitergeleitet. In der ITU-T-Empfehlung →X.509 wird außerdem ein Authentifizierungsmechanismus definiert, der auf →Zertifikaten aufbaut.

Das globale Directory wurde bislang – abgesehen von vereinzelten Prototypen – noch nicht realisiert. Im Internet finden jedoch die zugrundeliegenden Mechanismen in Form des Internet-Protokolls →LDAP und der Authentifizierung mit →X.509-Zertifikaten zunehmend Einsatz.

X.509

Die ITU-T-Empfehlung X.509 definiert den Authentifizierungsmechanismus für das →X.500-Directory. Ihre heutige Bedeutung liegt in erster Linie in der Standardisierung des Formates der →X.509-Zertifikate.

X.509-Zertifikat

In der ITU-T-Empfehlung →X.509 standardisiertes Format eines →Zertifikates zur Zertifizierung von Personen oder Server-Diensten. Dieses enthält unter anderem den öffentlichen Schlüssel und den →DN der zertifizierten Person sowie den →DN und die Unterschrift der ausstellenden →Zertifizierungsstelle. In der Version 3 ist darüber hinaus noch die Integration von →X.509v3-Erweiterungsfeldern in das Zertifikat vorgesehen.

X.509v3-Erweiterungsfelder

In der Version 3 des →X.509-Zertifikates vorgesehene zusätzliche Felder, die den flexiblen Einsatz von X.509-Zertifikaten in unterschiedlichen Umgebungen erlauben sollen. Die Erweiterungsfelder ermöglichen beispielsweise die Integration alternativer, vom Format des →DN abweichender, Namen oder betreffen die Handhabung von →Sperrlisten. Ein wesentliches Einsatzgebiet ist die Einschränkung der Transaktionen, die mit dem zugehörigen privaten Schlüssel durchgeführt werden können. Der portable Einsatz dieser Erweiterungsfelder in einer Internet-Umgebung ist Gegenstand der Entwürfe der →PKIX-Arbeitsgruppe der →IETF.

Zertifikat (Digital-ID, digitaler Personalausweis)

Durch die →digitale Unterschrift des Ausstellers hergestellte Bindung eines öffentlichen Schlüssels an eine bestimmte Ermächtigung. Im Fall der im Internet verbreiteten →X.509-Zertifikate handelt es sich dabei um die Identität einer Person oder eines Server-Dienstes (Identitätszertifikat). In diesem Fall übernimmt die ausstellende →Zertifizierungsstelle die Überprüfung der Identität in Übereinstimmung mit ihrem →CPS. Konzepte wie →SDSI oder →SPKI fassen den Zertifikatsbegriff weiter und sehen auch die Zertifizierung von beliebiger →Zugriffskontrollinformation oder anderen Attributen vor. Zertifikate kommen auch in →PGP und im →Secure-DNS zum Einsatz.

Zertifizierungsstelle (Certification Authority, CA, Trust Center)

Aussteller von →Zertifikaten. Handelt es sich wie im Fall von →X.509-Zertifikaten um Identitätszertifikate, so übernimmt die Zertifizierungsstelle die Überprüfung der Identität der betroffenen Person oder des betroffenen Dienstes. Der für die Ausstellung eines Zertifikates notwendige Identitätsnachweis kann aus dem →CPS ersehen werden.

Zugriffskontrolle (Access Control)

Vorgang der Überprüfung der Berechtigung eines Subjektes, eine Operation auf ein bestimmtes Objekt auszuführen. Erfolgt durch eine →Zugriffskontrollfunktion in Übereinstimmung mit einem bestimmten →Zugriffskontrollmodell.

Zugriffskontrollfunktion (Access Control Function)

Abstrakte Funktion, die aufgrund der →Zugriffskontrollinformation entscheidet, ob die von einem Subjekt gewünschte Operation auf ein Objekt erlaubt ist.

Zugriffskontrollinformation

Repräsentation der Zugriffsberechtigungen. Kann in der Form einer →Zugriffskontrollmatrix, mit →Zugriffskontrollisten, →Fähigkeitslisten oder →Markierungen realisiert werden. Durch →Generalisierungsmechanismen kann die Spezifikation der Zugriffskontrollinformation vereinfacht werden.

Zugriffskontrollisten (ACL)

Form der Repräsentation von →Zugriffskontrollinformation. Besteht aus einer Liste von Paaren, die mit einem Objekt jeweils ein Subjekt und die ihm gestatteten Operationen assoziiert. Ergibt sich auch als eine Spalte der →Zugriffskontrollmatrix. Anstelle von Objekt und Subjekt können gegebenenfalls →Generalisierungsmechanismen treten.

Zugriffskontrollmatrix (Access Control Matrix, ACM)

Form der Repräsentation von →Zugriffskontrollinformation: An den Zeilen und Spalten sind die Subjekte und Objekte angeordnet, die Schnittpunkte enthalten die erlaubten Operationen.

Zugriffskontrollmodell (Access Control Model)

Charakterisiert wichtige Eigenschaften der Zugriffskontrolle. Dazu gehören die Struktur der →Zugriffskontrollinformation, die eingesetzten →Generalisierungsmechanismen, die →Zugriffskontrollfunktion sowie das eingesetzte →Steuerungsmodell.

Bibliographie

In weiterer Folge finden Sie ein Verzeichnis der dem Textteil zugrundeliegenden Standardtexte (RFCs, ITU-T-Empfehlungen und NCSC-Publikationen) geordnet nach deren Bezeichnung. Im Anschluß daran folgen die angesprochenen Internet-Drafts und sonstige Quellen, die nach den im Textteil angegeben Referenzen sortiert sind. Den Abschluß bildet eine Liste der im Buch angesprochenen kommerziellen Softwareprodukte und Public-Domain-Anwendungen.

Die RFCs des Internet Architecture Board können über das WWW bezogen werden und sind beispielsweise unter den folgenden URLs zu finden: *Requests For Comment*

ftp://ftp.informatik.uni-hamburg.de/pub/doc/rfc/
ftp://ftp.univie.ac.at/netinfo/rfc/

RFC-768   J. Postel: „User Datagram Protocol", 1980.

RFC-791   J. Postel: „Internet Protocol: Darpa Internet Program Protocol Specification", 1981.

RFC-793   J. Postel: „Transmission Control Protocol", 1981.

RFC-821   J. Postel: „Simple Mail Transfer Protocol", 1982.

RFC-822   D. H. Crocker: „ Standard for the Format of Arpa Internet Text Messages", 1982.

RFC-826   D. Plummer: „An Ethernet Address Resolution Protocol", 1982.

RFC-894   C. Hornig: „A Standard for the Transmission of IP-Datagramms over Ethernet Networks", 1984.

RFC-1034   P. Mockapetris: „Domain Names – Concepts and Facilities", 1987.

RFC-1055   J. Romkey: „A Nonstandard for Transmission of IP Datagrams over Serial Lines", 1988.

RFC-1279   S. Hardcastle-Kille: „X.500 and Domains", 1991.

RFC-1319 B. Kaliski: „The MD2 Message-Digest Algorithm“, 1992.

RFC-1320 R. Rivest: „The MD4 Message-Digest Algorithm“, 1992.

RFC-1321 R. Rivest: „The MD5 Message-Digest Algorithm“, 1992

RFC-1421 J. Linn: „Privacy Enhancement for Internet Electronic Mail: Message Encryption and Authentication Procedures“, 1993.

RFC-1422 S. Kent: „Privacy Enhancement for Internet Electronic Mail: Part II: Certificate-Based Key-Management“, 1993.

RFC-1423 D. Balenson: „Privacy Enhancement for Internet Electronic Mail: Part III: Algorithms, Modes, and Identifiers“,

RFC-1558 T. Howes: „A String Representation of LDAP Search Filters“, 1993.

RFC-1661 W. Simpson (Editor): „The Point-to-Point Protocol (PPP)“, 1994.

RFC-1684 P. Jurg: „Introduction to White Pages Services based on X.500“, 1994.

RFC-1738 T. Berners-Lee, L. Masinter, M. McCahill: „Uniform Resource Locators“, 1994.

RFC-1777 W. Yeong, T. Howes, S. Kille: „Lightweight Directory Access Protocol“, 1995.

RFC-1778 T. Howes, S. Kille, W. Yeong, C. Robbins: „The String Representation of Standard Attribute Syntaxes“, 1995.

RFC-1779 S. Kille: „A String Representation of Distinguished Names“, 1995.

RFC-1823 T. Howes, M. Smith : „The LDAP Application Program Interface“, 1995.

RFC-1825 R. Atkinson: „Security Architecture for the Internet Protocol“, 1995.

RFC-1826 R. Atkinson: „IP Authentication Header“, 1995.

RFC-1827 R. Atkinson: „IP Encapsulating Security Payload“, 1995.

RFC-1851 P. Karn, Perry Metzger, William Simpsom: „The ESP Triple DES Transform“, September 1995.

RFC-1852 P. Metzger, W. Simpson: „IP Authentication with Keyed SHA“, 1995.

RFC-1939 J. Myers, M. Rose: „Post Office Protocol – Version 3“, 1996.

RFC-2045 N. Freed, N. Borenstein, "Multipurpose Internet Mail Extensions (MIME) Part One: Format of Internet Message Bodies", 1996.

RFC-2065 D. Eastlake, C. Kaufman: „Domain Name System Security Extensions", 1997.

RFC-2068 R. Fielding, J. Gettys, J. Mogul, H. Frystyk, T. Berners-Lee: „Hypertext Transfer Protocol – HTTP/1.1", 1997.

Die ITU-T-Empfehlungen, die teilweise auch als ISO/IEC-Standards erschienen sind, können bei der ITU gegen Entgelt über das WWW bezogen werden. *ITU-T-Empfehlungen*
  http://www.itu.ch/publications/

X.500 ITU-T Recommendation X.500: „Information Technology – Open Systems Interconnection – The Directory: Overview of Concepts, Models, and Services", ITU, 1993 and ISO/IEC 9594-1.

X.509 ITU-T Recommendation X.509: „Information Technology – Open Systems Interconnection – The Directory: Authentication Framework", ITU, 1993 and ISO/IEC 9594-8.

   ITU-T Draft Amendments to ITU-T X.509 and ISO/IEC 9594-8 on Certificate Extensions.

X.800 CCITT Recommendation X.800: „Security Architecture for Open Systems Interconnection for CCITT Applications", CCITT, 1991.

X.812 ITU-T Recommendation X.812: „Information Technology – Open Systems Interconnection – Security Frameworks for Open Systems: Access Control Framework", 1995.

Die Veröffentlichungen des NCSC aus der Rainbow-Serie sind ebenfalls zum größten Teil online erhältlich: *NCSC-Dokumente*
  http:// csrc.ncsl.nist.gov/secpubs/rainbow/

STD-001 National Computer Security Center: „Trusted Computer System Evaluation Criteria", (*Orange Book*), DoD 5200.28-STD, 1985.

TG-005 National Computer Security Center: „Trusted Network Interpretation of the Trusted Computer System Evaluation Criteria", (*Red Book*), NCSC-TG-005, NSCS, 1987.

TG-003   National Computer Security Center: „A Guide To Understanding Discretionary Access Control in Trusted Systems", NCSC-TG-003, 1987.

TG-021   National Computer Security Center: „Trusted Database Management System Interpretation of the Trusted Computer System Evaluation Criteria", NCSC-TG-021, 1991.

Internet-Drafts
Internet-Drafts sind – wie in Kapitel 2 erklärt – extrem kurzlebige Dokumente. Einige der behandelten Verfahren, beispielsweise SSL oder PCT, sind zum gegenwärtigen Zeitpunkt jedoch nur in dieser Form dokumentiert. Aus diesem Grund werden in weiterer Folge die wichtigsten in diesem Buch angesprochenen Internet-Drafts angeführt und URLs angegeben, wo die jeweils neueste Version verfügbar ist.

[BeLa96]   J. Benloh, B. Lampson, D. Simon, T.Spies, B. Yee: „The Private Communications Technology Protocol", 1995.
http://www.lne.com/ericm/pct.html

[ChFo97]   S. Chokhani, W. Ford: „Internet Public Key Infrastructure – Part IV: Certificate Policy and Certification Practices Framework", 1997.
http://www.ietf.org/html.charters/pkix-charter.html

[DiAl97]   T. Dirks, C. Allen: „The TLS Protocol", 1997.
http://www.ietf.org/html.charters/tls-charter.html

[ElFr97]   C. Ellison, B. Frantz, B. Lampson, R. Rivest, B.Thomas, T. Ylonen: „Simple Public Key Certificate", 1997.
http://www.clark.net/pub/cme/html/spki.html

[FrKa96]   A. Freier, P. Karlton, P. Kocher: „The SSL Protocol Version 3.0", 1996.
http://www.netscape.com/eng/ssl3/

[HoFo96]   R. Hously, W. Ford, W. Polk, D. Solo: „Internet Public Key Infrastructure – Part 1: Certificate and CRL Profile", 1996.
http://www.ietf.org/html.charters/pkix-charter.html

[MaSc97]   D. Maughan, M. Schertler, M. Schneider, Jeff Turner: „Internet Security Association and Key Management Protocol (ISAKMP)", 1997.
http://www.ietf.org/html.charters/ipsec-charter.html

[ReSc96]   E. Rescorla, A. Schiffman: „The Secure HyperText Transfer Protocol", 1997.
http://www.ietf.org/html.charters/wts-charter.html

[WaHo97]   M. Wahl, T. Howes, S. Kille: „Lightweight Directory Access Protocol (v3)", 1997.
http://www.ietf.org/html.charters/asid-charter.html

Die in weiterer Folge angeführten Dokumente sind entweder Bücher oder als Artikel in den angegebenen Sammelbänden von Konferenzen zu finden. Die angegebenen URLs entsprechen dem Stand von Sommer 1997 und wurden vom Autor auf einer Best-Effort-Basis zusammengestellt.

Bücher und sonstige Quellen

[BaCi97]   J. Barkley, A. Cincotta, D. Ferraiolo, S.Gavrilla, D. Kuhn: „Role Based Access Control for the World Wide Web", 1997.
http://hissa.nist.gov/rbac

[BeLa76]   D. Bell, L. LaPadula: „Secure Computer System: Unified Exposition and Multics Interpretation". In *Technical Report MTR-2997*. Mitre Corp, USA, 1976.

[Bell89]   S.M. Bellovin: „Security Problems in the TCP/IP Protocol Suite". In *Computer Communication Review*, Vol 19, No. 2, April 1989.

[Bell92]   S. M. Bellovin, „There Be Dragons". In *Proceedings of the Third USENIX Security Symposium*, Baltimore, September 1992.

[Bhim96]   A. Bhimani: „Securing The Commercial Internet". In *Communications of the ACM*, Vol. 39, No. 6, Juni 1996.

[CiYo96]   N. Cicovic, A. Young, P. Glöckner, S.Farell: „Architecture and General Specification of the Public Key Infrastructure", ICE-TEL Deliverable D1, 1996.
http://www.darmstadt.gmd.de/ice-tel/ice-home.html

[Dowd96]   K. Dowd: „Getting Connected – The Internet at 56K and Up", O'Reilly & Associates, Sebastopol, 1996.

[Eich93]   B. Eichler: „Informations- und Vermittlungsdienste in offenen verteilten Systemen", ADV Handelsgesellschaft m.b.H., Wien 1993.

[Fitz95]   J. Fitzgerald: „Business Data Communications", 5. Auflage, John Wiley & Sons, New York, 1995.

[FoHo95] D. Fox, P. Horster, P. Kraaibeek: „Grundüberlegungen zu Trust Centern". In *Trust Center – Grundlagen, rechtliche Aspekte, Standardisierung und Realisierung*, Vieweg Verlag, Wiesbaden, 1995.

[Gust96] T. Gustavsson: „A WWW based Certification Infrastructure for Secure Open Network Transactions". In *Communications and Multimedia Security II*, Proceedings of the IFIP TC6/TC11 International Conference on Communications and Multimedia Security; Chapman & Hall, London 1996.

[Hans96] H. R. Hansen: „Wirtschaftsinformatik 1", 7. Auflage, Lucius & Lucius, Stuttgart, 1996.

[HoSm95] T. Howes, M. Smith: „A Scalable, Deployable Directory Service Framework for the Internet", CITI Technical Report 95-7, CITI, University of Michigan, 1995.
http://www.citi.umich.edu/techreports/

[HoSm97] T. Howes, M. Smith: „LDAP Programming Directory-Enabled Applications with Lightweight Directory Access Protocol", Macmillan Technical Publishing, Indianapolis, 1997.

[Huit96] C. Huitema: „IPv6 – The New Internet-Protocol", Prentice Hall, New Jersey, 1996.

[Hunt92] C. Hunt: „TCP/IP Network Administration", O'Reilly & Associates, Sebastopol, 1992.

[HuYo97] T. Hudson, E. Young: „SSLeay Programmer Reference". Dokumentation zur Bibliothek, 1997.
ftp://ftp.psy.uq.oz.au/pub/Crypto/SSL/

[Kaha95a] J. Kahan: „A Distributed Authorization Model for WWW". In *Proc. of INET'95*, Honolulu, 1995.
http://www.isoc.org/HMP/PAPER/107/html/paper.html

[Kaha95b] J. Kahan: „A Capability-Based Authorization Model for the World-Wide Web". In *Proc. Third World-Wide Web Conference*, 1995.
http://www.igd.fhg.de/www/www95/papers/

[Kyas96] O. Kyas: „Sicherheit im Internet: Risikoanalyse – Strategien – Firewalls", Datacom Verlag, Bergheim, 1996.

[Lewo95]   S. Lewontin: „The DCE Web Toolkit: Enhancing WWW Protocols with Lower-Layer Services". In *Proc. of the Third International WWW Conference*, Darmstadt, 1995.
http://www.opengroup.org/RI/www/dceweb/

[Long91]   D. Longley: „Information Security Handbook", Stockton Press, 1991.

[MaAr96]   R. MacGregor, A. Aresi, A. Siegert: „www.security – How To Build a Secure World Wide Web Connection", Prentice Hall, New Jersey, 1996.

[Male96]   J. Maley: „Enterprise Security Infrastructure" in Proceedings of the Fifth Workshops on Enabling Technologies: Infrastructure for Collaborating Enterprises, Stanford, California, 1996.

[Micro96] O.V.: „Microsoft Windows NT Workstation Resource Kit : Comprehensive Resource Guide and Utilities for Windows NT Workstation Version 4.0", Microsoft Press, Redmond, WA, 1996.

[NeNu93]   G. Neumann, S. Nusser: „Wafe – An X-Toolkit based frontend for applications in various programming languages". In *Proceedings of the Winter 1993 USENIX conference*, San Diego, CA, 1993.
http://nestroy.wi-inf.uni-essen.de/wafe/

[Nuss97]   S. Nusser: „Entwurf und Implementierung von rollenbasierten Sicherheitskonzepten im World Wide Web". Dissertation an der Wirtschaftsuniversität Wien, 1997.

[Oppl97]   R. Oppliger: „Internet Security – Firewalls and Beyond". In *Communications of the ACM*, Vol. 40, No. 5, Mai 1997.

[Orac92]   ORACLE Corporation: „ORACLE 7 Server SQL Language Reference Manual", ORACLE Press, 1992.

[Orac96]   Oracle Corporation: „Trusted Oracle7 Technical Overview", Oracle White Paper", 1996.
http://www.oracle.com/st/products/uds/oracle7/trusted/

[RiLa96]   R. Rivest, B. Lampson: „SDSI – A Simple Distributed Security Infrastructure". In *Proceedings of DIMACS Workshop on Trust Management in Networks*, South Plainfield, NJ, 1996.

[RoKe92]   W. Rosenberry, D. Kenney, G. Fisher: „Understanding DCE", O'Reilly & Associates, Sebastopol 1992.

[RSA96]   RSA Laboratories: „Answers to Frequently Asked Que-
           stions About Today's Cryptography", Version 3.0, 1996.
           http://www.rsa.com/

[RüWi95]   R. A. Rüppel, B. Wildhaber: „Public Key Infrastructure
           – Survey and Issues". In *Trust Center – Grundlagen,
           rechtliche Aspekte, Standardisierung und Realisierung*,
           Vieweg Verlag, Wiesbaden, 1995.

[SaCo96]   R. Sandhu, E. Coyne, H. Feinstein, E. Youman: „Role-
           Based Access Control Models". In *IEEE Computer*, Fe-
           bruar 1996.

[Sand96]   R. Sandhu: „Access Control: The Neglected Frontier". In
           *Proc. First Australasian Conference on Information
           Security and Privacy*, Wollongong, Australia, 1996.
           http://www.list.gmu.edu/~sandhu/vita/

[Schn94]   B. Schneier: „Applied Cryptography – Protocols, Algo-
           rithms, and Source Code in C", John Wiley & Sons, Inc.,
           New York, 1994.

[Schn95]   W. Schneider: „Internetworking Certification Infra-
           structure for Europe". In *Trust Center – Grundlagen,
           rechtliche Aspekte, Standardisierung und Realisierung*,
           Vieweg Verlag, Wiesbaden, 1995.

[SET96a]   O.V.: „Secure Electronic Transaction (SET) – Specifica-
           tion – Book 1: Description", Mastercard – Visa, 1996.
           http://www.mastercard.com/set/

[SET96b]   O.V.: „Secure Electronic Transactions (SET) – Specifi-
           cation – Book 2: Programmer's Guide", Mastercard –
           Visa, 1996.
           http://www.mastercard.com/set/

[Star97]   T. Stark: „Encryption for a Small Planet". In *Byte*, April
           1997.

[Vers97]   O.V.: „VeriSign Certification Practice Statement", 1997.
           http://www.verisign.com/repository

[WaEv94]   K. Washburn, J. Evans: „TCP/IP", Addison-Wesley,
           Bonn 1994.

[YoCi97]   A. Young, Nada K. Cicovic, D. Chadwick: „Trust Mo-
           dels in ICE-TEL". In: *Proc. of Internet Society Symposi-
           um on Network and Distributed System Security*, 1997.

[Zimm95]   P. Zimmermann: „The official PGP User's Guide", MIT
           Press, Cambridge, Massachussetts, 1995.

Die aktuellste Version der im Textteil angesprochenen Public-Domain-Anwendungen kann mit Hilfe der in weiterer Folge ange-führten URLs über das WWW bezogen werden. Auch bei kommer-ziellen Produkten lohnt es sich, die WWW-Seiten des Herstellers zu überprüfen — in vielen Fällen sind kostenlose Testversionen für einen eingeschränkten Zeitraum verfügbar.

Netscape
http://www.netscape.com/

Neben dem Communicator-Paket sind bei Netscape auch Testver-sionen der Server-Anwendungen (Enterprise-Server, Certificate-Server, Directory-Server) erhältlich.

Microsoft
http://www.microsoft.com/

Die aktuellste Version des Internet-Explorer kann ebenfalls online bezogen werden.

Xcert Software
http://www.xcert.com/

Ausführliche Dokumentation sowie eine Testversion der *Sentry* findet man am Web-Server von Xcert Software.

Entrust Technologies
http://www.entrust.com/

Dieser Web-Server bietet Information über die Produktfamilie von Entrust.

VeriSign
http://www.verisign.com/

Neben einer Fülle von Information über X.509-Zertifikate erhält man bei VeriSign auch für einen eingeschränkten Zeitraum kostenlose Benutzer-Zertifikate (Digital-IDs) für den Einsatz mit dem Commu-nicator oder dem Internet Explorer.

Stronghold
http://stronghold.c2.net/
http://stronghold.ukweb.com/

Die unter dem Namen Stronghold vertriebene kommerzielle Version des Apache-SSL ist sowohl bei C2Net in den USA als auch bei UKWeb in Europa erhältlich. Beide Hersteller bieten Demo-Versionen der Software an.

Public-Domain-
Software

Apache

http://www.apache.org/

Die bekannteste Web-Server-Software aus dem Bereich der Public-Domain-Anwendungen sowie eine Fülle von Dokumentation sind am Web-Server des Apache-Projektes zu finden.

SSLeay

ftp://ftp.psy.uq.oz.au/pub/Crypto/SSL/

Die australische SSL-Bibliothek sowie eine Reihe von Anwendungen zur Manipulation von X.509-Zertifikaten können via FTP bezogen werden.

Apache-SSL

http://www.algroup.co.uk/Apache-SSL/

Dies ist die Public-Domain-Version von Apache-SSL. Voraussetzungen für deren Einsatz sind sowohl die Apache-Software als auch die SSLeay-Bibliotheken.

LDAP-Server

ftp://terminator.rs.itd.umich.edu/ldap/

Der LDAP-Server der University of Michigan kann via FTP bezogen werden.

Index

Springer
und
Umwelt

Als internationaler wissenschaftlicher Verlag sind wir uns unserer besonderen Verpflichtung der Umwelt gegenüber bewußt und beziehen umweltorientierte Grundsätze in Unternehmensentscheidungen mit ein. Von unseren Geschäftspartnern (Druckereien, Papierfabriken, Verpackungsherstellern usw.) verlangen wir, daß sie sowohl beim Herstellungsprozess selbst als auch beim Einsatz der zur Verwendung kommenden Materialien ökologische Gesichtspunkte berücksichtigen.
Das für dieses Buch verwendete Papier ist aus chlorfrei bzw. chlorarm hergestelltem Zellstoff gefertigt und im pH-Wert neutral.

Wir wollen unsere Computerbücher noch besser machen!

Das können wir aber nur mit Ihrer Hilfe. Deshalb möchten wir Sie bitten, die Karte ausgefüllt an uns zurückzuschicken. Alle Kommentare und Anregungen sind willkommen.

Herzlichen Dank für Ihre Unterstützung.

Enter Springer. Enter Solution.

Was erwarten Sie von unseren Computerbüchern, und wie werden Ihre Erwartungen erfüllt?

	Bitte geben Sie an, wie wichtig für Sie die Kriterien sind.					Bitte vergeben Sie Noten, wie dieses Buch Ihre Erwartungen erfüllt.				
	sehr wichtig				unwichtig	sehr gut				unzureichend
	1	2	3	4	5	1	2	3	4	5
wertvolle Hinweise für die Lösung konkreter beruflicher Aufgaben	1	2	3	4	5	1	2	3	4	5
ausführliche Darstellung neuer Theorieansätze	1	2	3	4	5	1	2	3	4	5
Fortbildung über das Tagesgeschäft hinaus	1	2	3	4	5	1	2	3	4	5
einen schnellen Überblick über neue Produkte und Verfahren	1	2	3	4	5	1	2	3	4	5
nützliche Computersoftware auf einer beiliegenden Diskette/CD-ROM	1	2	3	4	5	1	2	3	4	5

Enter Springer. Enter Solution.

Internet: http://www.springer.de

Nusser:
Sicherheitskonzepte im WWW

Absender

Name ----

Straße ----

PLZ/Ort ----

Wofür nutzen Sie dieses Buch?

☐ Berufliche Weiterbildung — Branche ----

☐ Studium — Fach ---- Semester ----

☐ Privat

Antwortkarte

An

Springer-Verlag
Product Manager, Planung Informatik
Tiergartenstraße 17

D-69121 Heidelberg

Bitte freimachen
falls Briefmarke
zur Hand.